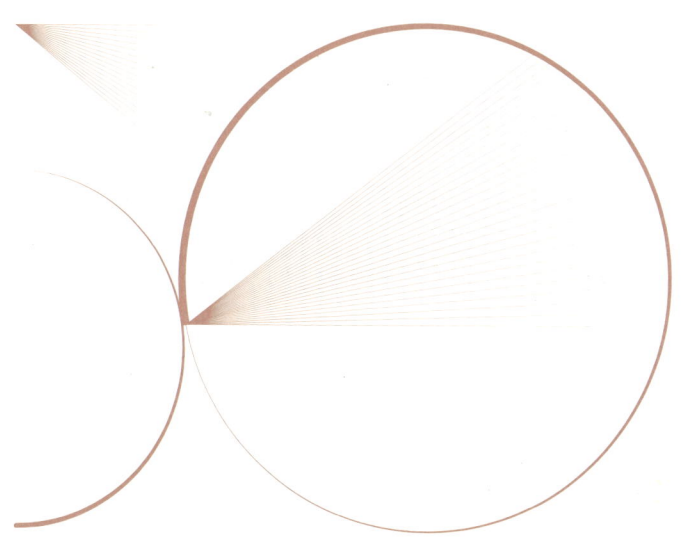

葛颖点电影 Kill The Lights

世界影史50名人传奇

葛颖 著

中国出版集团公司
华文出版社

图书在版编目（CIP）数据

世界影史50名人传奇 / 葛颖著. —— 北京：华文出版社，2019.7

（葛颖点电影）

ISBN 978-7-5075-5114-3

Ⅰ.①世… Ⅱ.①葛… Ⅲ.①电影－文艺工作者－生平事迹－世界 Ⅳ.①K815.78

中国版本图书馆CIP数据核字(2019)第090940号

世界影史50名人传奇

作　　者：	葛　颖
责任编辑：	方昊飞
出版发行：	华文出版社
地　　址：	北京市西城区广外大街305号8区2号楼
邮政编码：	100055
网　　址：	http://www.hwcbs.com.cn
电　　话：	总编室 010-58336239　发行部 010-58336267
	编辑部 010-58336269
经　　销：	新华书店
印　　刷：	三河市国英印务有限公司
开　　本：	880×1230　1/32
印　　张：	16.25
字　　数：	330千字
版　　次：	2019年7月第1版
印　　次：	2019年7月第1次印刷
标准书号：	ISBN 978-7-5075-5114-3
定　　价：	69.80元

版权所有，侵权必究

目录
contents

拉斯·冯·提尔
没有他，戛纳就不热闹 / 002

小津安二郎
这个鬼子差点娶了个艺伎 / 016

李天济
他被上官云珠单独传艺，又写出了中国电影最闷骚的剧本 / 026

埃尼奥·莫里康内
没有他，西西里就没有美丽传说 / 034

昆汀·塔伦蒂诺
只要你还有什么放不下，就一定会再次败给他 / 046

马龙·白兰度
二十个私生子、两尊小金人、一场谋杀案，串起他跌宕起伏的一生 / 058

谢尔盖·帕拉杰诺夫
他只拍了四部长片,就被认为难以超越 / 070

王羽
"独臂刀王"的江湖往事 / 082

莱妮·里芬施塔尔
长寿对她而言就是苦役 / 088

莱奥·卡拉克斯
直接把黑帮金库拍"爆"了的小个子 / 100

田中绢代
每次脆弱茫然,我都会想起她的奋争 / 110

哈维·韦恩斯坦
又一个大佬倒在了道德的枪口下 / 122

赵丹
他是第一个在银幕上骂"册那"的电影巨星 / 132

米开朗基罗·安东尼奥尼
过去他是中国人民的敌人,现在他是中国文青的偶像 / 140

让娜·莫罗
她在银幕上创造了最著名的三角恋 / 148

泰伦斯·马力克
他二十年没拍电影,一出手就是一座"金熊" / 158

杨延晋
风流才子情债高筑 / 170

吉尔莫·德尔·托罗
他在洛杉矶郊外有一座黑暗庄园 / 178

奥逊·威尔斯
第一次拍电影,电影公司就让他随便拍 / 188

英格丽·褒曼
地下情重创银幕形象,她一度被好莱坞除名 / 200

大卫·欧·塞尔兹尼克
没有他,好莱坞的黄金时代成色减半 / 208

是枝裕和
影迷做着做着就拿了威尼斯大奖 / 220

杨德昌
他可以十年没有性生活 / 226

赖纳·维尔纳·法斯宾德
他吸毒滥交家暴,我们却用电影节向他致敬 / 232

德里克·贾曼
77分钟全屏蓝色是他临死的至善之言 / 242

徐枫
她是胡金铨的女侠,也是张国荣的贵人 / 248

约翰·巴里
他曾经丢弃了怀孕中的妻子，最终找回了生命的宁静 / 262

詹姆斯·卡梅隆
在奥斯卡的领奖台上，只有他敢说自己是世界之王 / 272

马克·穆勒
他究竟是中国电影的恩人还是恶人 / 284

邹文怀
小弟叛变，自立门户，两巨头香江厮杀半生 / 294

克里斯托弗·诺兰
说他是大师，好像还早了点 / 302

霍伊特·范·霍特玛
他就是诺兰离不开的新欢 / 312

阿尔·帕西诺
二十六岁还在做保安，五年后他被提名奥斯卡 / 322

克劳斯·金斯基
他是银幕上的魔鬼,也是生活中的魔鬼 / 334

科恩兄弟
求求他们,千万不要变成姐妹 / 344

冯小刚
这回他是在演戏吗 / 356

让-吕克·戈达尔
电影史因他分成了上下两册 / 364

艾曼努尔·卢贝兹基
他用镜头玩死影迷 / 374

英格玛·伯格曼
他总能把痛恨他的女人拉回来拍电影 / 382

李翰祥
他庄可为历史存照,谐可作风月宝鉴 / 392

弗朗西斯·福特·科波拉
早年拿奥斯卡，晚年酿葡萄酒，他一直是我们的榜样 / 404

路易斯·布努埃尔
他就像黄梅天，让资产阶级发霉 / 418

李屏宾
他是铁汉，却有柔情 / 430

罗曼·波兰斯基
女人比李小龙对他更有效 / 442

皮埃尔·保罗·帕索里尼
他是意大利最离经叛道的导演 / 452

加斯帕·诺
你怎么能把他看成是个A片导演 / 462

拉夫·迪亚兹
看他的电影，你要准备面包、水和靠枕 / 472

斯坦利·库布里克
他是电影大师，也是猫和狗的勤务兵 / 482

安德烈·巴赞
他没有拍过一部电影，却影响了世界电影的发展 / 492

代跋 《世界影史50名人传奇》诞生记 / 501

Kill The Lights

葛颖点电影

拉斯·冯·提尔
没有他，戛纳就不热闹

Lars Von Trier

对喜欢电影的人来讲，每年的5月是属于戛纳的。不知道大家有没有注意到，有一个欧洲的导演，在被戛纳驱逐了六年之后，于2018年第71届戛纳国际电影节，又回到了戛纳。不光是此人的影片常常引起巨大的争议，连他本人也是一个话题人物。他就是丹麦导演拉斯·冯·提尔。

1

2018 年，拉斯·冯·提尔的新片《此房是我造》入选了戛纳国际电影节的非竞赛单元。这部电影又一次在戛纳引起了强烈的争议，放映中途有超过一百人离场。因为很多观众觉得这部影片过于让人恶心，那些离场的观众还纷纷在推特上表达了自己难以抑制的愤怒，说这部片子就是一部垃圾电影，根本就不该被拍出来。等到电影结束，整个影厅空了一大半，可是留下来的观众却全体起立，持续鼓掌六分钟，向这位导演致敬。戛纳可是好多年没这么热闹了。这种冰火两重天的评价对拉斯·冯·提尔来讲就是常态。

咱把时间拨回到 2011 年的 5 月，在第 64 届戛纳国际电影节上，拉斯·冯·提尔的《忧郁症》入围了主竞赛单元。在电影节安排的新闻发布会上，有记者就他的德国血统进行了提问。这位仁兄那天肯定是兴奋过了头，面对全场大放厥词，说自己是纳粹的信徒，并同情希特勒。这番言论震惊全场，坐在他身边的女演员克尔斯滕·邓斯特尴尬万分。果然，戛纳的组委会立刻发布新闻稿，强烈谴责拉斯·冯·提尔的不当言论，宣布他是电影节不受欢迎的人，让他远离戛纳会场一百米以外。哈哈，这"一百米"有意思，其实就是不让他进会场，等于是把他给驱逐了。虽然《忧郁症》并未就此退赛，而且邓斯特还拿到了那届戛纳的最佳女演员奖，但拉斯·冯·提尔一定是耿耿于怀，觉得在戛纳失了面子，自此就和戛纳分道扬镳了。

三年之后，也就是在 2014 年的柏林国际电影节上，拉斯·冯·提尔的《女性瘾者》入围了主竞赛单元。电影节第四天，《女性瘾者》放映，放映完毕后有一个红毯拍照仪式。拉斯·冯·提尔面对全球媒体，突然拉开上衣，露出里面黑色的 T 恤，在 T 恤的前胸部位赫然印着一行字："拒绝戛纳！"你说这位仁兄来事不来事，他的照片立刻通过媒体传遍了全球。好像他是一个柏林系的导演，要坚决抵制戛纳的诱惑。可但凡我们对拉斯·冯·提尔有所了解，就一定会知道他是一个标准的戛纳系导演，九次入围戛纳主竞赛单元，四部影片摘得奖项，而且还问鼎过金棕榈奖，可以说是戛纳发现并栽培了他。

可拉斯·冯·提尔却在柏林国际电影节上公然抵制戛纳国际电影节，这绝对是个站队的行为，搞得跟戛纳有多大仇似的。归根结底还是因为三年前他的不当言论导致戛纳对他的驱逐，现在他非要把面子扳回来。"不是说你戛纳驱逐了我，我就无家可归了。

我可以去的地方多了,你看,我现在就在柏林。而且我再也不会理你戛纳,我还要公然对你进行抵制。"(嘿嘿,我这里戏仿一下拉斯·冯·提尔的内心独白。)不过,这个行为多少有点儿孩子气,我想全世界在世的导演,估计也只有他一个人干得出这样的事。

《反基督者》剧照

2009年,第62届戛纳国际电影节,拉斯·冯·提尔的《反基督者》同样是引起了激烈的争论,很多人都觉得影片冒犯了观众。于是在映后新闻发布会上,有一位记者站起来要求拉斯·冯·提尔对影片做出解释。可他却回答说:"我不认为我需要做任何的解释!"那位记者不依不饶,声称这是戛纳电影节,既然你带着片子来了,就得解释为什么要拍它。现场充满了火药味,面对这种情况,拉斯·冯·提尔根本不想缓和气氛,反而又添了一把柴,他直接吼道:"我认为这是个奇怪的问题,随便你们怎么样,我是为了我自己拍电影,我不欠任何人一个解释!"

你看,这就是拉斯·冯·提尔。他还无数次宣称自己是世界上最好的导演，自信心极度膨胀，好斗，而且我行我素。恨他的人巴望他去死，爱他的人却奉他为神，他是这个时代恃才放旷的典型代表。

2

拉斯·冯·提尔生于1956年。1991年，也就是他35岁那一年，他的影片《欧洲特快车》入围戛纳。那个时期，他的创作非常注重影像的先锋感，叙事魔幻迷离，彩色与黑白的色系交织，再加上催眠式的旁白，极具个人风格，结果这部影片获得了戛纳的评审团奖和最佳艺术贡献奖。注意"评审团奖"可不是"评审团大奖"，评审团大奖是仅次于金棕榈奖的第二号奖项，评审团奖基本上就是三等奖。而"最佳艺术贡献奖"褒奖的是影片的形式感。可以说，那届评审团颁得还是相当准确的。

那一年的评审团主席是罗曼·波兰斯基。虽然在评审期间波兰斯基蛮横无理，拒绝了很多非常好的片子，比如莫里斯·皮亚拉的《梵·高》，西奥·安哲罗普洛斯的《鹳鸟的踟躇》，等等。但最后获得前两名的科恩兄弟的《巴顿·芬克》和雅克·里维特的《不羁的美女》应该说都当之无愧。而当年35岁的拉斯·冯·提尔显然对此颇为不满，上台领奖的时候，他居然把波兰斯基称为侏儒，可见这位仁兄年纪轻轻就自视甚高，根本就没把当时如日中天的波兰斯基当回事儿。

拉斯·冯·提尔

《破浪》剧照

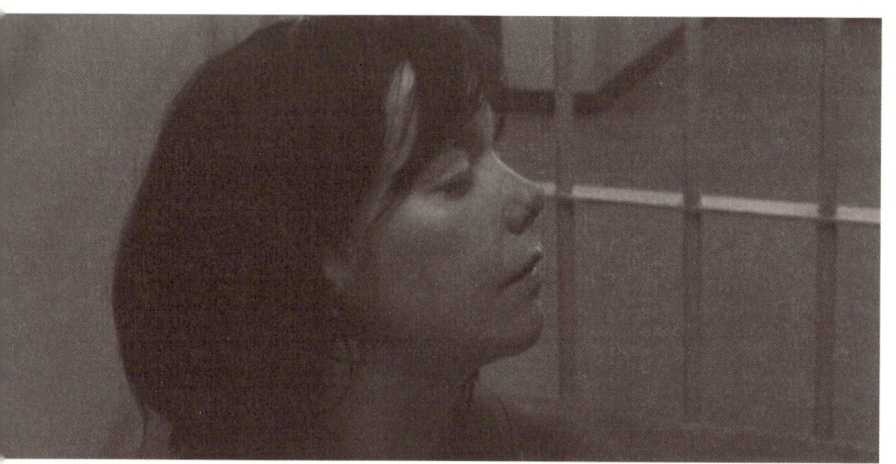

《黑暗中的舞者》剧照

不过他也真是有目空一切的资本。1995年,正逢世界电影100周年诞辰,拉斯·冯·提尔选择这个节点,和几位同道中人提出了著名的"Dogma95宣言"。Dogma的意思就是"教条",我们可以把这个宣言理解为关于电影拍摄的十条戒律。这十条戒律基本上就是对当时流行的电影拍摄手法的一种反思,甚至包括拉斯·冯·提尔自己习惯运用的那些手法。提出这十条戒律之后,他的片子像是换了一种风格,这种风格有点像20世纪60年代在美国的纪录片创作中出现的直接电影流派,强调摄影机永远是旁观者,不能影响事件的进程,只能作静观默察式的记录。在声音处理方面,也只能用事件本身的声音,目的就是强调真实。拉斯·冯·提尔认为,当时的电影都太过倚重技巧和包装,娱乐观众成了电影生产者最高的任务,表面的动作性和肤浅得到了全面的赞扬,导致电影出现了前所未有的贫瘠。显然他对自己之前的创作也并不沾沾自喜,他要换一种玩法。当时很多人觉得"Dogma95"是作秀,可是当拉斯·冯·提尔拍出了《破浪》《白痴》和《黑暗中的舞者》,人们一下惊叹于故事片的另一种可能,连著名的电影大师贝尔特鲁奇都说:"这简直就是电影的明天!"

我本人正是因为《破浪》迷上了拉斯·冯·提尔。当年看完影片,我惊叹:这简直是一部伯格曼式的电影,甚至有过之而无不及。这不光是因为透视宗教与信仰的二元格局,常常是伯格曼电影的议题,更重要的是拉斯·冯·提尔在这个议题上的深刻与犀利,一点儿都不让他的前辈。而且影片在处理这个题材的时候,明显可以让我们感觉到,除了伯格曼式的残酷,他还调和了德莱

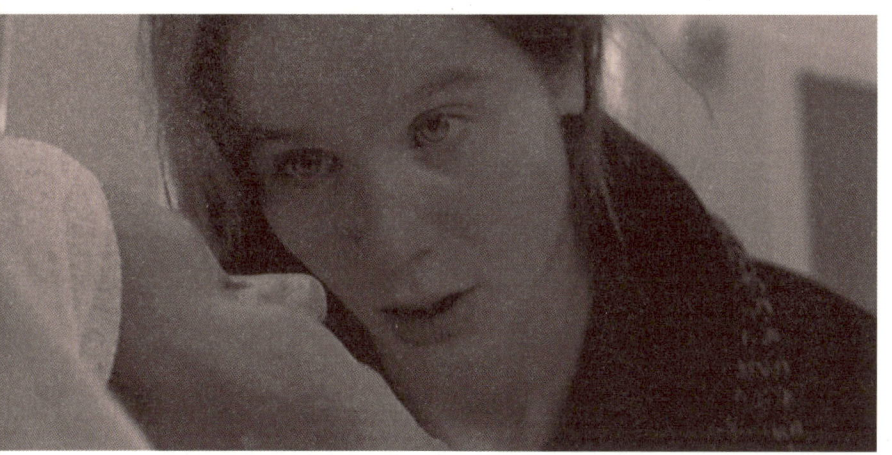

《破浪》中的艾米丽·沃森

叶式的悲悯。他曾经声称《破浪》攻击的是宗教而非上帝。

他一手调教了艾米丽·沃森来饰演影片中的贝斯一角，看了艾米丽的表演，我们很难相信她之前居然没有演过电影。据拉斯·冯·提尔回忆，艾米丽是唯一一个没有化妆就来试镜的，她赤着脚就来了，身上有着一种耶稣式的特质。我也是因为贝斯而迷上了艾米丽·沃森。贝斯这个善良而神经质的女性形象，无疑可以位列世界电影史的经典角色之林。让-皮埃尔·热内的《天使爱美丽》中的法国女孩艾米丽，当年就是根据艾米丽·沃森的原型来创作的，最终沃森因为不会说法语而放弃出演，这才成就了奥黛丽·塔图，可见贝斯这个角色曾经打动过不知多少人。

《破浪》摘得1996年第49届戛纳国际电影节的评审团大奖，

也就是第二名。那一届由弗朗西斯·福特·科波拉所领导的评审团将最高奖项金棕榈奖授予了迈克·李的《秘密与谎言》。经过时间的淘洗,如今,《秘密与谎言》怎么能和《破浪》相提并论,所以当年戛纳确实欠拉斯·冯·提尔一个金棕榈奖。好在四年之后戛纳及时给了他一个金棕榈奖,那是因为《黑暗中的舞者》入围了主竞赛单元。那一年好片子实在是太多了,光咱中国就有姜文的《鬼子来了》、王家卫的《花样年华》和杨德昌的《一一》同时入围!《黑暗中的舞者》当然是有实力,我一直觉得,拉斯·冯·提尔凭借《破浪》和《黑暗中的舞者》就已经是一位大师了。

当年那第二名,也就是评审团大奖的得主,是姜文的《鬼子来了》。这也确实是一部神片,所以我一直觉得姜文因为被拉斯·冯·提尔截胡而耿耿于怀。你看,三年之后,姜文成了第56届戛纳国际电影节评审团的成员。他就坚决阻击拉斯·冯·提尔的《狗镇》,拼命游说其他评委,一定要将金棕榈奖授予格斯·范·桑特的《大象》。姜文面对媒体,说《狗镇》这部片子有煽动性却没有征服性,还说这孩子被惯坏了,暗示戛纳给了拉斯·冯·提尔太多的机会。一个1963年出生的管1956年出生的叫"孩子",这种口气其实带着一种轻蔑。我不知道拉斯·冯·提尔有没有看到过姜文对《狗镇》的评语。我想这俩男人可都是"有仇必报"的人,拉斯·冯·提尔自此之后肯定时时在寻觅"报复"姜文的机会。但愿我是以小人之心揣度了他们。

3

2017年好莱坞大佬哈维·韦恩斯坦的性骚扰丑闻被新闻界公布，带起了电影圈一波道德清洗的潮流，后来摩根·弗里曼也被揭出了性丑闻。而在2017年10月，冰岛著名的女歌手比约克就爆出她在拍摄《黑暗中的舞者》时被拉斯·冯·提尔性骚扰。

《反基督者》中的夏洛特·甘斯布

虽然她的指控没有得到拉斯·冯·提尔的回应，但是许多人愿意相信这可能是一个事实。因为比约克说，由于在拍摄期间受到的伤害，她用了一年的时间来调整自己，并且发誓再也不涉足电影界。事实上，比约克自此之后确实再也没有参演过任何一部电影。而且2003年，拉斯·冯·提尔在拍摄《狗镇》的时候，曾经在一个采访中提到，说比约克建议妮可·基德曼不要与他合作，但妮可显然没有接受比约克的建议。这就使比约克的指控变成了一个孤证。然而，更多参演了拉斯·冯·提尔影片的女演员都声称愿意和这个导演继续合作，哪怕接拍大尺度的戏。比如我非常钟爱的法国女演员夏洛特·甘斯布，她连续参演了拉斯·冯·提尔的《反基督者》《忧郁症》和《女性瘾者》。在一次有关《女性瘾者》的采访中，她面对镜头表达了对拉斯·冯·提尔的崇拜，看得出她是一脸真诚，愿意为这个导演倾尽所有。拉斯·冯·提尔到底是天使还是恶魔，令人莫衷一是。

4

我突然记起，2013 年第 70 届威尼斯国际电影节上放映过一部纪录片叫《打扰伯格曼》。纪录片的制作者采访了全球一些顶尖的电影人，让他们谈一谈伯格曼曾经对他们的影响，其中就采访了拉斯·冯·提尔。其他的电影人都表达了对伯格曼的崇敬，唯有这位仁兄一上来就调侃伯格曼的性欲。他说伯格曼直到晚年都有非常强的性欲，一定是躲在法罗岛上，一个人"打飞机"。接受采访的时间是 2011 年，拉斯·冯·提尔已经 55 岁了，那张中年油腻的脸上时时露出一丝猥琐的表情。他提到自己年轻的时候曾经是伯格曼的拥趸，给伯格曼写过无数信件，却从来没有得到伯格曼的回应。他提起跟他一块儿起草"Dogma95"的另一位丹麦导演托马斯·温特伯格曾经跟伯格曼通过电话，嫉妒之情溢于言表。他说温特伯格只看过一部伯格曼的片子，而他看过伯格曼所有的片子,甚至伯格曼拍的广告。所以他觉得老头儿不公,漠视一个忠实影迷的存在。

于是他开始咒骂:"去你的伯格曼,我会把伯格曼忘了。"可他突然话锋一转,说了一句:"但我真的很爱他。"他顿了顿,显然动了感情,转过头来,他继续说道:"他对我真的意义非凡,那个老王八。"我猛然瞅见他镜片后面那双小眼睛,有一丝泪光闪动。

说实话,第一次看这个纪录片,我确实是有点儿诧异,为什么制作者要把拉斯·冯·提尔这番亵渎偶像的话剪到里边。直到他完成了反转,我才惊呼他对伯格曼恭维之高明,远远超越了从一开始就谦卑地执弟子礼的那一众电影人。就像他的电影常常能够出奇制胜而又不露编造的痕迹,像是真相本来如此。

后来,我又反复观看那段采访,说实话,我分不清是真是假,但效果奇佳。我不禁感叹:如果拉斯·冯·提尔真是一个魔鬼,他那么善于蛊惑人心,将使他更加可怕;可他如果是一个天使,我又担心人们听不懂他曲意表达的福音,错失被拯救的机会。

拉斯·冯·提尔 Lars Von Trier

1956 年 4 月 30 日出生于丹麦哥本哈根。毕业于丹麦电影学院,导演、编剧、制片人。

1984 年,拍摄首部剧情长片《犯罪分子》,入围第 37 届戛纳电影节主竞赛单元,获最佳技术大奖。

1991 年,《欧洲特快车》获第 44 届戛纳电影节主竞赛单元评审团奖等三项大奖。

1995 年,与托马斯·温特伯格等几名电影导演共同签署了"Dogma95"宣言,自此创作风格为之一变。

1996 年,《破浪》获第 49 届戛纳电影节主竞赛单元评审团大奖,该片令拉斯·冯·提尔在全球范围内受到关注。

1998 年,《白痴》入围第 51 届戛纳电影节主竞赛单元。

2000 年,《黑暗中的舞者》获第 53 届戛纳电影节主竞赛单元金棕榈奖。

2003 年,《狗镇》入围第 56 届戛纳电影节主竞赛单元;同年,拉斯·冯·提尔凭借该片获第 16 届欧洲电影奖最佳导演奖。

2005 年,《曼德勒》入围第 58 届戛纳电影节主竞赛单元。

2007 年,为庆祝戛纳电影节 60 周年,与 35 位导演联合拍摄了三分钟短片《每人一部电影》。

2009 年,《反基督者》入围第 62 届戛纳电影节主竞赛单元,夏洛特·甘斯布凭借该片获最佳女演员奖。

2011 年，《忧郁症》入围第 64 届戛纳电影节主竞赛单元，克尔斯滕·邓斯特凭借该片获最佳女演员奖；同年，《忧郁症》获第 24 届欧洲电影奖最佳影片、最佳摄影、最佳艺术设计奖。

2012 和 2013 年，连续拍摄剧情片《女性瘾者》第一部和第二部，均获第 27 届欧洲电影奖提名，此片引起巨大争议。

2018 年，《此房是我造》入围第 71 届戛纳电影节非竞赛单元。

小津安二郎
这个鬼子差点娶了个艺伎

Yasujiro Ozu

一个电影导演死后埋在了自己的电影场景里面,怎么样,很浪漫吧,这样的事不多吧。他埋在了哪儿?镰仓圆觉寺。你一看,可能就知道他是谁了,没错,小津安二郎。

1

小津安二郎把自己的坟墓修在自己的电影场景里面,这样的行为很容易让迷恋他的影迷们得出这样的结论:这个导演本人以及他的私生活,估计和他的电影差不多。我以前就是这么想的。我一直觉得小津应该和他影片中的那些父亲一样,是一个温柔敦厚的长者。再加上他一生未婚,凡此种种让我们不断猜测着那个隐身于银幕背后的大师,越是猜测,那个形象便越神圣,越教我们高山仰止。

直到 2000 年左右,日本著名电影评论家佐藤忠男来到上海,我所在的学院请他做讲座,我得以有幸跟他吃了一次饭。他是研究小津的权威,在饭桌上我跟他聊到了小津的墓碑。我问他那墓碑上面的"無"字,小津到底想表达什么意思?佐藤忠男说这个字不是小津写的,是他来中国参战时,一个中国和尚送给他的。

在吃那顿饭时我才知道,小津在"二战"期间来过中国,参加过南京战役,而且在长江上放过毒气,也砍杀过中国人。我脑子里边的导演小津突然就变成了鬼子小津。那一天真是震撼了我,小津的形象瞬间朦胧复杂起来。

小津生前一直刻意维护着自己比较单纯的生活,他对于自己的公众形象也非常在意。他终身未娶,一直和母亲生活在一起,让大家觉得他是一个典型的孝子,甚至还有人觉得小津是一个禁欲主义者。

《秋日和》中扮演母亲的原节子

我们都知道小津影片中有一位著名的女演员——原节子。啊呀!长得那叫一个知性、娴静、温良!小津和原节子曾经传出过很长时间的绯闻。除了原节子之外,还有像什么井上雪子、桑野通子,甚至田中绢代、高峰三枝子都跟他传出过绯闻,所以小津其实并不是一个在片场特别干净的导演。当然，只有原节子跟他的绯闻传得最有模有样，原节子最后也是终身未嫁，这些因素确实让大家浮想联翩。

可我想告诉你的，不是这种等级的绯闻，我要告诉你的是小津导演差一点儿和一个艺伎结婚，他曾经向这个艺伎三次求婚。据考证，这名艺伎叫森荣。1935年2月13日他们第一次相识，小津和朋友去了一家酒馆，其实是个风月场所，陪酒的就是森荣，当时她才19岁，小津自此就陷入了对她的深刻迷恋。1937年"卢沟桥事变"之后，小津应征入伍，准备去中国战场。森荣听到这消息就到浅草的观音寺参拜，为小津许愿。在小津部队开拔的时候，她赶到了车站，将在寺院中求到的护身符送给了小津。小津自此就上了战场，森荣还不断给他寄慰问品。

当时有一个小说家就以小津和森荣的故事为原型写了一部小说，森荣大怒，向这个小说家提出抗议，小津却对此一笑了之。1943年的6月，小津要被派往新加坡拍一部片子，他曾经邀请森荣同往新加坡，森荣同意了。但是小津的母亲出面阻拦，结果这事儿就没成。我们就把这一次算成小津向森荣的第一次求婚。第二次是在1954年的秋天，小津邀请森荣一块儿出来吃饭，那时候森荣已经开了一家餐馆，做起了老板娘。小津向她求婚，说："我们一起生活吧。"那时候据说森荣正为亲戚家的经济问题忙得焦头烂额，就没有答应他。直到1958年，小津再一次提出和她一起生活，森荣考虑到小津业已身为日本电影界的巨匠，身边漂亮的女演员花团锦簇，而自己的身份、地位都与小津相差悬殊，最终打了退堂鼓。1963年晚秋,小津病入膏肓,森荣赶到医院照料他,一直到小津去世。

2

关于小津的研究,近年来有一个重大的史料,就是《蓼科日记抄》的出版。这本书是自1953年(昭和二十八年)到1968年(昭和四十三年)期间,小津和野田高梧的日记合集。《蓼科日记抄》非常重要,可以说是近年来出版的研究小津的权威史料。这本日

《秋刀鱼之味》剧照

《秋刀鱼之味》剧照

记为我们提供了更多小津私生活的细节。

小津和他的御用编剧野田高梧一直在蓼科这个地方创作剧本，他们不是在旅馆当中闷头写剧本，那种苦行僧式的工作方式是黑泽明和桥本忍经常会干的事情，小津绝对是享受第一。他们一般一天首先要做的就是喝酒、散步，在旅馆的电视机上看看相扑、棒球比赛，再去泡温泉，回来接着喝酒，喝舒坦、睡舒坦了才开始进入工作状态。以前听闻小津有在酒瓶上标数字的习惯，据说就始自蓼科时期。有了酒，不能没女人吧，在大师的晚年，有两个重要的女性就在蓼科和大师频频幽会。有朋友一定会奇怪：不是直到去世，小津都有森荣陪伴吗？而且还有那些在片场跟他传出绯闻的女演员,难道小津除了她们还有其他女人?不错,一个是手风琴女演员,名叫村上茂子,她还在小津的影片中出镜过。另一个更离谱,据说是银座高级酒吧中的女服务员,甚至传言是东宝厂的一个人让给小津的。这两个女人一度在大师晚年非常重要,当然,最后也像众多和小津有过交往的女性一样,如同流星划过、渐渐隐没。

《秋日和》剧照

扒小津的这些八卦,是想告诉大家:大师也是人!尤其是那些表面看上去挺正经的大师,他背后的故事一定更丰富多彩。从心理学的角度上来看,小津一生中最重要的经历可能和他在中国参战有关。一个男人在战场上参与了最惨烈的事情,他心理上难免会留有很大的阴影,可能为了排解这个阴影,便开始风花雪月。银幕成了他对理想世界的呈现,他想让受创的心灵躲避到电影空间当中。曾经担任过小津副导演的今村昌平一直讨厌小津的晚期作品，尤其是从《晚春》开始。那些作品中的人物总是那么干净整洁、体面优雅、彬彬有礼，一点儿都没有战后真实的日本社会那种混乱、污秽和肮脏，这些负面的东西后来反倒成了今村昌平导演表现的主题。

我想小津的作品之所以那么干净，他的银幕气质之所以有几近洁癖的感觉，是因为那里是他的桃花源。一个导演的私生活和他创造的银幕形象有巨大的落差，归根结底是俗世世界可以与精神世界存在完全不同的面向，两者可以共同投射到同一个人身上。我们其实不应该要求一个好的电影导演的私生活也必须是美好的，导演说白了毕竟只是安身立命的职业。从今天开始，让我们把作为电影大师的小津和鬼子小津、男人小津区分开吧。

小津安二郎 Yasujiro Ozu

1903 年 12 月 12 日出生于日本东京。日本国宝级电影导演、编剧。其一生的创作被誉为"对传统日本家庭唱响的挽歌"。自 1923 年进入松竹公司蒲田电影制片厂担任摄影助手,小津历任助理导演、导演等职。

1927 年,拍摄电影处女作《忏悔之刃》,该片是其创作的唯一古装片。

1933 年,编导剧情片《心血来潮》,该片被《电影旬报》选为"年度最佳电影"。

1936 年,编导首部有声电影《独生子》。

1941 年,编导家庭伦理电影《户田家兄妹》,该片又被《电影旬报》选为"年度最佳电影"。

1949 年,拍摄的《晚春》是小津处理家庭题材走向风格成熟的标志之作,该片被《电影旬报》选为"年度十佳影片"第一位,并入选"日本电影名片 200 部"。

1951 年,执导并参与创作了剧情片《麦秋》,该片再度被《电影旬报》选为"年度十佳影片"第一位,并入选"日本电影名片 200 部"。

1953 年,执导的《东京物语》成为日本影片中经典中的经典。

1958 年,小津第一次尝试采用彩色胶卷拍摄了《彼岸花》,该片被《电影旬报》选为"年度十佳影片"第三位。

1961 年,因拍摄《秋日和》而获得第 8 届亚太电影节最佳导演奖。

1962 年,执导《秋刀鱼之味》,该片入选《电影旬报》"年度十佳影片"。

1963 年 12 月 12 日,小津安二郎因癌症病逝,享年 60 岁。

李天济

**他被上官云珠单独传艺，
又写出了中国电影最闷骚的剧本**

Tianji Li

1991年我刚从大学毕业，分进了上海电影制片厂（简称"上影厂"）的文学部。文学部当年分了几个组，我积极要求进爱情组。你别笑，那时候我自以为对爱情还是有那么点儿感觉的。进了文学部，给我印象非常深的是两个老人的背影，一个是柯灵老师，还有一个就是下面要聊的主题人物——李天济。

1

咱们都看过一部老电影叫《乌鸦与麻雀》，我当年看这片子印象最深的，其实还不是赵丹演的那个萧老板，而是住在二楼的国民党军官侯义伯。这侯义伯太有意思了，南京有着大老婆，上海有着小老婆。小老婆谁演的？黄宗英。黄宗英老师可是有着上海妖女人的气质。侯义伯有小老婆还不安分，还想霸占上官云珠演的、住在亭子间里的小学女教师华太太。

有一场戏，我相信全国人民都记忆深刻，就是华太太的丈夫被抓进了警备司令部，她急着想把自己丈夫救出来。华太太原本就知道楼上那个国民党军官是色鬼，可是救夫心切，只能去求他。侯义伯见机会来了，把华太太约到了一间咖啡馆里，打算拿下。那一场调戏的戏真是精彩。国民党军官极尽无耻之能事，那副嘴脸本来就长得怪，加上色眯眯的样子和盛气凌人的架势，更使这

《乌鸦与麻雀》剧照

个角色活灵活现。扮演这个国民党军官的就是李天济。

我有幸跟李天济老师做过几年同事,因为我1991年被分进上影厂文学部的时候,李老师还时常到文学部上班,所以他的背影给我留下了深刻的印象。李老师是个非常有意思的人,那么大年纪对我们这种刚进厂的小屁孩也是没大没小,经常跟我们开玩笑。李老师跟很多人讲过他第一次演电影的故事,那部片子就是《乌鸦与麻雀》。

《乌鸦与麻雀》的编剧栏里写的是"集体创作,陈白尘执笔"。所谓集体创作,就是影片中几个重要的演员和几个编剧、导演在一起聊,聊着聊着就把整个的剧情构架、人物关系聊出来了。那时候大家都觉得缺一个人物,一定要有一个特别反面的人物,这个人物最终被定为是个国民党的小军官。可这个小军官由谁来演呢?当时确实没有找到合适的人。有一天,赵丹一拍大腿,指着

《乌鸦与麻雀》剧照

李天济喊道:"就你演!"于是李天济被赶鸭子上架,第一次出演了一个银幕角色。

影片开拍,第一场戏拍的就是国民党军官调戏小学女教师。李天济当时才20多岁,长相上老成了点。上官云珠那时候已经是一个非常有名的大演员了,要一个新人跟她演这样的对手戏,难度确实有点大。所以拍了一上午,导演都觉得状态不对,非常恼火。导演说:"上官,吃完饭,你把李天济拎到上面个别教育一下。"我觉得这个"拎"字用得特别好,因为它非常生动地反映了在现实生活当中,上官云珠和李天济的身份差异。

"上官真是个好演员。"这句话是多年之后李天济老师跟很多人感叹过的。那一天上官云珠把他拎到楼上,往靠背椅上一靠,然后招招手,让李天济坐到她身边。李天济说,那时候他跟女同志可没挨得那么近过,上官身上的香水味儿一阵阵飘过来,他说自己其实已经有点发晕了。没想到上官云珠一把拿住了他的手,把它放在了自己的大腿上，还那么来回地摸索。李天济说，那天上官云珠穿了一件开叉很高的旗袍，他是平生第一次摸到了女人的大腿。上官一边拿着李天济的手摸自己的大腿，一边问他："老李，没摸过女人吧？"李天济点点头。上官接着说："你现在演的可是一个色鬼，你应该像饿狼扑羔羊一样扑过来，而不是对我明显有一种惧怕，你上午的戏不对就不对在这个地方。"原来，上官云珠开导李天济用了一种身体研究的方法，它让李天济迅速摆脱了对一个大明星的畏惧。果然，他下午就放开了，而且据说一遍就过。上官云珠当年已经是国民偶像，能够跟她搭戏就是荣幸，更别说还能接受这样的"个别辅导"。摸大腿其实是非常有效的指导表演的方法。李老师感叹，上官敢这样做，其实反映了她内心深处为了表演的纯真。

2

李老师以前一直说，他表演的老师是上官云珠，写剧本的老师是陈白尘。有一部影片叫《小城之春》，是部老片子，著名导演费穆拍的，后来田壮壮导演也翻拍过，《小城之春》的剧本就是李天济写的。据说，当年他只用了差不多九天时间就写出了本子，完全是把自己对于爱情的切身感受，那些困惑、迷惘以及思考放进了剧本创作当中。《小城之春》在中国电影史上的地位非常高，今天热爱电影的文青应该不会不知道它的大名。

《小城之春》剧照

20世纪90年代中期，我离开了上影厂，去大学做老师，机缘巧合碰到了李少白老师。李少白老师何许人也？他是研究中国电影史的权威。有一年，我所在的学院把李少白请过来给学生上课，我崇拜李老师，知道他在粉碎"四人帮"之后，有一个特别大的理论贡献，就是重新认定"《小城之春》是中国电影史上的一块丰碑"。有一天，我向李老师讨教，问他是怎么发现《小城之春》的美妙之处的。李老师跟我说了很多，尤其提到这个剧本确实特别，并被确认是"中国第一部心理写实主义"的代表作品。什么叫心理写实主义？我们都知道写实主义就是要拍真实的环境、真实的人物，这些真实都是外在的。而心理写实主义则是把拍外在真实的那套方法，用来对焦人的内心世界。《小城之春》人物简单，故事也简单，复杂的是内心情感的纠结。影片最成功的人物刻画其实并不在两个男人，而是一个女人。这个女性角色在当年是有点超前的。她的丈夫生病，生病以后没了夫妻之实，正当她身体有欲望的时候,情人归来。等于一边是人欲,一边是人伦。李天济老师最有意思的处理在于,丈夫时刻为自己的妻子着想,一直暗暗地想要撮合妻子和自己的老同学,好让妻子能够有一个正常女人的生活。面对这样的情况,你说一个女人该怎么办呢?影片非常细腻地表现了这个女人的挣扎,发乎情止乎礼,这是她的传统性,但她也表现出了自己对美好异性的渴望。

李老师不仅是个好演员,也是个好编剧,他既能写《小城之春》这样的人性经典,又写出了《今天我休息》这样的喜剧经典。20世纪80年代初期,李老师写出了《爱情啊,你姓什么》,这部片子一时轰动全国。大家都想在粉碎"四人帮"之后,重新对"什么是爱情"有一番探索。

李天济老师离开我们已经20多年了,但是他在永福路上蹒跚的背影还常常盘桓在我的脑海。李老师是一个特别风趣的老人,敢跟年轻人开玩笑,这样的老人让我们觉得可爱,也就是所谓有人格魅力的艺术家。我曾经很多次凝视李老师的脸,说实话,这张脸很难让人相信他居然是一个写出了经典名片的编剧,所以渐渐地,这张脸沉淀为了我的某种底气,就是"厉害的编剧是不需要帅的"。

李天济 Tianji Li

1921年5月出生，江苏镇江人。中国电影编剧、演员。

1940年，毕业于四川省立戏剧音乐实验学校。

1942年，任中央青年剧社、中华剧艺社演员、演出主任。

1947年，创作电影剧本《小城之春》，后由费穆拍成电影，成为经典。

1949年，参演影片《乌鸦与麻雀》。

中华人民共和国成立后，相继在中央电影局电影剧本创作所、上海电影剧本创作所、上海电影制片厂任编剧。

他精心创作了《今天我休息》，剧中民警马天民的形象又成经典。此后他陆续写出了《爱情啊，你姓什么》《姑娘今年二十八》《逢凶化吉》等电影剧本，并在《魔术师的奇遇》《阿Q正传》《围城》等影视剧中扮演各类角色。

1995年5月去世。

埃尼奥·莫里康内
没有他，西西里就没有美丽传说

Ennio Morricone

我常常在开车的时候听着汽车音响中放出的《西西里的美丽传说》或者《美国往事》的配乐，突然就觉得眼前有点模糊，当然这样开车不安全。但音乐就是有着能够瞬间改变情绪的力量，从这个角度上来讲，作曲家，尤其是那些电影的配乐大师们，他们是最懂观众、听众内心和情绪的人。我们本篇要聊的人，但凡谈到配乐大师肯定绕不过他。谁？就是意大利著名的电影音乐家埃尼奥·莫里康内。

1

2016年的奥斯卡颁奖典礼上,已经88岁的莫里康内凭借在昆汀·塔伦蒂诺的影片《八恶人》中的出色配乐,拿到了他人生中第一个奥斯卡最佳原创配乐奖。可有意思的是,早在2007年,也就是他79岁的时候,奥斯卡已经颁授给他终身成就奖,这个被颠倒的获奖次序引人浮想联翩。所以,我们来扯扯有关这位大师的一些轶事。

莫里康内生于1928年,在家里排行老大,下面还有三个妹妹和一个弟弟。他的父亲是一个非常优秀的爵士乐小号手,可以吹奏各种不同类型的音乐,母亲是一个家庭主妇。莫里康内对父亲最深刻的印象是特别忙碌,他每年夏天都要去度假胜地加入乐团演奏,还要到不同的夜总会去挣钱。家里孩子多,永远需要钱,父亲还曾经排三班去为电影配乐进行演奏。正是由于父亲的努力工作，全家才能过上比较像样的生活。父亲对家庭的责任感对莫里康内的一生都有非常大的影响。

除了作为男人、一家之主的榜样之外，父亲对莫里康内还有音乐上的影响。莫里康内说过："无论是最初的启蒙，还是经验的分享，父亲都是一个非常重要的人。"六岁的时候父亲就教他认小提琴的谱号，从那个时候开始，莫里康内就试着谱一点小曲子，虽然难听，但是珍贵，只可惜那些曲子在他十岁的时候就全部丢了。莫里康内读小学的时候，有一个邻座同学叫赛尔乔·莱翁内，没错，就是影片《美国往事》的导演，日后他们两人有了深度的合作。

莫里康内11岁的时候，进了音乐学院开始学习小号，那段时间他甚至还常常代替父亲去夜总会表演，小小年纪就显示出了非常高的音乐天分。据说，当时有一家媒体报道了一个神童用六个月时间就掌握了所有的音乐知识，说的就是小莫里康内。我们

《八恶人》剧照

现在知道，他是用了不到两年的时间学完了音乐学院四年的课程。这个非常有天分的孩子其实并没有想过会去搞电影配乐，而是一直想要从事纯音乐的创作。所以在他毕业之后到20世纪60年代初期他投身于电影界之前，莫里康内一直致力于管弦乐和室内乐的创作。他曾经在意大利国家广播网工作，可搞纯音乐在收入上肯定不行，就像搞纯文学。我记得20世纪80年代末90年代初，有很多文学界的人为了挣钱偷偷去写电影剧本。为什么偷偷呢？因为当时觉得搞电影不上档次，不像搞纯文学那么尊贵。莫里康内估计也有这方面的想法，觉得想要光耀门楣就得靠纯音乐的创作。可人生在世，吃饭穿衣毕竟比光耀门楣来得迫切，所以他后来走向电影配乐领域，实在是因为搞纯音乐创作活不下去了。

这里有个小例子，可以让我们一窥莫里康内当年的真实心理。他说自己原本是一个很害羞的人，从不会因为酬劳去跟人家讨价还价。可是当他发现美国人给他的酬劳特别低——比最差的美国作曲家都要低时，他就拒绝为美国电影写配乐。你看，莫里康内其实还是在乎钱的，钱不仅联系着自尊，更联系着生活品质。所以并不像外界猜测的那样，说莫利康内是因为音乐观念和美国有比较大的距离，或者说他是一个捍卫意大利本土文化传统的作曲家，这些原因可能都有那么一点，但肯定不如大师亲口告诉我们的这个原因真实和有力。

2

　　1964年,莱翁内,就是我们刚才讲到的那个莫里康内的发小,拍摄了他大名鼎鼎的"赏金三部曲"的第一部《荒野大镖客》。莫里康内为影片进行了配乐,没想到这让他一炮而红。接着1966年的"赏金三部曲"第二部《黄昏双镖客》,又是莫里康内配乐。莫里康内的老爹就是吹小号的,他自己在音乐学院也修过小号课程,所以在这部影片中,他创新地运用了一个非常潇洒的小号主题。他还把那些看似漫不经心的口哨进行了加工,使之变成影片配乐的重要元素,令人耳目一新。在接下来的"赏金三部曲"第三部《黄金三镖客》中,莫里康内更是发挥了他的想象力,他将影片中出现的甩鞭子的声音和男声合唱的戏谑音效进行了"缝合"。他还在小号上加了一个弱音器,让小号的音色出现了怪诞和调侃的意味。这些在配乐、配器上的创新运用,使莫里康内通

《荒野大镖客》剧照

过"赏金三部曲"被大家所认识。

我们知道西部片不光美国有,欧洲西部片的历史也非常久远,莫里康内通过对电影配乐的想象和创新,为20世纪60年代崛起的意大利西部片带来了特色。他用犹太竖琴声、走音的口琴声、短笛声、管风琴声、古怪的口哨声、带有浓郁民谣气质的吉他的演奏,还有气质冷傲但戏剧张力十足的人声,以及杀气腾腾的铜管的声音,共同塑造出了一个气氛迷人、独树一帜的意大利西部江湖。这些音乐一经出现,就会在观众的脑海中勾起红日黄沙中致命对决的场面,所以当时那些由于电影而极度兴奋的意大利观众,就把他和莱翁内的合作称为"莫里康内·莱翁内制造",这变成了一个品牌。

3

一个艺术家得到某些机遇,其才华想必一定会绽放出来,可要长久地绽放下去,就需要勤奋地工作。莫里康内心中的偶像是为了家庭终日奔波的父亲,因而他自己也养成了勤勉的工作、生活习惯。通常每天早晨四点半他就起床,先做一些运动,然后吃早餐,莫里康内说自己常常外出买一份报纸,接着就开始工作,一直到中午。午餐之后的下午他通常不会作曲,而是和导演、制作人开会。他说他一直过着比较规律的生活,如果有唱片要录制,他会从上午九点开始一直工作到晚上,只在午餐的时候稍作休息。

葛颖点电影
之
世界影史50名人传奇

《西西里的美丽传说》剧照

他说自己已经习惯了早睡,除非晚上有演出,那就另当别论。

为你说这些细节,是因为作曲家、电影的配乐大师们都是非常神秘的人物,他们不像导演、演员常常在媒体面前曝光。我们常常对配乐大师们的生活习惯一无所知,甚至连他们长什么样都不一定知道。"生活规律，埋头苦干"这八个字，是莫里康内一直谈到的，也是他总结自己之所以能在配乐之路上成为一个大师的经验。而且他并不避讳谈论自己从别人的音乐中得到养分，这是多么重要的诚实品格啊。像他这种级别的音乐人，如果他不说，我们会以为他是天才，从来不听别人的东西，靠的是苦思冥想或者瞬间灵感。莫里康内再三强调自己喜欢巴赫，他说巴赫就是一个取之不尽的宝藏，总能让他在工作陷入困境的时候柳暗花明。

4

迄今为止，这位大师已经为将近 500 部影视剧做了配乐，其中堪称经典的，我想不下 20 部。《海上钢琴师》咱就不说了，《西西里的美丽传说》也是配乐中的巅峰之作，很多场戏的配乐都堪称神来之笔。主人公玛莲娜在小镇上的数次行进，其实是贯穿影片的重要视觉符号，每一次的行走都有不同的戏剧目的和处理手段。莫里康内非常好地领悟到导演的意图，在多段配乐中不仅强调了步点的感觉，还凸出了旋律的叙事性。动听、优美，且催人泪下，是我对莫里康内配乐保持的直观感受。

大师晚年也谈到了一些遗憾，他说自己错过了一部非常重要的电影，就是《发条橙》。当初库布里克很喜欢他为某一部影片作的配乐，想尽办法要跟他合作，库布里克直接把电话打给了莱翁内，要他放莫里康内为《发条橙》工作。可问题是莫里康内希望能在罗马录音，而库布里克又不喜欢坐飞机，他希望莫里康内能去伦敦录音，最终这件事情竟然因此而没谈拢。我们知道库布里克后来找的是沃尔特·卡洛斯，卡洛斯写出了跟莫里康内作品风格截然不同的配乐。如果当年真的是莫里康内为《发条橙》配乐，那影片一定会在气质和调性上跟我们现在看到的有很大的不同，可惜我的这份好奇是永远不可能被满足了。

莫里康内谈到的又一大遗憾，是他没能够为泰伦斯·马力克导演的《细细的红线》配乐。《细细的红线》是我最钟爱的十部影片之一。想当年莫里康内就跟泰伦斯·马力克合作过《天堂之日》，《天堂之日》的配乐使他第一次入围奥斯卡奖。《天堂之日》之后泰伦斯·马力克就一直没拍电影，直到1998年他完成了《细细的红线》，中间隔了20年。据大师自己说，泰伦斯·马力克一直在找他，可偏偏没有找到，因为在为《细细的红线》制定配乐方案的那段日子里，莫里康内去旅行了，而且他关闭了与外界联系的渠道。

我们前面谈到莫里康内在奥斯卡上的获奖次序被颠倒了，其实在凭借《八恶人》拿到最佳电影配乐奖之前，他已经被提名过五次了，分别是1979年的《天堂之日》、1987年的《战火浮生》、1988年的《铁面无私》、1992年的《巴格西》和2001年的《西西里的美丽传说》。在这样一个美国大片当道的行业协会评奖中，莫里康内一直是陪跑的角色。所以当奥斯卡终于要颁授给他终身成就奖的时候，还有媒体猜测莫里康内是否会拒绝领奖。我们看到的结果是莫里康内欣然前往,而且在接受采访的时候,表示自己非常荣幸。

  得奖不得奖,我想对于大师来讲,并不是太重要的事。他们更在乎的可能是精心谱出的曲子,能否成为听众内心的旋律。音乐可以瞬间撩动我们的情绪,这正是音乐的力量,从这个角度讲,作曲家尤其是电影配乐大师们,就是一群情绪的魔术师。他们能让平淡的日常生活陡起波澜,能让我们这些普通人坐上旋律的过山车,在巨大的情感落差中欲仙欲死。

埃尼奥·莫里康内 Ennio Morricone

1928 年生于罗马。著名电影配乐大师。毕业于圣切契里亚音乐学院，迄今已为将近 500 部影视作品进行配乐工作，是意大利最多产、最有建树的作曲家。

1980 年，因《天堂之日》的配乐，获英国电影学院奖。

1985 年，因《美国往事》的配乐，获英国电影学院奖。

1987 年，因《战火浮生》的配乐，获美国金球奖、英国电影学院奖。

1988 年，因《戴金丝边眼镜的人》的配乐，获意大利大卫奖。同年，因《铁面无私》的配乐，再获英国电影学院奖。

1989 年，因《天堂电影院》的配乐，获意大利大卫奖；又于 1991 年，获英国电影学院奖。

1991 年，因《天伦之旅》的配乐，获意大利大卫奖。

1993 年，因《住在鲸里的约拿》的配乐，获意大利大卫奖。

1995 年，获威尼斯电影节终身成就金狮奖。

1999 年，因《海上钢琴师》的配乐，获意大利大卫奖；次年，获美国金球奖。

2000 年，因《爱欲旋律》的配乐，获意大利大卫奖。

2007 年，获奥斯卡终身成就奖；同年，因《隐秘》的配乐，获意大利大卫奖。

2010 年，因《巴阿里亚》的配乐，获意大利大卫奖。

2013 年，因《最佳出价》的配乐，获欧洲电影奖最佳作曲奖、意大利大卫奖。

2016 年，因《八恶人》的配乐，获奥斯卡金像奖最佳原创配乐奖、美国金球奖、英国电影学院奖。

莫里康内的价值实在不能用所获奖项来体现。

昆汀·塔伦蒂诺
只要你还有什么放不下,就一定会再次败给他

Quentin Tarantino

1995年10月,美国圣丹斯电影节正在北京举行影展。话说有一天,北京电影学院四个学生刚从电影院里看完电影出来,迎面就碰上了一个长相奇特的老外,那张鞋拔子脸让学生当中一女生脱口而出:"昆汀!"对方显然是听到了这句话,侧身而过的时候,他的表情让这女生更加确定她没认错人。

1

于是四个学生转头就去跟这个老外搭话,认出他的女生就是后来的新生代导演李虹。为了印证这段传闻的真实性,我专门打电话给李虹,没有想到她给我提供了更多有意思的细节。李虹说,那一天昆汀显然非常惊愕,他怎么都没想到在北京的街头会被人认出来。以当时为原点,也就是半年多前,他才刚刚拿到人生中第一个奥斯卡最佳原创剧本奖;再半年多前,1994年的5月,在第47届戛纳国际电影节上,他也才第一次拿到金棕榈奖。获奖的《低俗小说》也只是他的第二部作品,我的意思是他也才刚刚出名,即便走在美国的街头,都未必有人认出他来,这一定让昆汀的自我感觉陡然良好起来。

李虹说,他们向昆汀解释自己是电影专业的学生,对他特别崇拜,并且约定带他去北京城走街串巷,那一天昆汀把自己住的

葛颖点电影
之
世界影史50名人传奇

《低俗小说》剧照

酒店房间的电话号码都给了这些学生。几天后，李虹又跟昆汀联络，而且叫了一辆面的，把他运到了南城一个同学租的平房。李虹想不到昆汀真的会跟他们走，在人生地不熟的国家，他居然敢把自己的性命交给一群陌生人。这昆汀有意思，1.9米左右的大高个子，竟然硬是把自己横进了小面的里。到了目的地，门一打开，一屋子的穷学生正等着昆汀，其实没什么好东西招待他，就是包了点饺子，喝的也就是二锅头。但是大家兴致极高，昆汀也兴奋了，一边吃饭喝酒，一边胡吹乱侃，聊了整整一夜。为了解决语言问题，李虹他们还特地叫了几个留学生过来，可是具体聊了些什么，这么多年后她其实都忘了。不过她记得两点：第一，昆汀的酒量确实好，他喝起二锅头就跟喝白开水一样，喝了那么多酒，一点反应都没有；第二，昆汀忠告他们这群将要做电影的孩子们"故事为王！"

昆汀就是一个自来熟，没把自己当外人，自从被学生们认出之后,他就觉得在中国他应该受到明星般的待遇。据一起来北京的美国女导演阿利森·安德斯的回忆,说昆汀刻意保持跟他们这群人的距离。在中国的最后一晚,圣丹斯代表团去人民大会堂参加晚宴,昆汀忙着各种拉关系,和中国的组织者一起坐在了主桌上。而其他美国导演只能尴尬地站在一旁,最后才被安排到了其他桌子上。看来昆汀对中国人民确实有感情,对中国的一切他都有兴趣,这份感情和兴趣,可能都源于他早年对中国电影的热爱。

2

出生于1963年的昆汀·塔伦蒂诺,四岁的时候父母就离婚了,他随母亲生活,母亲改嫁了一名作曲家。据说继父对艺术和电影的见解颇为独特,本身又是娱乐圈中人,所以他明白一个人的趣味对于艺术创作的重要性。昆汀年幼的时候,继父就经常带他去看一些古怪的电影,试图让他理解电影中那些另类的文化,这一定为日后昆汀的趣味埋下了伏笔。

1971年,八岁的昆汀随着母亲和继父去了洛杉矶生活。在那儿,他认识了继父在娱乐圈中的一众朋友,那些叔叔阿姨的生活状态,小昆汀是看在眼里学在心里,所以从小学开始他就极不安分。有传言说他曾拿着一架廉价的照相机,试图拍摄学校里的霸凌事件,结果反倒被那些小混混揍了一顿。高中的时候,昆汀一心想成为一名伟大的方法派演员,毅然决然从所在高中退学,靠着继父的支持,来到当地的一家电影公司学习表演。虽然终于开始了自己有兴趣的学习,但昆汀到哪儿都不是一盏省油的灯。在学习班上,他老以为自己是表演天才,常常对教自己表演的老师指手画脚,可他好像总能指出一些老师在表演时的失误,这让他渐渐变成了一个不受欢迎的人。在学习表演期间,昆汀居然还去了一家色情电影院,当了一名引座员,就是在乌漆麻黑中,拿手电把观众带到座位上去的工作人员。在色情影院当引座员,可见他的口味确实不一般。

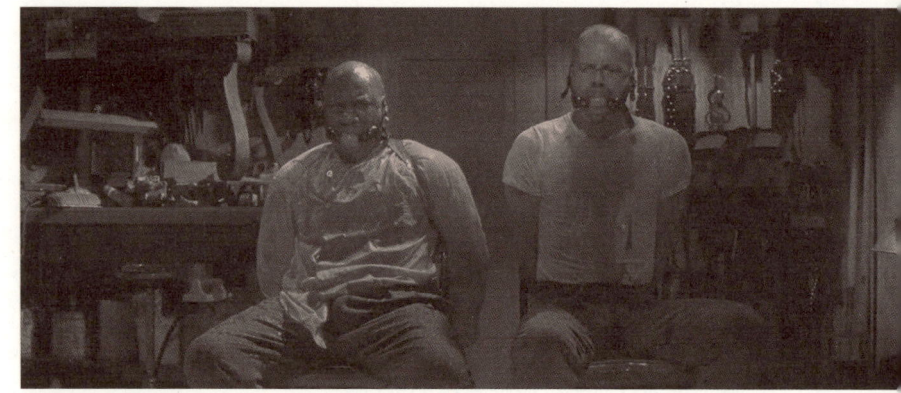

《低俗小说》剧照

  1984年,已经21岁的昆汀觉得在这家公司已经学不到新东西了,而且前途无望,似乎没有人愿意推荐他去演一部电影,于是他离开了这家公司,用省吃俭用攒下来的钱去了曼哈顿,此行的目的很明确,就是为了去全美影迷的圣地——Video Archives音像店做一名营业员。来这家店借录像带的,可都是一些极品的专业影迷,即所谓"迷影"。昆汀看他们借些什么片子,他就跟着看什么,你看他多有脑子。在店里打工的日子里,昆汀就这样看了海量的录像带,而且还有工资拿,对他而言,没有比这再好的事了。也就是在这一段岁月中,昆汀看了大量的香港电影。他喜欢邵氏的功夫片,崇拜李小龙,对香港电影如数家珍,从吴宇森到王家卫都是他的"菜"。

第67届威尼斯电影节,昆汀是评委会主席,他和徐克一块儿为吴宇森颁发终身成就奖。他一上台就冲着吴宇森喊:"我的挚爱啊!"昆汀拍《杀死比尔》,刘家辉饰演了强尼莫。刘家辉自己都纳闷,说从来没跟好莱坞合作过,很奇怪为什么昆汀要找他。你知道昆汀怎么说?他说,"我20多年前就看过您的电影,非常希望跟您合作"。两人在上海见了一面,当时刘家辉穿了一件唐装,昆汀一见到他就双手抱拳,用中文说了声:"师傅!"

《杀死比尔2》中的刘家辉

说起《杀死比尔》的拍摄,也真是有意思。原本影片中的日本场景是要到东京实景拍摄的,核算成本后,他们觉得去日本太贵,于是就在昆汀的提议下,全剧组来了北京。我到今天都没搞懂,北京怎么能替代东京呢?说来道去,还是昆汀的"中国情结"起了作用。好在大部分都是内景戏,他们就在北京电影制片厂(简称"北影厂")的摄影棚里搭了景。片子的动作设计是由袁家班来担任的,昆汀瞄上袁和平可不是一两天的事了。早在《杀死比尔》开拍的前一年,也就是2001年,昆汀就将袁和平执导的《少年黄飞鸿之铁马骝》介绍到了美国。这部片子是1993年的旧作,时隔八年,能够在美国发行放映,全靠昆汀在其中穿针引线。当初昆汀在接受美国媒体采访的时候,说袁和平是一个非常有才华的人,他想借这个片子在美国的放映,让大家更加了解袁和平,了解袁和平的事业。昆汀非常有脑子,一方面当然是他崇拜袁和

《杀死比尔》剧照

平,也喜欢这部影片,更重要的却是为一年之后《杀死比尔》能与袁和平合作,做了一个极有情商的铺垫。

当初,昆汀本打算自己来出演白眉道人,他每天正儿八经地跟着武术教练练压腿练拳脚,还做了假胡子,定了妆。可能这个角色打剧本创作一开始就是昆汀为自己度身定制的,可见他是多么希望自己能够在电影中真的变成中国的武林高手!但后来肯定是没戏啊,虽然他利用了导演的特权,可真要动起手来,他那几下子,我估计连他自己都看不下去了,所以就去找了刘家辉。戏没演成,昆汀那一身肥肉倒是减了不少。

3

多年之后,很多中方的工作人员对那一段经历都有非常美好的回忆。中方的副导演张进战说,《杀死比尔》是他从影几十年来做得非常愉快的一次工作,完全在搞创作,而不是干体力活儿。他说昆汀完完全全是在做一个导演,而不像很多其他的导演那样,把70%的精力用在了跟导演事务无关的杂事上面。更有中方工作人员回忆说,片厂的节奏极其放松,有的时候昆汀前一天晚上玩过头了,第二天到了片场,他就直接宣布自己状态不好,全组放假一天。张进战证实《杀死比尔》的拍摄完全是按照好莱坞的制度工作的,不加班,周末休息,所以原本计划在北京拍21天,最终被拖成了76天。显然,这种愉快的创作方式是要用金钱来打底的，这部影片计划成本是 3600 万美元，后来膨胀到了 5500 万美元。昆汀仗着自己是米拉麦克斯公司的宠儿，花着影片的预算，好好在北京做了一回中国人。一年之后，他在接受《花花公子》杂志采访的时候表示，前一年在北京的生活实在是开心极了。他更把北京的夜生活夸上了天，他说北京至少有五条跟得克萨斯州（简称"得州"）奥斯汀第六大道一样的酒吧街。剧组常常是在周六狂欢一宿，礼拜天再睡上一个整天。他还绘声绘色地描述了自己第一次爬长城的经历，那真是一个通宵的狂欢，有烟花、有乐队，简直是棒极了。

2002 年夏天的北影厂成了昆汀呼朋唤友、迎来送往的宅邸，张艺谋、陈凯歌、冯小刚、姜文等一众中国的影界大腕儿纷纷去探班，跟昆汀一块儿把酒言欢。在北京拍戏期间，昆汀还买回了好几车的中国古董家具，外加一堆 DVD 影碟。郑洞天曾经写过一句话评价昆汀，他说恐怕没有哪个老外会像昆汀那样，如此地入乡随俗，他突然就明白了昆汀的电影何以那样杂色。

《杀死比尔》被昆汀定性为一部对香港功夫片的致敬之作，因此他还在片头加入了邵氏公司的司标。应该说，比起对香港电影的尊重和热爱，昆汀要远远胜过我们许多本土的从业人员和影迷。有个法国电影人在 2011 年专门拍过一部纪录片，片名就叫

昆汀·塔伦蒂诺

《塔伦蒂诺：香港电影的门徒》。在今天的国际影坛上，我想很难再找到一位像昆汀这样和中国交往密切、理解而且热爱中国电影、自身的创作又浸满了中国文化的外国导演了。

在他功成名就之后，昆汀依然不断助力中国电影走向海外。当年张艺谋的《英雄》被米拉麦克斯公司买断了北美的发行权，其中就有昆汀推介的功劳，他还力劝公司要一刀不剪地向北美观众呈现这部电影。王家卫的《重庆森林》也是昆汀帮忙在北美发行。从这个人身上我们看到的不光是热心，还有仗义。虽然他是个美国人，倒有几分中国功夫片里江湖中人的气质。

几年前，他在接受《巴黎竞赛报》采访的时候，记者提了一个问题："听说你拍完十部电影之后就要退出电影圈。很少会有导演预言自己的退出，你是发现了什么征兆吗？"昆汀回答："我希望在看到征兆前就退出电影圈，我为那些在职业巅峰时候不选择退出的导演感到遗憾，他们就像年老体衰的拳击手一样，总是相信自己还可以打赢一两场比赛。我希望自己的电影生涯从头到尾都有一样的热情支撑着，只有这样才会让未来的小孩在看我的电影的时候，任选一部都不会令他失望。我希望我的艺术生涯能有一个完美的结尾。"你看，昆汀多有自知之明啊。从他的身上，我们可以看到一个真诚的人，一个可爱的人。

这里跟你闲扯昆汀，虽然没有分析他的作品，但是从这些轶事中你是否能发现，为什么他能拍出那些征服人的作品？许多人觉得昆汀·塔伦蒂诺不是科班出身，所以他总能用自己独特的方式来处理一部电影。我看跟科班不科班没什么关系，主要是这个人的性格，那种彻底的率真是他跟我们的区别。贪玩、好色、急功近利，他都可以不加任何掩饰地表现出来，所以当他创作时也就能够直指心性。昆汀·塔伦蒂诺不走寻常路，就是因为他能够坚持率真，只要我们还有什么东西放不下，我们就一定会再一次被他的作品震动，其实就是再一次败给他的率真。

昆汀·塔伦蒂诺 Quentin Tarantino

1963 年 3 月 27 日,生于美国田纳西州。美国导演、编剧、演员、制作人。

1992 年,其长片处女作《落水狗》在圣丹斯电影节上引起注意。

1994 年,第二部长片《低俗小说》获得第 47 届戛纳电影节金棕榈奖;次年,又斩获奥斯卡最佳原创剧本奖,该片被普遍认为具有"新浪潮"式的革新意义。

2003、2004 年,连续推出《杀死比尔》和《杀死比尔 2》,进一步确立了个人风格。

2007 年,拍摄《刑房之死亡证据》,将澳大利亚 B 级公路片的粗野与女性黑帮视角进行杂糅,为女权电影树立另类标杆。

2009 年,拍摄《无耻混蛋》,以荒诞手法处理"二战"题材。

2013 年,《被解救的姜戈》获奥斯卡最佳原创剧本奖,美国金球奖电影类最佳编剧奖。

2015 年,《八恶人》试图以强烈的个人风格重新诠释西部片。

马龙·白兰度

二十个私生子、两尊小金人、一场谋杀案,串起他跌宕起伏的一生

Marlon Brando

2004年7月1日,一个老人在洛杉矶的一家医院去世了。在场很少有人知道,这个老人生前是20世纪美国电影界最杰出的男演员之一,他曾经六次被提名奥斯卡,两次获得奥斯卡最佳男演员奖。他是《欲望号街车》中的斯坦利,是《教父》中的维托·科里昂,是《巴黎最后的探戈》中的保罗。他就是马龙·白兰度。

1

马龙·白兰度生命的最后时光是一个人躺在病榻上凄凉度过的,身边几乎没有亲人和朋友的陪伴,来得最多的是他的私人委托律师。律师来,是为了趁他脑子还清楚的时候,把遗产和债务交代完毕。可以说,白兰度的死与其他普通病人的离世没有任何区别。

生于1924年的马龙·白兰度从小就是一个特别叛逆的孩子,个性跋扈,看谁都不顺眼。读书的时候接连被好几个学校退学,他父亲非常着急,寻思着是不是该让他去军队里管束一下,于是就把白兰度送去了一家军校学习,谁知他照样给老爹带回了一张退学通知书。父亲几近绝望,决定不再管他,可马龙·白兰度对自己倒是颇有谋划,他去了纽约,他要学习表演,他想让自己站上百老汇的舞台。今天看来,他选择去纽约,而不是首先选择去

《教父2》中的李·斯特拉斯伯格

洛杉矶,是一个成就一代影帝的正确选择。

马龙·白兰度在纽约碰到了影响他一生的重要人物——李·斯特拉斯伯格,后者饰演过《教父2》中的海门·罗斯。相比他自己做演员,真正让人敬佩的,是李·斯特拉斯伯格被尊为美国表演教育界的头号人物。他的学生有马龙·白兰度、保罗·纽曼、罗伯特·德尼罗、阿尔·帕西诺、达斯汀·霍夫曼、玛丽莲·梦露、梅丽尔·斯特里普等大名鼎鼎的演员。1948年,李·斯特拉斯伯格成立了他的演员工作室,他教授的是方法派表演技巧,就是伟大的戏剧家斯坦尼斯拉夫斯基创立的一套表演体系。这套表演体系说起来还挺复杂,主要是针对演员的两方面进行训练,一是强调即兴表演,二是情绪记忆。用最简单的话来讲,就是通过训练,让你消灭自我,成为角色。

1950年,已经在纽约百老汇混了几年的白兰度来到了好莱坞,他准备进军电影界。第一部戏让他蛮崩溃的,他学到的表演方法没有得到施展。突然一个机会就来了,著名导演伊利亚·卡赞开始筹拍《欲望号街车》。这一部电影是有舞台剧版本的,白兰度在百老汇时参演过舞台剧版的《欲望号街车》,而且这一次跟他搭戏的女演员是费·雯丽,费·雯丽在英国也是舞台剧演员出身,两人一拍即合。更加重要的是,卡赞就是当年和李·斯特拉斯伯格一块儿创立演员工作室的搭档。等于是一切齐备,这让白兰度回到了自己最熟悉的表演方法中。马龙·白兰度年轻的时候那叫一个帅,他身体强健,一块一块的腱子肌透着男人的阳刚气息。

白兰度在《欲望号街车》中饰演的斯坦利,暴躁易怒,是个十足的混蛋。费·雯丽所饰演的布兰奇是一个南方美女,有着非常好的家庭出身,但是很不幸,她婚姻没了,财产没了,情人也死了,只能来投

《欲望号街车》剧照

奔妹妹。斯坦利就是她的妹夫,原本这两个完全不可能在一个屋檐下生活的男女,就此开始了相互折磨。布兰奇看不惯妹夫的粗鲁、没文化;妹夫也瞧不上这个已经落魄却依然端着的姐姐,而

且她还有点神经质。斯坦利折磨她、摧残她,甚至还强暴了她,最后终于摧毁了她。马龙·白兰度用他那侵略性十足的个性化演出方式,征服了主流评论界和广大影迷。可以说,通过《欲望号街车》,年轻的白兰度几乎收获了所有良好口碑,让他在好莱坞站住了脚。之后是顺风顺水,要什么有什么,白兰度还拿到了人生中第一座奥斯卡最佳男演员的奖杯。

1961年,米高梅公司准备重拍《叛舰喋血记》,力邀马龙·白兰度主演。那时候白兰度已经是臭脾气一身,刚开始他并不想接这个影片,于是开出了一系列非常苛刻的条件,包括要求重写剧本,他本人要担任影片的顾问等,没料到米高梅公司统统答应。于是马龙·白兰度就开始让编剧三番五次地修改剧本,修改的主要目的是不断修饰他主演的那个角色。影片在太平洋上的塔希提岛拍摄,没有想到定制的军舰晚到了,期间还发生了两次火灾。更要命的是马龙·白兰度还要换角色,导致整个影片的周期被一再耽搁,导演最后忍无可忍,不干了。米高梅公司马上换了一个大牌导演来接任,就是拍《西线无战事》的迈尔斯通,结果白兰度跟迈尔斯通也搞不好关系,据说,最终迈尔斯通执导其他演员的戏,马龙·白兰度自己导自己的戏。

这个骨子里充满叛逆精神的马龙·白兰度,他的不合作和有意破坏,使《叛舰喋血记》成了牺牲品。当时连肯尼迪总统都在打听:这个剧组到底出了什么事儿?整个拍摄期间马龙·白兰度的体重急剧增加,几个月就重了40磅,弄得他的裤子的后裆经常裂开,据说服装师想了一个办法,把那部分的布料换成了有伸缩性的材料。在夏威夷外景地拍摄时,马龙·白兰度甚至和当地一个19岁的少女谈起了恋爱,两个人后来还结婚了,生了三个孩子,最后当然是分道扬镳。

2

《叛舰喋血记》成了整个好莱坞的反面教材,差点让米高梅公司破产,马龙·白兰度被好莱坞打入冷宫,所有公司都对他敬而远之。加上白兰度自己的影业公司也出现了财务危机,导致20世纪70年代初期他自降身价,与科波拉合作了《教父》。当初科波拉心心念念想要让马龙·白兰度出演唐·科里昂一角,派拉蒙高层坚决反对,毕竟《叛舰喋血记》还余音在耳。可是又拗不过

《教父》剧照

科波拉几次三番提出一定要用马龙·白兰度,结果派拉蒙高层就提了几个条件:一要白兰度自降身价,以25万美元出演,这点钱搁在几年前,都不够他塞牙缝的;二是白兰度必须和其他演员一样来试镜,这简直就是对他的人格侮辱。没想到的是,当年正处在财务危机中的马龙·白兰度居然什么都答应,结果成就了试镜史上堪称绝妙的一幕。

那一天马龙·白兰度在参加试镜的时候,给自己做了一个维托·唐·科里昂的造型。今天我们还可以通过《教父》的制作花絮,看到他把鞋油抹在了自己的头发上,嘴里含了两块吸水棉,一下就把那张大家熟悉的明星脸变成了斗牛犬的模样。而且他本来念白就有点含糊,在试镜的时候他竟然加强了这个缺陷,于是创造出了一个出人意料却极有味道的黑帮形象。说实话,《教父》最大的亮点就是马龙·白兰度的表演,他把一个黑手党的老大、一个父亲、一个衰弱的老人演得入木三分,正所谓"烈士暮年,壮心不已"。

通过这部影片的拍摄,白兰度又变成了好莱坞炙手可热的演员,他的言传身教,还带出像阿尔·帕西诺这样的新一代影帝。可是不久,他的老毛病又犯了。当第二年奥斯卡颁奖的时候,他被授予最佳男演员奖,谁知他竟拒绝领奖,还派了一个印第安小女孩上台说明情况,理由是好莱坞的电影把印第安人塑造成了野蛮残暴的形象,只有这样的现象有所改观,他才会对奥斯卡奖重新表示尊重。马龙·白兰度真是个有意思的人。他不仅拒绝奥斯卡奖,还坚决辞演《教父2》中老教父一角。我们知道《教父2》

和《教父》拍摄时的状况已不可同日而语，当第一集被市场和奖项认可后，演员预算大幅提高，马龙·白兰度完全可以凭第二集中的同一角色大捞一票，可是他却不想重复同样的角色，这真是一个好演员！从某种程度上说，也只有这样较真的演员，才可能塑造出众多令人无法忘却的角色。

在《巴黎最后的探戈》中，他又一次用情绪记忆的方法，塑造了年近五旬的美国作家保罗，这个角色有太多跟马龙·白兰度真实生活相似的地方。前几年《巴黎最后的探戈》中那场强暴戏又被翻了出来，有人指控马龙·白兰度和导演贝尔纳多·贝尔特鲁奇共同策划了对女演员施耐德真实的身体侵犯。其实女演员是知道有这样一场戏的，只是没有想到白兰度会来真的。正是因为白兰度在现场的即兴发挥，使施耐德猝不及防，感到了巨大的耻辱，所有的反应都是一个女孩真实的心理状态，而导演恰恰想要

《巴黎最后的探戈》剧照

捕捉这样一种状态。这桩陈年旧事被翻出来之后，很多人都愤而指责导演，说不该因为艺术上的追求而摧毁女演员的人格。这件事当初到底是谁的主意？现在并不清楚。但为了表演，什么都敢干，确实是所谓方法派训练的重要手段，也颇为吻合马龙·白兰度一贯的人设。

3

在好莱坞起起伏伏，马龙·白兰度的私生活也一直是高潮连着低谷，到今天我们都不知道，甚至连白兰度自己都不一定清楚他究竟有几个孩子。他最钟爱的孩子是他和第一任妻子所生的长子。马龙·白兰度和这个女人结婚一年就分手了，但为了争夺这个孩子的抚养权，他努力了16年，可见他对这个孩子有多上心。这个孩子长大之后也做过演员，饰演过一些小角色，但真正让他出名的是在1990年，他在父亲位于好莱坞穆赫兰道上的大宅里开枪把妹妹的男朋友打死了，而此时妹妹已有六个月的身孕。儿子被控一级谋杀，保释金高达1000万美元，这些钱都是白兰度拿出来的。为了这个官司，他开始接拍烂片，他一直在为儿子求情，希望能够减轻罪责。可这个儿子最终在2008年去世，而他的妹妹在生下遗腹子之后，于1995年自杀。

马龙·白兰度情史之混乱令人咋舌，据说为他自杀的情人就有六个。他除了喜欢女人，还喜欢男人，是好莱坞众所周知的双性恋者。他一生有很多男性情人，但比较稳定的同性伴侣只有一个，这个叫沃力·考克斯的男人是一个不太知名的喜剧演员。1973年沃力去世，马龙·白兰度受沃力妻子的委托，把沃力的骨灰撒在他曾经工作过的地方，结果马龙·白兰度却把骨灰带回了家。在自传中他自己说，如果沃力是个女人，他一定会跟他结婚。2004年马龙·白兰度去世，按照他的遗愿，家人把他和沃力的骨灰一起洒在了加利福尼亚州（简称"加州"）死亡谷里。

马龙·白兰度是个精力超级充沛的男人，他创造了那么多精彩的角色，他的私生活也必定充满了能量。而且他一生钟爱方法派的表演技巧，在银幕上他可以把自我的真实经历和角色进行缝合，回到现实生活中，他同样会不自觉地把所创造的角色和自己的生活进行缝合，这可能就是他悲剧的根源。

马龙·白兰度 Marlon Brando

1924 年 4 月 3 日出生于美国内布拉斯加州。美国著名影视演员。

1952 年,凭借在《欲望号街车》中的表演,获第 24 届奥斯卡最佳男主角提名。同年,凭借在《萨巴达万岁》中的表演,获第 5 届戛纳电影节最佳男演员奖;次年,再度提名奥斯卡最佳男主角。

1953 年,凭借在《恺撒大帝》中的表演,获英国电影学院奖最佳外国男演员奖,并于次年提名奥斯卡最佳男主角。

1955 年,凭借《码头风云》获第 27 届奥斯卡最佳男主角奖。

1973 年,凭借《教父》第二次荣获奥斯卡最佳男主角奖。

1974 年,凭借《巴黎最后的探戈》,提名第 46 届奥斯卡最佳男主角。

1990 年,凭借《血染的季节》,获第 62 届奥斯卡最佳男配角提名。

1999 年,被美国电影学会选为"百年来最伟大的男演员"第四名。

2004 年 7 月 1 日,马龙·白兰度在洛杉矶一家医院逝世,享年 80 岁。

谢尔盖·帕拉杰诺夫

他只拍了四部长片,就被认为难以超越

Sergei Parajanov

2015年,上海国际电影节的4K修复单元来了《石榴的颜色》,那一年电影节片单一出就引起了轰动,很多影迷为终于可以在大银幕上看到《石榴的颜色》而惊喜。那时候我还在搞"堂会",就是一个电影的讲座,我特地在电影节之前举办了《石榴的颜色》的拉片讲座,为影迷们逐镜分析了这部神作。这里就来说说《石榴的颜色》的导演谢尔盖·帕拉杰诺夫。

谢尔盖·帕拉杰诺夫

1

　　我读书的时候就知道有三部片子被称为"世界上最难懂的电影",一部是《八又二分之一》,一部是《去年在马里昂巴德》,还有一部叫《石榴的颜色》。20 世纪 90 年代,我开始玩录像带,我就看到了《八又二分之一》和《去年在马里昂巴德》。啊呀,真是太棒了!这两部意识流代表作自此也成了我上拉片课的保留片目。可《石榴的颜色》就是一直没有看到,你知道,越是看不到心就越痒,越是会自我想象。当年,德国电影史学家乌利希·格雷戈尔的《世界电影史》是我研究电影的指南,在他的书中有这么一句话:"《萨雅·诺瓦》在发展实验性的画面语言方面确立了苏联电影迄今为止最前列的地位,属于电影史中少数几部真正重要的作品。"他说的《萨雅·诺瓦》就是《石榴的颜色》。直到 2012 年我才看到《石榴的颜色》,我对这个导演产生了莫大的兴趣,于是渐渐知道了他更多的故事。

咱们先来说说《石榴的颜色》为什么又被叫作《萨雅·诺瓦》。原因是这部影片有三个版本。第一个版本是导演的原始版本,第二个版本是1969年在亚美尼亚公映的版本,导演版本和亚美尼亚版本的片名都叫《萨雅·诺瓦》。之所以叫《萨雅·诺瓦》,是因为这部影片表现了18世纪亚美尼亚一个著名的吟游诗人萨雅·诺瓦的生平,可以算是一部传记片。1969年,《萨雅·诺瓦》在亚美尼亚的埃里温上映,片长77分钟,但这已经不是帕拉杰诺夫原来的版本。这个经过修改的亚美尼亚版本,主要是把萨雅·诺瓦的诗句从原先的版本中全部删除,还对原本影片中的章节标题

《石榴的颜色》剧照

《石榴的颜色》剧照

重新改写,但是亚美尼亚版本在苏联依然无法通过审查。1970年,苏共宣传部让著名导演谢尔盖·尤特凯维奇重新把亚美尼亚版本剪辑成一个71分钟的版本,尤特凯维奇是帕拉杰诺夫在莫斯科格拉西莫夫电影学院的老师,也是一个非常有成就的苏联电影导演。我想当年指派尤特凯维奇去修改影片,可能是为了压服帕拉杰诺夫,毕竟是老师嘛,学生总要礼让三分。结果尤特凯维奇还把片名改了,变成今天我们都知道的《石榴的颜色》。

修改之后的影片得以于1973年在苏联上映。2006年,意大利国家电视台发行了《石榴的颜色》的DVD,也就是尤特凯维奇版本,正是这个版本在互联网上广为传播,直到2015年,我们在大银幕上看到的其实都是尤特凯维奇版本。非常遗憾的是，我们始终没有见过帕拉杰诺夫的原始版本。后来意大利国家电视台还发行过一些DVD素材，也就是当年帕拉杰诺夫工作时的一些样片，其中确实有很多《石榴的颜色》里没有出现过的场面，当然我也无法肯定那些未见的场面就一定在帕拉杰诺夫的原始版本中，但这些素材多多少少可以让我们对原始版本有所想象。有朋友说苏联已经没了，现在只要让导演拿出他的原始版本不就行了吗。可惜的是，斯人已逝。谢尔盖·帕拉杰诺夫在1990年的7月20日，在亚美尼亚的埃里温逝世了，这导演版本从此也就不知所踪了。这位天才导演在世66年，仅仅拍摄了四部长片，却被许多重要的世界电影人誉为"难以逾越的电影大师"。法国新浪潮代表人物戈达尔曾经说过：有一座电影的神庙，那里有光，有影像和现实，这座神庙的主人就是帕拉杰诺夫。

2

说起这位导演一生只拍了四部片子，不是因为他懒，而是在他的一生中有很长时间被剥夺了拍片的权利。1988年，帕拉杰诺夫在接受采访的时候，谈到自己是苏联唯一一个在斯大林时期、勃列日涅夫时期和安德罗波夫时期都坐过牢的电影导演。听上去他好像是一个和苏共的意识形态一直对立的导演，其实并不是这样。就像一个脆弱的孩子，帕拉杰诺夫是一个玩心特别重的导演，他这三次牢狱之灾并不是什么政治迫害。

第一次坐牢是在1948年的夏天，那时候他还在莫斯科格拉西莫夫电影学院读书，因为在第比利斯和一个克格勃官员搞同性恋而被判了五年刑，当年12月上诉成功而获释。帕拉杰诺夫承认自己确实有同性恋的行为，并称对方曾经帮助他考上了第比利斯音乐戏剧学院。现在搞同性恋算不上什么，可在那个"恐同"的时代就是很大的罪过。为了洗刷自己，帕拉杰诺夫很快与一个鞑靼姑娘谈婚论嫁，但姑娘并没有征得父母的同意。根据她的民族传统，未经家族同意就结婚，实属大逆不道。姑娘的父母强令姑娘离开帕拉杰诺夫，姑娘断然拒绝，两人很快成婚，而且姑娘还随帕拉杰诺夫改信了东正教。结果姑娘家的族人派人把她推下了一辆行驶中的有轨电车，姑娘惨死在了车轮下。帕拉杰诺夫为这一段任性的婚姻付出了惨重的代价，精神上受到了相当大的刺激。

1973年11月，帕拉杰诺夫在乌克兰的基辅再次被捕，苏联当局指控他犯有强奸罪，说他强奸了一名共产党员，还犯有同性恋和投机倒把罪，判处帕拉杰诺夫到西伯利亚服苦役五年。我们知道，1964年的时候，帕拉杰诺夫已经导演了影片《被遗忘的祖先的影子》，这部片子为他带来了巨大的国际声望。而且紧接着1968年，帕拉杰诺夫又以极其低廉的成本摄制完成了代表作《石榴的颜色》，凭借此片他已经登上了电影艺术的巅峰。于是，他将被押解到西伯利亚服苦役五年的消息引起了世界影坛的关注。

1974年1月，特吕弗、戈达尔、雅克·塔蒂等多位重量级导

《石榴的颜色》剧照

演联合发表声明,要求苏联当局释放帕拉杰诺夫。但是乌克兰法庭依然以同性侵犯行为和传播淫秽物品的罪名,判处帕拉杰诺夫五年的劳动改造。服刑期间,路易·阿拉贡、埃尔莎·特里奥莱、约翰·厄普代克等多位知名作家和其他艺术家持续不断地努力,要求释放帕拉杰诺夫。终于在四年多的刑期之后,帕拉杰诺夫获释了,但他被禁止从事电影创作。虽然戛纳国际电影节等许多重要的文化平台,持续放映他的片子以示声援,但始终不能改变帕拉杰诺夫在苏联境内被禁的状态。

1982年2月,帕拉杰诺夫在第比利斯涉嫌行贿,第三次被捕。那年10月,法庭最终宣判缓期执行,帕拉杰诺夫因此被苏联电影家协会开除了,但他终于可以再度创作了。在他生命的最后七年,他得以完成了最后两部长片:《苏拉姆城堡的传说》和《吟游诗人》。

帕拉杰诺夫生前长期遭受打压,影片屡遭禁映,再加上语言和文化上的障碍,致使他的作品长期在研究者和观众的视野中缺席。苏联解体之后,很多历史材料解禁,他的影片也开始以各种形式在世界范围中重新发行和传播,越来越多的人发现了这样一位传奇的导演。

3

近年来,我们中国观众对他也逐渐熟悉起来。2015 年上海国际电影节上来了《石榴的颜色》;2016 年,为了纪念俄罗斯卫国战争胜利 71 周年,俄罗斯电影周在北京举行,放映了帕拉杰诺夫的《吟游诗人》。很多朋友看完他的影片都有所不解:题材上全都是有关古代的人物和传说,看不出有任何政治上的问题啊!确实,从他影片所表现的主题和内容上来看,是远离政治的,可以说保持了一种中立的意识形态。就拿《石榴的颜色》来讲,影片表现的是关于民族的神话、宗教和爱情,展现了外高加索地区的服饰、民俗、手工业、建筑、纺织、音乐等内容,并不包含对苏联任何政治形象的批判或者讽刺。当时给帕拉杰诺夫的影片定的罪名是"抽象"和"晦涩"。

《石榴的颜色》剧照

据说,亚美尼亚文化部门的领导看完他的影片之后就对帕拉杰诺夫说:"你到底拍的是什么呀?我们怎么根本就看不懂?"帕拉杰诺夫回答:"我的电影就是这样。"如果说他的影片触犯了什么戒律,那就是晦涩。《石榴的颜色》带来了一种令人费解的美学,它的抽象和晦涩引起了当局审查者的不安。一般来讲,电影审查的主要对象,集中在影片的政治、宗教、性、种族和暴力五个方面。和当时绝大多数被判有罪的文艺作品不同,帕拉杰诺夫的作品完全是因其在美学上的创新超出了当时的理解范畴。我们知道当时苏联所奉行的美学基础是"社会主义现实主义"原则,这个原则要求作家从现实的革命发展中去真实地、历史地、具体地描写现实。而帕拉杰诺夫作品中强烈而陌生的形式,撼动了这个原则在电影创作中的中心地位。从《石榴的颜色》被两次审查和删改的经历中，我们发现审查并没有集中在影片有关政治、宗教、性和暴力这些内容上，而是集中在对影片所引用的诗与全片结构的修改上。也就是说，对《石榴的颜色》的审查，是美学上的修改，而不是政治上的删除。

我们只能感叹，以《石榴的颜色》为代表的帕拉杰诺夫的作品，在美学上实在是太过超前了。而经过时间的洗礼，这些作品恰恰在今天散发出了夺人的魅力。如果一定要从政治上来罗织所谓错误，我觉得可能是因为这些作品的内容和表现出的银幕气质太过边缘，书写的是苏联境内少数民族的民族志，而没有去迎合当时大一统的苏联的主流思潮。没有迎合也许就等于某种程度的叛离。帕拉杰诺夫在影片中所表现出的独特气质，在强调思想统一的苏联文艺界主流人士看来，就是一个危险的存在。再加上这个贪玩的孩子身上的斑斑劣迹，他的桀骜不驯与目中无人，一定会让他的同行们联合起来给他小鞋穿。

4

晚年的帕拉杰诺夫念念不忘的是已经离世的同学——塔可夫斯基，他俩都毕业于莫斯科格拉西莫夫电影学院，两人的命运遭际也多有相似之处。在勃列日涅夫执政时期，两人都因为拍摄古代的文化名人传记片而遭到了冷遇和迫害，他们又是精神上的同路者，都创造出了与当时苏联倡导的社会主义现实主义完全不同的银幕风格。更重要的是，这两个人都目中无人，对彼此却惺惺相惜。在帕拉杰诺夫第二次被捕的时候，塔可夫斯基不光是写信安慰在狱中的帕拉杰诺夫，更是直接写信给乌克兰中央第一书记，再三强调帕拉杰诺夫的重要性，他还向欧洲国家不断推荐帕拉杰诺夫的作品。而帕拉杰诺夫更是在他的最后一部作品《吟游诗人》中，用字幕明确表明这部影片是献给塔可夫斯基的。两人曾经都是苏联电影界刻意淡化的人物，却都在今天成了苏联电影最高成就的代表。

帕拉杰诺夫逝世之后，这个生前至少被控有五项罪名的导演，最终被授予"乌克兰人民艺术家"和"亚美尼亚人民艺术家"的称号。人们总是在天才逝去之后，才无限悔恨当初没有善待他们。天才都是脆弱的孩子，总有顽劣之处，但更多的是可爱。如果他们在世时，我们能稍加宽容，至少今天我们还能看到帕拉杰诺夫的《基辅壁画》和《间奏曲》，这两部又不知是何等厉害的作品。可惜这一切只是假设，影片的拷贝早已被销毁，天才的艺术构思在漫漫的时间长河中已经灰飞烟灭。唯一聊以自慰的，可能就是这些遗憾都构成了今天关于这个天才的传奇元素。每念及此，我都觉得人世间的残酷其实是最大的幽默。

谢尔盖·帕拉杰诺夫 Sergei Parajanov

1924 年 1 月 9 日生于苏联加盟共和国格鲁吉亚的第比利斯,父母都是亚美尼亚人。著名电影导演。

1964 年,在基辅拍摄了《被遗忘的祖先的影子》,影片为他在西方电影界赢得声誉。

1968 年,在亚美尼亚拍摄了《萨雅·诺瓦》,这部杰作被苏联当局强制重新剪辑,并改名为《石榴的颜色》。虽然影片的独特魅力大打折扣,但仍获得了西方电影界的极高赞誉。

1984 年,在格鲁吉亚拍摄了《苏拉姆城堡的传说》。

1988 年,拍摄了《吟游诗人》。帕拉杰诺夫是苏联"诗电影"的晚期代表人物,一生钟情于外高加索地区的历史和文化,作品具有鲜明的民族志色彩。

1990 年 7 月 20 日逝世于亚美尼亚的首都埃里温。

王羽
"独臂刀王"的江湖往事

Yu Wang

他，是李小龙的好友、古龙的哥们儿、吴宇森的老师、曾江的妹夫。他，恋过林凤娇、"甩"过林青霞。他也是一个女歌星的老爹。此人还是中国台湾地区竹联帮的骨干成员，20世纪80年代黑帮"三大血案"他都有参与。怎么样，够厉害吧？他就是一代武侠电影巨星王羽。

1

王羽跟古龙是非常要好的哥们儿，据说他们俩一天到晚混在一块儿，晚上一起喝洋酒，白天手拉手去挂盐水。古龙去世，王羽痛失酒肉朋友，他买了47瓶白兰地XO作为陪葬（古龙47岁去世），有朋友提醒说："你这儿刚埋下去，第二天准被酒鬼挖出来。"为了避免陪葬品被盗，王羽就喊了一拨兄弟，在古龙的遗体旁，把47瓶XO全都喝了。这就是男人之间的情感。

"甩"过林青霞是确有其事。王羽年轻时荷尔蒙分泌过剩，经常是酒驾、打架等负面新闻不断，而林青霞则有着清纯的公众形象，两人常常出现在同一个娱乐版面上。为了不影响女朋友的形象，王羽选择分手，他跟林青霞只谈了半年左右的恋爱。

王羽在上海出生，17岁时跟随父母来到香港。他的身体条件非常好，在上海的时候就拿过一个游泳比赛的冠军，对剧烈运动

《独臂刀》中的王羽

的专精程度非常高。正是这一特点帮助他日后进了邵氏影业,成为一名武打演员。由于长相不错,身手矫健,拍摄危险动作也不用替身,王羽很快就在古装武侠片中有了一席之地。张彻导演从一开始就很喜欢这个年轻人,邀他出演了《虎侠歼仇》,后来又为他度身定制了一部大名鼎鼎的影片《独臂刀》。这部拍摄于1967年的武侠片非常阳刚,里边的打斗场面堪称暴烈,血腥味儿十分浓重。王羽饰演的独臂刀王是个狠角色,可以说刀刀见血。影片开创了所谓"硬派功夫片",是第一部票房过百万的港片,由此导演张彻被称为"百万导演"。

　　拍完《独臂刀》之后,王羽就跟"独臂"干上了,你听听他拍的片子:《独臂刀大战盲侠》《独臂拳王》《独臂双雄》《独臂拳王勇战楚门九子》《独臂拳王大破血滴子》……这些名字充满了20世纪六七十年代港片的市井气息。

《独臂刀》剧照

邵氏公司20世纪五六十年代的武侠片在今天看来是比较粗糙的，体现在摄影棚里搭的场景有舞台腔，演员的装扮尤其是胡须和发套一看就很假，还有就是武打动作的设计都比较套路化、不够激烈。王羽出演的《独臂刀》虽然也不乏粗糙感，可里面却有很多真实肉搏的场面。王羽一直是一个在片场敢搏命的人，他不喜欢用替身，什么动作都是自己亲力亲为。可能你知道成龙是这么干的，其实王羽是成龙的偶像，成龙折服于大哥的敬业，所以日后他也如此地拼命。

2

1975年，王羽走出香港，到澳大利亚拍B级动作片。那可真是长了我们中国男人的志气！据说拍片期间，片中的金发女郎个个向王羽投怀送抱，王羽到处摆谱，搞得澳方人员觉得王羽看不起他们。虽然他们初次合作不太顺利，可这段经历使一个日后独步世界影坛的美国小子，对王羽愈加崇拜得五体投地，他就是昆汀·塔伦蒂诺。昆汀热爱香港电影，港产武侠片几乎没有他没看过的，所以他对王羽的银幕形象非常熟悉。同时他也是澳大利亚B级片的影迷，对王羽在澳大利亚拍片的轶事如数家珍。他视王羽为心目中的"第一刀王"。之前还有传言，说昆汀想要重拍《独臂刀》。

在我看来，王羽就是一个男性荷尔蒙分泌过剩的男演员，他这辈子没有少过红颜知己，有过两次婚姻。第一次是和当年红透半边天、有"学生情人"之称的女演员林翠。"林翠"是一个艺名，其实她姓曾，亲哥哥就是大帅哥、老戏骨曾江。林翠在嫁给王羽之前是香港导演秦剑的老婆，秦剑自杀后，林翠手牵着王羽面对新闻媒体，宣布他们两个要结婚。那个时候林翠已经有了王羽的亲骨肉，即日后的女歌星王馨平。可惜当年的山盟海誓终究会消磨在日日的柴米油盐当中，他跟林翠最终还是离婚了，生的三个女儿全部归王羽抚养。

2013年，一代功夫巨星69岁了，王羽居然跟一个比他小40岁的内地女影迷谈起了恋爱。一个男人敢跟比自己女儿还小的女孩儿谈恋爱，我觉得这件事本身就是他够男人的证明。

王羽 Yu Wang

1944 年 3 月 28 日生于上海。原名王正权，祖籍江苏无锡。香港影视演员、导演、编剧、监制、制片人。

1964 年入邵氏电影公司，从此片约不断，成为 20 世纪 60 年代香港首席武侠小生。

1970 年入嘉禾影业公司，此后自编自导自演多部动作片。

1990 年后，以监制身份参与制作一系列港产影片，其中不乏艺术佳片。后又以制作人身份出现，并不断受邀在各类影片中客串角色。时至今日，王羽已成中国香港电影界泰斗级的人物。

莱妮·里芬施塔尔
长寿对她而言就是苦役

Leni Riefenstahl

1934年,纳粹要在德国纽伦堡举行党代会,纽伦堡市的市民觉得奇怪,因为在城市的各处开始修建很多桥梁、斜坡和各种设施。比如在希特勒广场就修了一个足有两层楼高的坡道,市内有一根120英尺高的旗杆,居然在它的旁边还安上了一部电梯。

莱妮·里芬施塔尔

1

有一群人在市内反复察看,好像是在选择射击地点。他们还组织了多次群众预演。原来这是为了给党代会拍一个纪录片,广场上的坡道显然是拍摄车的专用轨道,旗杆边上安电梯是为了能让摄影师在数秒之内升到旗杆的顶端进行俯拍,而四处察看找的不是射击地点,而是摄影机的位置。一辆有90英尺高云梯的消防车随时待命,方便把摄影师随时举上天空来俯拍纽伦堡市的屋脊、纪念碑、游行队伍以及高举的标语和旗帜。党代会的主会场也是按照拍摄的需求而搭建的,据说连党代会的会议流程都是根据纪录片的创作需求来制定的。显然这个纪录片的导演得到了希特勒的全面支持。

她率领一支170多人的摄制队伍,其中有77个摄影师,来到纽伦堡安营扎寨。在随后的一周时间中,她动用了30多架摄影机、22辆配有警察的拍摄车，拍下了17万英尺的胶片，从中剪辑出了那部在电影史上大名鼎鼎或者说臭名昭著却震撼人心的纪录片。

说起这部纪录片——《意志的胜利》，那曾经可是世界各国的禁片啊。20世纪90年代中期，我偶然在学院资料室的一个角落里发现了它，当时担心管理员不肯让我外借，我甚至想过揣着这盒录像带，直接从资料室的二楼跃窗跳下去。到今天我还记得那盒录像带的画面质量并不算好，但完全没有影响影片对我的感染。希特勒激情澎湃的讲演，党卫队俊美的战士们，那些用最美的光线和最美的角度修饰的场面，以及流动在镜头与镜头之间、段落与段落之间那一浪高过一浪的节奏，把纳粹的思想演绎成了令人陶醉的视觉狂想曲。

这是一部充满了男性荷尔蒙的纪录片，它的导演却是一个美丽的女人，她叫莱妮·里芬施塔尔。1902年，莱妮·里芬施塔尔生于柏林。她很小的时候就表现出了美术方面的天分，家人把她送进了一所美术学校。一天，她在街上看到了一张招募舞蹈演员的海报，于是瞒着家人悄悄报名应考，结果没有考上。也许每一个美丽的女孩都有一个舞蹈梦，她缠着家人又进了一家舞蹈学校学习，之前的美术学校她也读着，又同时在舞蹈学校努力，可见这个女孩有着高过常人的生命能量。直到她的舞蹈才华渐渐被重视，她才从美术学校退学，成了一名专业的舞蹈演员。

1922年，里芬施塔尔在慕尼黑作为一名舞蹈演员正式出场。正当她在舞蹈方面大显身手的时候，却因为腿伤而面临从艺生涯夭折的状况。恰在这个时候，又一张海报出现在了她面前，这是一张电影海报。20世纪20年代的德国一度流行"高山电影"，高山电影的主要内容就是通过登山展现那些毫无畏惧的登山者向大自然发起的挑战，高山电影曾经被视为德国的西部片。那一天里芬施塔尔看到的电影海报，就是一部名为《命运之山》的电影。当她从电影院出来的时候，似乎已经认定电影将是她今后的工作。她给这部影片的导演阿诺德·范克写了一封自我举荐信，在信中她自信地说："请让我主演您的影片，只有我才是您电影的女主角。"

阿诺德·范克是德国高山电影的鼻祖，人们认为是他将高山电影真正发展成了一种类型。范克果真与里芬施塔尔见了面，觉得她的容貌和体型足以胜任高山电影的要求，只是她的腿伤比较讨厌。里芬施塔尔知道了范克的担忧之后，二话不说直奔医院做了手术。手术还是存在相当大的风险，一旦失败，里芬施塔尔的腿将永远不能弯曲。幸运的是手术成功了，否则可能历史上就不存在什么里芬施塔尔，或者说就不会有《意志的胜利》。

里芬施塔尔果然主演了范克的下一部高山电影《圣山》，这部影片花了一年多的时间在阿尔卑斯山拍摄，结果是大获成功，里芬施塔尔一举成名。她连续主演了几部高山电影，以她的容貌和演技征服了观众，成为当时高山电影的大明星。里芬施塔尔由此也爱上了户外运动，成了一位名闻遐迩的登山家，这不光磨炼了她的体质，为她的长寿做了准备，也为她日后所从事的事业打下了基础。

指挥拍摄的莱妮·里芬施塔尔

在攀上了演员这座山峰之后,这个女人的生命能量又催促着她向更高的山峰迈进。凭着极高的领悟力,里芬施塔尔开始自己撰写剧本,她想拍一部自己的电影。1932年,由她主演、编剧、导演、制片的高山电影《蓝光》获得了威尼斯电影节的银奖。作为一个全面发展的电影人,里芬施塔尔的才华得到了国际电影界的肯定与承认,她成为了德国历史上第一个女导演。

2

这一年对她来讲真是意义重大。还有一件重要的事,就是她认识了希特勒。尽管里芬施塔尔曾经说,希特勒从任何一个角度都不好看,不是那种会让女人喜欢的男人,但自打第一次聆听希特勒的演讲,她就被这个男人迷住了。里芬施塔尔描述过第一次聆听希特勒演讲时的感受。她说,那一刹那如同神域出现,就像地球在她眼前无尽地绵延,并突然从中间裂成两半,喷射出巨大的水柱,直冲云霄,使地球颤抖,她似乎是瘫痪了。里芬施塔尔又一次意识到这是她生命的关键节点,就像当初给阿诺德·范克写信一样,这一次她又主动给希特勒写信表示支持。而希特勒也像范克一样,接信之后马上就安排了接见她的时间。两人见面后互相倾慕,有点相见恨晚的意思。

里芬施塔尔进一步修改了她对希特勒的看法,在接受一家报纸的采访时,她对希特勒充满好感,并说:"在德国的那些伟人中,不管是弗里德里希大帝、尼采,还是俾斯麦,他们身上总会有缺点,只有希特勒是没有缺点的。"希特勒也称里芬施塔尔是德国最完美的女人。从此里芬施塔尔可以很方便地与希特勒见面,并要求两人独处,她与希特勒这种特殊的关系不免引起人们的猜测,有关她是希特勒情人的传言一度甚嚣尘上,这更使她成为"第三帝国"一个炙手可热的人物。

1936年,里芬施塔尔拍摄了反映柏林奥运会的纪录片《奥林匹亚》。《意志的胜利》取得的成功成了她的政治资本,使她能以纳粹的国家机器为后盾,动用大量的人力物力,不择手段地展示纳粹的美学意识。拍摄《奥林匹亚》可以说是对从《意志的胜利》所取得的拍摄经验更为铺张的发挥。里芬施塔尔带领庞大的摄制队伍进驻赛场,用高速摄影机、水下摄影机、长焦镜头,那些当时的先进设备大张旗鼓地展开拍摄。为了获得表现动态的新颖角度,她甚至不惜冒着妨碍比赛的批评,在场地上开挖沟槽,把摄

《奥林匹亚》剧照

影机埋入地下,以仰视的角度拍摄运动员。她还租赁飞机进行航拍,这种上天入地大事铺张的恢弘气势,让人觉得不是她在为奥运会拍摄纪录片,而是为了拍摄《奥林匹亚》,才开了柏林奥运会。她在拍摄期间口口声声说:"奥运会开14天就要结束,而我的电影至少要让人家看20年。"

　　从成片的效果来看,她确实达到了这个目的,这部纪录片在1937年第5届威尼斯电影节上夺得了金奖。有朋友说威尼斯电影节不是墨索里尼的吗?墨索里尼和希特勒是哥们儿,送兄弟的女人一个金奖,估计就是为了讨好希特勒。有没有这方面的因素,我不知道,但《奥林匹亚》确实是一部研究纳粹美学的经典电影文本。我想墨索里尼也一定非常喜欢《奥林匹亚》,因为它充满了力量和阳刚之气,似乎昭示了人类发展的新方向。里芬施塔尔用她特有的形式主义美学手段,将纳粹德国的形象以艺术化的方式推向了世界,并为纳粹德国打造了一个热爱和平的假象。《奥

《奥林匹亚》剧照

林匹亚》是一部将法西斯美学视觉化、将法西斯政治艺术化的登峰造极之作。《奥林匹亚》对力与速度的赞美，使人无法不联想到纳粹对"日耳曼人种优越论"的宣传。

"二战"结束后，这个以电影为纳粹张目的文化人自然要受到同盟国的清算。里芬施塔尔先是被美国军队逮捕，后来又成了法军的阶下囚，被关进了一所女性拘留所。虽然她反复辩解自己只是一个在艺术上追求完美的人，但是无论是《意志的胜利》还是《奥林匹亚》，在客观上都为希特勒"第三帝国"的国际政治宣传起到了无可替代的作用。即便她走出监狱，也还是受到了欧美电影界的长期抵制,她的许多电影计划最终都因为无法筹措到资金而流产,她意识到自己已经不可能在欧洲拍摄电影了。

3

但这个女人体内强大的生命活力,是不可能让她忍受这种沉寂的。从1956年开始,她淡出了人们的视野,却对非洲产生了兴趣。在非洲,她经历了一场差点丢了性命的交通事故,伤愈后仍多次进入非洲腹地拍摄。1972年,她出版了一本摄影集,名叫《努巴》,拍的是非洲国家苏丹某个部落的努巴族黑人。人们发现她依然热衷于表现那些黑人的健美,显然她依然秉持着《意志的胜利》和《奥林匹亚》中对强者与超人的兴趣。这本摄影集所显示的对于力与美的礼赞,与她之前那些电影所展示的审美趣味一脉相承。苏珊·桑塔格曾经写过一篇长文叫《迷人的法西斯主义》,文章深入剖析了里芬施塔尔的法西斯美学的本质,并对她的复出表示了愤慨。其实我觉得里芬施塔尔那些影像背后更多跃动的可能不是法西斯的审美,而是她对男性审美的迷恋。她创作的核心思想可能更多来源于尼采的超人学说和叔本华的唯意志论。从心理学上讲,这个女人可能从小就有点对阳具崇拜的倾向。当然,苏珊的文章也不无道理,她代表了一大批有切肤之痛的人对纳粹深深的恐惧。

1971年,已经69岁的里芬施塔尔瞒报了自己的年龄,考取

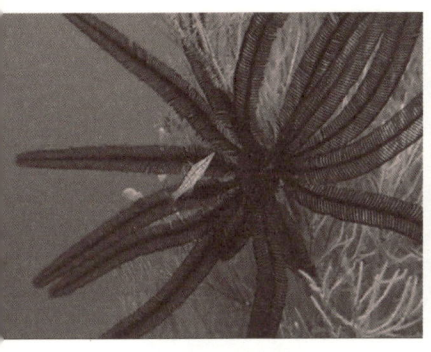 

《水下印象》剧照

了一张潜水执照。于是从1977年开始,她完成了大量的水下拍摄,出版了两本分别名为《珊瑚礁花园》和《水下奇观》的摄影集。我们简直难以想象,一个70多岁的老人深潜在大洋的底部,还要进行创作,她的身体实在是太好了!1987年,已经85岁的里芬施塔尔又用了五年多时间写成了一部回忆录。94岁的时候她还去哥斯达黎加拍鲨鱼。95岁时她开始学习最新的索尼专业设备,苹果机加工图像的电脑软件也都是她自己操作的。2000年,98岁的里芬施塔尔带着摄制组又到了战乱中的苏丹,因为战事突变,紧急撤出时直升机坠落,她居然大难不死。2002年,她整100岁,终于完成了最后一部纪录片《水下印象》,这部影片片长45分钟,记录了她20多年里,在印度洋海底潜水时拍摄到的海底景象。她好像不再愿意跟那些文明人打交道,而是钟情于天空、大地、高山和深海。

2003年9月8日的晚上,里芬施塔尔在慕尼黑南郊逝世了。

《水下印象》中的莱妮·里芬施塔尔

上帝给这个美丽的女人安排了坎坷的一生和长寿,她一定没有想到自己能活那么久。当她 100 岁的时候,她亲口说过,对已经活到 100 岁,没觉得有什么高兴,反倒宁愿在 1939 年 9 月 1 日之前,也就是希特勒闪电入侵波兰之前就死去。她说:"这是我的顶峰。"从此之后一直是她人生的下坡路和数十载的挣扎与沉默。从这个角度而言,里芬施塔尔的长寿其实是对她的一种苦役。但是这个女人不愿意向命运低头。从小时候开始,她就想驾驭和支配命运,人生中的一次次挫败都没能浇灭她顽强奋争的信念。她做过错事,她帮过魔鬼,这是一种遗憾,但她的一生也让我们看到了什么叫作意志的胜利。

莱妮·里芬施塔尔 Leni Riefenstahl

1902 年 8 月 22 日生于德国柏林。舞蹈家、电影演员、摄影师、编剧、导演、制片、作家。

尽管里芬施塔尔曾经创作了非凡的电影作品,但她仍被从一般电影创作者中区分开来,因为她曾效力于纳粹德国,并因此而入狱,后又被欧洲电影界驱逐。

2003 年 9 月 8 日逝世于德国慕尼黑南郊。

莱奥·卡拉克斯

直接把黑帮金库拍"爆"了的小个子

Leos Carax

2005年6月,上海国际电影节期间,在上海影城的一号厅,也就是那个有1000多个座位的大放映厅里,放映了一部电影。那一天盛况空前,上海的文艺界倾巢出动。

莱奥·卡拉克斯

1

因为大家都听说过这部影片,而且该片的导演莱奥·卡拉克斯亲自从法国飞来上海,在开映之前要跟观众见面。那天因为没票我没去成。

半夜里,上海一家主流媒体的文艺部主任给我打来电话。他说,你知道吗,今天晚上在影城,大家看了一部法国电影。看之前他目测了一下,整个影厅将近满座,但在放映过程中,他就觉得一直有观众在离场。好不容易撑到影片结束,当最后一行字幕走完、灯光亮起,全场只剩下不到三分之一的人。他说自己在整个观影过程中也是两度睡着,他真不明白为什么这部影片那么出名,这个导演那么有名。他半夜来电就是为了给我布置一个任务,他说明天报纸文艺版上想谈谈这部电影,你能不能连夜赶一篇文章?这个片子的片名叫《坏血》,我早就看过,非常喜欢,它是我上拉片课的保留片目。

《坏血》是直译过来的名字,如果意译的话,应该被翻成《卑贱的血统》。

卡拉克斯几乎所有影片的男主角都是同一个演员演的,那名演员的长相,和《巴黎圣母院》中的卡西莫多有得一拼,他叫德尼·拉旺,虽然长得丑,却非常有表演天赋。一个导演常常因为找到了堪称代言人的演员,两人搭档,成就了优秀的电影作品。比如我国台湾的蔡明亮导演和李康生,就又是一对互相成就的搭档。

《坏血》的故事并不复杂,讲了一个男孩和两个女孩的故事,一段是女追男,一段是男追女。如果大家想看美丽的少女,这个片子是不能错过的。尤其是在拉旺的衬托下,这两个女演员可以说美若天仙。一个就是朱莉叶·比诺什,相信你不会陌生,《坏血》保存了她当年本真的可爱、青涩与调皮的模样,这是以后她那么

《坏血》中的德尼·拉旺

多作品中再也难寻的东西。另一个女演员叫朱丽·德尔佩,她的少女形象实在太过迷人,可能正好击中了我的口味吧。朱丽·德尔佩后来演过《爱在黎明破晓时》《爱在日落余晖时》《爱在午夜到来时》,演过基耶斯洛夫斯基《蓝白红》系列中的《白色》。两大美女在《坏血》中贡献了稚拙却充满爆发力的表演。那时候卡拉克斯正在追求比诺什,几年之后当他们合作《新桥恋人》时,两人正式分手。一段恋情起于电影,也终于电影。

2

卡拉克斯拍《新桥恋人》的时候已经很有名了,虽然之前他

《坏血》中的朱莉叶·比诺什

《坏血》中的朱丽·德尔佩

只拍了两部长片,可是因为在他的影片中法国人找到了久违的法式情怀,所以觉得他是让·维果再世,也就是一个血统纯正的法国电影奇才。法国人后悔当年没来得及善待让·维果,于是就把万千宠爱倾泻在了卡拉克斯身上。他要拍《新桥恋人》,新桥是巴黎塞纳河上一座真实存在的桥,现在去巴黎旅游会有很多影迷去瞻仰一下新桥。但你知道吗,我们在电影中看到的新桥可不是那座真的新桥,而是花了三年时间在一个小城边的河流上仿造的新桥。之所以用了三年时间,是因为不仅造了一座新桥,还依据新桥周边两岸的建筑,一比一复建了塞纳河两岸的风光,相当于造了一个主题公园。这项工程究竟花了多少钱,你尽可以自行想象一下。可是片子愣就是拍不下去了,因为钱用光了,这钱据说是当年法国一个黑帮大佬给的。这位大佬是个超级影迷,特别迷卡拉克斯，于是就成了卡拉克斯前三部电影的投资人。可是没想到《新桥恋人》直接把他给拍"爆"了。

《新桥恋人》剧照

拍摄中断，一停就是一年多。最后法国人民不乐意了，他们一定是想起了英年早逝的让·维果，觉得不能再让天才艺术家不得善待。他们要求法国政府干预这件事，由此便出现了法国电影史上奇怪的一幕，就是一部电影拍到一半被宣布国有。为什么？因为法国人要拿国家的钱让卡拉克斯完成拍摄。用纳税人的钱给一个导演拍片，那是要有说法的，宣布国有，就是一种说法。结果是法国文化教育部出钱，《新桥恋人》得以成片。而且这是当年法国历史上最昂贵的电影。

3

　　莱奥·卡拉克斯 2005 年来上海之前，已经来过一次中国，那次去了北京。当时中央电视台采访他，他问央视的记者能不能一边录像一边抽烟，他说自己就是一烟囱，不能不抽烟。记者告诉他，哪怕国际政要都不允许在央视的镜头前抽烟。卡拉克斯说那就算了，我不接受采访。没办法，央视只能破例让他抽啊。这也是我第一次在央视的节目里，看到一个嘉宾一边吞云吐雾一边东拉西扯。记者问他为什么那么低产？他说他拍片子有个习惯，就是非得爱上女演员，然而爱情可遇不可求，所以就不能经常拍出电影。一听，就知道他是被法国人民给惯坏了。

　　卡拉克斯是 1960 年出生的，拍摄处女作《当男孩遇见女孩》是 1984 年，也就是在 24 岁时完成了第一部长片电影。影片亮相于当年的戛纳国际电影节，旋即俘获了法国主流评论界的芳心，摘得最佳法国电影奖。第二部作品就是我们开头提到的《坏血》，拿了第 37 届柏林国际电影节的阿尔弗雷德·鲍尔奖。第三部作品《新桥恋人》完成于 1991 年。直到七年之后，卡拉克斯才又动手拍摄了第四部作品《波拉 X》。然后是更漫长的沉寂，虽然中间他与老搭档德尼·拉旺合作了《东京！》中的一个小故事，可是第五部长片《神圣车行》却要到 2012 年的戛纳国际电影节才露出真容。在节奏越来越快的时代，卡拉克斯拍片的速度反而越来越慢了，可能这就是他反抗这个时代的一种姿态。

到目前为止，卡拉克斯就只拍了五部长片。他的晚近作品《神圣车行》，虽然我也喜欢，但真心觉得不如前四部作品。前四部电影说穿了就是讲当男孩遇上女孩。他是爱情电影的高手，是一个力比多超盛的导演。弗洛伊德说过力比多是艺术家真正的动力。什么是力比多？说白了就是性欲。所以卡拉克斯会说，如果自己不爱女主演，是拍不了电影的。从这个角度来讲，《神圣车行》让我失望，也许正是因为我实在看不出片中有哪个女演员是他的"菜"。

我们是不是应该祈求今年已经59岁的卡拉克斯先生能有一次黄昏恋呢？如果你是一个女性，如果你的男朋友或者丈夫还是一名艺术工作者，我希望你能够对他忍不住窥视美女的行为有所宽容，因为卡拉克斯已经向我们再次证明，真正的艺术家不能没有力比多。

莱奥·卡拉克斯 Leos Carax

1960 年 11 月 22 日出生。

原名亚历山大·奥斯卡·杜邦,法国导演、编剧、演员。作品不多,奖项不多,却被认为是最重要的在世法国导演之一。

田中绢代

每次脆弱茫然,我都会想起她的奋争

Kinuyo Tanaka

片子看多了也会有点问题,我每隔一段时间脑子里就会莫名其妙出现某一部我曾经非常喜欢的电影,这两天我脑子里泛起的就是沟口健二导演的《西鹤一代女》,影片中那个妓女春子的形象久久盘桓不去。日本社会看起来是个男权非常强大的社会,可恰恰是在日本电影中,常常能让我们领教东方妇女人性的一面。所以在日本电影界出色的女演员特别多,田中绢代就是其中一位。

1

在我小的时候,田中绢代是中国人民非常熟悉的一个日本女演员。那时候有一部片子叫《望乡》,里面有一个角色叫阿崎婆,在日本的大正时期,也就是 1912 年至 1926 年,她被送到南洋做了一名娼妓。日本那时候靠把妇女送到海外做娼妓来赚外汇。田中绢代把一个曾经是南洋姐的老年妇女表现得入木三分。据说当年她为了演好角色,把自己满口的好牙都拔了。为了凸显阿崎婆手部青筋暴起的样子,她还每天用橡皮筋把手上的血管扎起来。阿崎婆的形象是瘦骨嶙峋,田中绢代在影片的准备阶段就常常好几天不吃饭,硬生生把自己瘦成了皮包骨头。那时候我还小,根本看不懂阿崎婆到底是谁,也不知道扮演阿崎婆的田中绢代是什么分量的演员。后来开始研究日本电影,才知道原来她可是了不得的电影演员!当年《望乡》参加了西柏林国际电影节,就是现

《望乡》剧照

在的柏林国际电影节的前身,田中绢代获得了最佳女演员奖。

田中绢代生于1910年,14岁就走上了日本影坛,在她半个多世纪的演艺生涯中拍了将近300部电影,塑造了一系列令人难忘的日本女性形象,所以她被媒体誉为"日本性格女演员的活字典"。其实田中绢代哪怕是在少女时代都算不上漂亮,她看上去更像是一个非常朴实的乡下女孩,但这个人情商极高,待人接物的方式和热情令人备感亲切。

田中绢代说自己一辈子没结过婚,其实她有过一次不算正式的短暂婚姻。18岁那年,她和当时一个青年导演清水宏结过婚,他们的介绍人是莆田制片厂的厂长。田中和清水宏是一前一后相差一年进的松竹公司,在相识一年后,两人同时转往了位于东京的莆田制片厂。年轻人待在一块儿时间长了，难免会生情愫，不久清水宏就向田中绢代求婚，据说还征得了田中母亲的同意。当年要结婚还得经过厂里的领导同意，厂长听闻他们想结婚，脸色就不太好看。因为两人才刚调到这里，而且那时候田中绢代的表演定位是饰演天真烂漫的少女形象，他担心婚姻生活会影响田中的少女气质。所以厂长就提了一个方案，让他们俩先试婚，以丈夫和妻子的名义同居一阵子，在同居期间进一步相互了解，好好想一想是不是要正式登记结婚。两人接受了厂长的建议，可年轻人的感情来得快去得也快，他们的关系维持了不到两年，本来甜蜜的同居渐渐就成了相互的折磨。

1929年，田中绢代被提拔成了干部演员。什么叫干部演员？打个比方，如果按照军衔来说的话，相当于将军的级别。当年在她上面就只有一个女演员栗岛澄子了，那是大干部演员，相当于元帅。年纪轻轻的田中绢代晋升将级演员，作为丈夫的清水宏虽然也为自己妻子高兴，可日本社会男尊女卑的传统观念，总让他觉得有点儿下不来台。在晋级招待会上田中破例喝了点小酒，头就开始有点晕，回到家就直接躺下了。清水宏半夜回来，其实本来是想祝贺田中绢代，可看到妻子已经睡了，没有起来迎接他，忽然就觉得田中现在谱儿大了，于是就摆起了丈夫的威风。意思就是丈夫回来了，妻子怎么能躺着不动呢，应该起身迎接丈夫呀。这种场面咱在日本影视剧中都见过：丈夫晚上回家，日本妇女总得恭恭敬敬站在门口说一句"您回来啦"，然后马上给丈夫换鞋，丈夫穿上拖鞋往里走的时候，女人还得拿一条毛巾拍去丈夫西装上的灰尘。毕竟是在那样的年代，我们其实也能够理解清水宏的心境。可田中绢代也不是好惹的人，那天晚上她就反抗了。她跳将起来，指着清水宏说，你这么对我，信不信我把这家给拆了。田中绢代还在铺席上撒了一泡尿，两人就此分道扬镳。当然，后来他们仍然成了朋友，田中绢代也演了清水宏导演的不少影片。田中绢代曾经说：那时候真是非常生气，真想把清水宏杀了才解恨。但是作为自己最初接触的男人，清水宏给她留下了永久的难以消失的东西。

2

我初涉日本电影，沟口健二就是我的偶像，我膜拜偶像的第一部影片就是《雨月物语》。当田中绢代和沟口导演合作这部电影时，其实他们两人已经非常熟悉各自的需求了，因为早在1940年他们就开始了第一次合作。话说1940年6月，在京都火车站，沟口导演一身西装，挺直了腰板，肃立在月台上。要知道6月下旬关西的天气已经很热了，如此隆重是为了迎接一名从东京赶来的女演员。谁？田中绢代。这也是他们俩首次见面。见面为何？是为了合作《浪花女》。

我们都知道沟口导演喜欢用长镜头处理场面，常常是一景一镜，一场戏就用一个长镜头来表现。这对演员的演技提出了很高的要求，台词、动作、走位、与其他演员的配合、与环境的互动都必须一气呵成，不能有丝毫差错，一旦卡壳就得重来。这种表演方式田中绢代之前从来没有尝试过，但她性格中有着好强好胜的一面，所以当沟口导演向她提出这种表演要求时，田中一点儿没有回绝的意思，迎着难题就上。在《浪花女》中，田中饰演了一个妻子的角色，经过这部影片的历练，她的表演有了非常大的提升，完成了从少女到女人的银幕形象转换。

  田中绢代的事业渐渐走向高峰，她不仅与沟口导演有合作，还和很多有名的日本导演有合作，比如主演了小津安二郎的两部电影。1950年1月，作为日本女演员的代表，田中绢代应邀去了美国，访问了好莱坞。当她访问归来，日本媒体、电影界人士和影迷纷纷去机场迎接。走出机舱的那一刻，大家看到了一个身穿摩登洋装、戴着墨镜、不断送出飞吻的田中。这一身打扮和她的做派如此之美国化，深深刺痛了当时日本国民的自尊心。你知道，1950年日本人心中的战败情结还十分深重，所以她一下子就惹怒了媒体，媒体对她展开了口诛笔伐，舆论的风暴大有让田中切腹谢罪的感觉。一个女演员突然就从事业的上升通道坠到了谷底。危急时刻沟口导演想要帮她走出困境，亲自为她量身定制了一个剧本，就是《武藏野夫人》，邀请田中出演主角。之后又连续拍摄了《西鹤一代女》和《雨月物语》，这两部影片不仅是沟口导演电影生涯中的巅峰之作，也是田中表演的巅峰之作。《西鹤一代女》代表日本去了威尼斯国际电影节，并且获得了奖项。《雨月物语》二度去了威尼斯国际电影节，获得了银狮奖，那一年金狮奖空缺，所以《雨月物语》相当于

《西鹤一代女》剧照

获得了最高奖。

沟口导演和田中绢代一块儿去参加1953年第18届威尼斯国际电影节之后,又在欧洲各国游历。威尼斯的圣马可广场、巴黎的圣母院到处留下了他们俩像度蜜月的情侣一般的身影。我们今天仍可以看到这些照片,只是故人已经不在。但是他们俩当年的情分依然从这些影像上给予我们深深的印象。

当时沟口导演家里确实有点状况,他的妻子精神不正常,这样一场不幸的婚姻令他颇为苦闷。那时候新藤兼人还是沟口的助理导演,也就是跟班,有时候两人一块儿吃饭,几杯清酒下肚,沟口会对新藤吐露一番心声。他说自己迷上了田中绢代，有些把持不住了。当时日本报纸的娱乐新闻已经很发达了，关于沟口和田中的事情，一直是小报花边新闻的主要内容。除了他们俩，还有一对就是小津和原节子。当得知自己又一次变成了八卦小报的新闻人物时，沟口不但不怒，还和新藤开玩笑，说自己恐怕要先他一步结婚了，可见当时沟口和田中的关系已经非同一般。但是大家不要忘记那个年代的人，尤其像沟口这样老派的导演，肯定不会像现在的导演那样，随随便便就把女演员约到房间里"聊戏"。直到《雨月物语》在威尼斯首映的前夜，沟口才邀请田中到自己的房间喝茶。两人那天晚上据说是放下了彼此的架子，畅饮聊天。田中告辞的时候，一向腼腆的沟口导演鼓足了勇气，希望田中君今晚能够留下，田中绢代没有拒绝。多年后，田中绢代曾经说过：如果沟口老师确实爱的是我田中绢代本人，想把我作为他的妻子、一个女人，而不是一个女演员来对待，我觉得即便这辈子我没结过婚，我也获得了结婚的幸福。

3

《西鹤一代女》重新确立了田中绢代在日本的表演地位，也树立了她战后银幕形象的特点，就是她特别适合饰演那些坚强刚毅的女性。后来虽然她不再和沟口健二合作，但是这种坚毅女性的形象一直伴随着她。我们在开头提到的《望乡》中的

《望乡》剧照

阿崎婆，还有1958年木下惠介导演的名作《楢山节考》中的阿玲婆，都是坚强女性的经典形象，甚至都有了一抹自我牺牲的圣母色彩。

从20世纪30年代起，日本就出现了一批以"绢代"为片名的电影，可见田中绢代的名字在观众中的号召力。她的收入当然也十分高，当年她在镰仓买了一座豪宅，取名"绢代御殿"，总共500坪，相当于1650平方米。镰仓就像是日本的贝弗利山庄，从奈良、平安一直到近代，无数名人、文人、政客都与镰仓深有瓜葛。田中绢代让全家七八口人和好几个仆人都住在了那里，据说她家的左邻是近卫文麿公爵，了解日本近现代史的人不可能不知道他，她的右邻是皇家族裔藤原氏的宅邸，所以她被当时的人们称为"镰仓山的女王"。绢代御殿在1949年时的估价为600万日元，按照当时和现在的电影票价来算，当时平均40日元一张电影票，现在差不多1800多日元一张，那么绢代御殿现在的估价应该是将近3亿日元。当然这只是简单通过币值来换算，并未将地皮的增值考虑在内。

田中绢代有一个叫仲摩新吉的老仆人跟了她差不多一生，他对田中有一句很有意思的评语，他说："总之田中只爱演戏，就这么毫无道理、乱七八糟地过了一生。"曾经那么辉煌有钱的一个女演员，晚年却孤苦凄凉，老境颇为惨淡。晚年的田中绢代没有工作，又好面子，骄傲地不允许自己外出寻找拍片挣钱的机会，几乎每天就是窝在家里，看她那台黑白电视机，因为没钱买彩电。她最大的乐趣就是步行去吃一生都喜欢吃的鳗鱼饭，连坐车的钱都不舍得花，而且她吃的已经是最劣等的鳗鱼饭了。老仆人新吉曾经说，每次她馋了，想吃鳗鱼饭，总是笑呵呵地对他说"新吉，给我钱"，老仆人就得四处去借钱。仲摩新吉在田中绢代去世之后，承认自己不是不想离开她，有那么几次是真想要离开，但是张不开嘴，因为他曾经欣赏过她伟大的演技。临终前，田中绢代住进医院，也只有老仆人陪伴着她。

虽然晚境凄凉，但是田中绢代内心要强的性格一点儿都没变。在她临终之前，眼睛已经失明了，她的表弟小林正树导演来看望她，田中抓着小林的手说："导演，我眼睛是瞎了，但是我还有角色可以演吧?"田中绢代曾经说:拍戏就是和导演决斗,即便摔下悬崖,指甲盖都脱落了,也要不顾一切地爬上来。1977年3月21日,田中绢代死于大脑肿瘤。十天之后,电视直播了她的葬礼,送葬的队伍有5000多人,她被葬在了镰仓圆觉寺。这圆觉寺有意思,还真埋了不少电影人,晚上都够建组拍戏了。

今天我们缅怀田中绢代,又一次感受到人生有起有落,再风光的人,都难免会有一个凄凉的结尾。可如果他依然能教我们铭记,说明这个人一定有着不屈和要强的一面,有着敢于跟人生中的失意和失败做斗争、永远不放下自尊的样子。我常常会有脆弱的时刻,活着活着就会觉得没意思,有点茫然,该坚持的也不知道是否值得坚持。往往就在这种时刻,我的脑海中就会不自觉地浮现出某部经典电影。就像刚开始我跟你讲的,有几天我特别怀念《西鹤一代女》。是否这正是上帝及时给我送来的教材呢,让我从中看到别人的奋争,以此作为自己向前的动力?我喜欢看电影,原因大抵如此吧。

田中绢代 Kinuyo Tanaka

1910 年 11 月 28 日出生于日本山口县下关市。日本著名电影演员，是日本电影界横跨默片和有声片五十多年唯一屹立不倒的演员。在半个多世纪里，她共拍摄了将近 300 部电影，其中不乏电影史上的名作，她本人也因此获得了极高的荣誉。田中所饰演的角色，性格变化之大，是同时代的其他女演员难以企及的，被誉为"日本性格女演员的活字典"，开创了日本影坛的"田中绢代时代"。

1977 年 3 月 21 日，因病去世。

哈维·韦恩斯坦
又一个大佬倒在了道德的枪口下

Harvey Weinstein

2017年，美国的《纽约时报》报道了一桩好莱坞的性骚扰大丑闻，一篇非常翔实的专题报道揭露了一个当代美国电影界的巨头——哈维·韦恩斯坦，在几十年里对知名的女影星和公司的女职员进行多次的性骚扰。这篇文章发表之后激起了巨大的反响，重创了这个名人的名誉和事业，甚至有传闻说此人将要退出电影界。

1

当时事态的发展是他一方面为自己的不当行为道歉，另一方面又让律师起诉《纽约时报》。其实有关此人性骚扰的传闻由来已久，这篇报道列举了很多细节，而且出面指证他的人都是真名实姓，很多内容令人大跌眼镜。

曾经主演《双面梦露》，多次获得艾美奖、金球奖提名的女影星艾什莉·贾德表示，这个人曾经把自己叫到他的房间里，当时他穿着睡衣，不仅要求艾什莉为他按摩，还问她要不要看他洗澡。当时艾什莉非常紧张，绞尽脑汁想要逃离这个房间，却又不敢触怒这位权势滔天的电影大佬。另一个出面指证的女影星是曾经出演过《惊声尖叫》《刑房》的罗丝·麦高恩。

关于这位电影大佬，我们中国喜欢艺术电影的观众其实并不陌生，他就是哈维·韦恩斯坦。也许这个名字你听着陌生，但是提起大名鼎鼎的米拉麦克斯公司,你总该知道吧。看过大卫·林奇的影片《穆赫兰道》的朋友,是不是还记得里面有一对古怪的制片人兄弟,他们蛮横地干涉片中导演的创作,剥夺了导演选择女主演的权利。大卫·林奇还安排了一个喝咖啡又把咖啡吐出来的情节,真是令人恶心至极。影片中那对制片人兄弟的原型就是韦恩斯坦兄弟,兄弟俩在好莱坞臭名昭著却又权势滔天,短短12年的时间,他们的电影公司就拿到了249项奥斯卡提名,将60座小金人收入囊中。

所谓韦恩斯坦兄弟,哥哥就是哈维·韦恩斯坦,弟弟叫鲍伯·韦恩斯坦,两兄弟差两岁,都出生于20世纪50年代。1979年,兄弟俩以父亲的名字米拉(Mira)和母亲的名字麦克斯(Max)成立了一家叫米拉麦克斯的电影公司,这家公司专事运作、发行小成本的艺术电影。我记得当年学电影的时候,只要看到米拉麦克

《低俗小说》剧照

斯的司标，就会觉得这部电影值得认真一看。

1994年，兄弟俩投资了当时一个名不见经传的小导演的项目——昆汀·塔伦蒂诺的《低俗小说》。据说《低俗小说》的剧本厚达160页，当昆汀交到哈维手上的时候，哈维只瞅了一眼就说：这哪儿像个剧本，简直就是电话号簿。轻蔑之情溢于言表，所以扔在边上一直没看。一天，哈维要赶飞机，就带着这本"电话号簿"直奔机场，打算在无聊的时候解解闷。三小时之后，哈维从机场打来电话，对公司里的策划人员说："我已经看了20页了，它会一直这么精彩吗？"又过了45分钟，他忍不住在电话里惊呼："哇噻，不到80页，主角居然死了！这小子怎么敢这么写！"又过了30分钟，哈维在电话里旁若无人地叫嚣："妈的！我一定要投拍这个片子，谁也别想跟我争！"

凭借着对传统黑帮片的重新诠释，以及那个出人意料的环形

《低俗小说》剧照

结构,《低俗小说》在第 47 届戛纳国际电影节上一举击败了基耶斯洛夫斯基的《红色》、米哈尔科夫的《毒太阳》以及张艺谋的《活着》,夺走了那一年的金棕榈大奖。这部影片的全球票房也可谓是以小博大,用不到 800 万的成本,最后收获了两亿的票房。导演昆汀·塔伦蒂诺一夜成名就不说了,那些参演的已然过气的明星们,比如约翰·屈伏塔、布鲁斯·威利斯依靠这部影片都咸鱼翻身,重新片约不断。塞缪尔·杰克逊也因为这部影片声名鹊起。片中后来被各种戏仿的经典场面也比比皆是,比如约翰·屈伏塔和乌玛·瑟曼那段扭扭舞,还有塞缪尔·杰克逊动手之前每次都唠唠叨叨援引一番《圣经》,都被视为具有开创性的后现代影像。

其实这些人的成功都源于背后一位大佬的主控,我们不得不佩服哈维·韦恩斯坦的眼光。米拉麦克斯公司可以说是 20 世纪最后十年美国电影界的一道曙光。《英国病人》《心灵捕手》《橄榄

《美丽人生》剧照

《美丽人生》剧照

树下的情人》《美丽人生》,以及21世纪头十年的《纽约黑帮》《冷山》《西西里的美丽传说》,这些大名鼎鼎的影片都离不开哈维·韦恩斯坦在幕后的操纵。哈维眼光独到、下手又狠又准,是好莱坞公认的事实。

2

但是关于他的无赖行径也是"有口皆碑"。2010年上海国际电影节举办期间,有一场名叫"中国电影与好莱坞合作新疆域"的产业论坛。那天正开着会,哈维在台上就坐不住了,中途离场。没想到同在台上的另一名嘉宾冯小刚随后就开始"炮轰"他。冯小刚跟大家说要唠唠哈维这个人,说他经常和中国电影人打交道,惯用的伎俩就是买我们电影的北美发行权，说他一开始就会出价800万，别的电影发行公司一看就不跟他抢了，哈维还会豪气地当场拍下20万美元的定金。可是最后影片拍完了，他却常常找各种理由说不要了，你爱卖谁卖谁。那时候制片方就很被动了，只能回过头来重新跟他谈条件，而哈维出的价钱就只有100万了。这就是哈维·韦恩斯坦的做派，中国的制片人以前把他奉为救世主，现在一提起他都摇头，直接就说此人是个骗子。我相信冯小刚发表这番感言一定是因为吃过哈维的亏。

  1993年，米拉麦克斯公司被迪士尼收购，成为迪士尼旗下一家相对独立的发行公司。到了2005年，由于双方在诸多理念上不合，更因为米拉麦克斯有这样强悍的一对兄弟，母公司的首席执行官迈克尔·艾斯纳处处被掣肘，双方在很多问题上都有严重分歧。哈维一直想依靠迪士尼把公司做大，投资一些大制作的影片，但是艾斯纳却觉得米拉麦克斯作为一家子公司不宜做得太大。在2003年《冷山》这个项目上，米拉麦克斯投了8000多万美元，这让艾斯纳非常不满。而最让哈维郁闷的是，迪士尼竟然拒绝了米拉麦克斯去运作彼得·杰克逊的《指环王》，他眼睁睁地看着新线电影公司接手后大获成功。两家公司终于在2005年分道扬镳。对于韦恩斯坦兄弟来讲，分家并不是一件坏事，他们直接成立了以他们名字命名的新公司，也就是我们今天都知道的韦恩斯坦公司，唯一让他们觉得比较难受的是，以后再也不能用以他们父母的名字命名的"米拉麦克斯"这块牌子了。

  哈维和昆汀一样有着浓重的亚洲情结，尤其喜欢中国的功夫片和玄幻片。最著名的例子就是当年在米拉麦克斯的旗下，他们运作了张艺谋的《英雄》在北美的发行。《英雄》在北美的发行被整整推迟了一年，据说是这对兄弟想出来的"饥饿营销法"。结果非常有效，《英雄》连续数周荣登北美票房的冠军。他们还买了陈凯歌的《无极》，为《无极》打开了北美的票房。还有诸如成龙、李连杰的功夫片等等。为了更好地运作亚洲题材的电影，他们甚至成立了亚洲电影基金，还专门注册了一家新的电影公司叫"龙朝"。你听听这名字。这家公司是韦恩斯坦公司旗下专营亚洲电影的子公司，制作发行了《冬荫功》《杀破狼》《七剑》等影片。

3

哈维·韦恩斯坦一度被称为"制定奥斯卡规则的人"，他总有办法把他制作或者买断的影片送上奥斯卡的领奖台。有媒体曾经评论说，奥斯卡干脆改姓韦恩斯坦得了。可见此人在美国电影界的分量。到今天大家还津津乐道当年影片《莎翁情史》居然能够逆袭《拯救大兵瑞恩》，拿到第71届奥斯卡的最佳影片奖。还有在第84届奥斯卡电影节上，影片《艺术家》成功翻盘《生命之树》，这些出人意料的奇袭杰作都是哈维能量的反映。他老是让我想起好莱坞黄金时代的一个制片人——大卫·塞尔兹尼克，同样是蛮横地干涉导演的创作，同样是乱剪导演的影片，同样对一众电影明星们呼来喝去，而哈维又比塞尔兹尼克多了一些更卑劣的营销手段，这也许是一个时代的特色吧。但反过头来讲，可能也正因为有了如此专横的制片人，才成就了那些令我们缅怀的电影吧。

如今哈维在性丑闻上摔了个大跟头，像美国这样的新教伦理国家，对女性的不尊重可是个巨大的人生污点。在营销电影时惯于老母鸡变鸭的哈维，能否在这一次的危机公关中成功驾驭公众的注意力，是比悬疑片更加引人关注的悬念。如果哈维就此倒下，那韦恩斯坦兄弟的电影神话也就将变成过去时了。我们不必担心谁来接过韦恩斯坦的大旗，电影圈永远不会因为少了一个人或者两个人就停止转动，我只是感叹于又一个电影大佬倒在了道德的枪口下。

我们总说看完一部好的电影，会让我们想做一个好人。可是为什么好的电影常常是由坏人做出来的呢？也许电影人的道德水准跟电影的价值观不是一回事儿，就像演员和角色不是一个人。但是作为一个真诚的电影观众，我们依然很难接受电影幕后那些肮脏的堕落天使。

哈维·韦恩斯坦 Harvey Weinstein

1952 年 3 月 19 日出生于美国纽约市。著名制片人、电影公司老板。他是当今世界电影界极有影响力的人物，他领导的米拉麦克斯公司制作、发行了大量经典电影，为他赢得了"现代电影的挽救者"的美誉。

2017 年 10 月 5 日，哈维·韦恩斯坦被《纽约时报》披露在几十年内涉嫌至少对 8 位女性进行性骚扰。10 月 8 日，韦恩斯坦电影公司发布了简短的董事会声明，宣布开除公司创始人、CEO 哈维·韦恩斯坦。10 月 16 日，法国总统马克龙宣布撤销哈维·韦恩斯坦曾获得的法国政府最高荣誉勋章"法国荣誉军团勋章"。10 月 17 日，美国制片人工会宣布开除哈维·韦恩斯坦的成员资格，终身禁止他成为工会成员。同月，哈佛大学也撤回了曾于 2014 年授予他的"杜波依斯奖章"。11 月，美国电视学院以多数票通过对他的制裁，终身禁止其进入美国电视学院。

2018 年 2 月 25 日，韦恩斯坦电影公司申请破产保护。

赵丹

他是第一个在银幕上骂"册那"的电影巨星

Dan Zhao

你的偶像是谁？鹿晗？杨烁？吴亦凡？还是布拉德·皮特？我这里告诉你一个偶像，他叫聂耳，他叫林则徐，他叫李时珍，他也叫"小广播"。他是我们考证出来，第一个在银幕上用上海话骂"册那"的电影巨星，他就是赵丹。

1

赵丹在中国电影史上的表演地位，恐怕直到今天都没有人可以跟他比肩。赵丹在 20 世纪 30 年代拍过两部家喻户晓的影片，一部叫《十字街头》，一部叫《马路天使》。《马路天使》的女主角是周旋，那简直就是当时的小甜甜，赵丹和周旋相识于《马路天使》，两个人擦出了火花。可是不同的人生际遇，使他们两人最终没有走到一起。

赵丹确实非常有女人缘，他的夫人黄宗英谈到过，说赵丹毕竟是一个演员，演员都是感情丰沛的，所以赵丹也免不了要和一些女演员或者女同事发生点儿事情。对此黄宗英虽然非常痛苦，但还是把委屈咽下了肚子。她说一夫一妻制是理想主义的，感情很难用制度来控制，所以她说"我理解阿丹"。多好的女人！我把这段事情讲给我女朋友听，女朋友说："你得好好向宗英阿姨

《马路天使》剧照

《乌鸦与麻雀》剧照

学习呀",我偷偷横了她一眼。

有一张著名的照片：三对恋人在杭州的六和塔下举行了一次集体婚礼。一对是赵丹和当时的妻子叶露茜，一对是蓝苹和唐纳，还有一对是顾而已和杜小鹃。他们觉得"六和"这个名字吉利，三位新婚妻子都去灵隐寺求了签，结果三个人抽到的都是下下签。你说灵隐寺的签是不是很诡异，没过多少年，这三对就都分开了。

2

在上海临近解放之际，赵丹出演了一部日后堪称经典的影片，他在里面饰演了一个住在底楼，人也处在底层的小生意人，外号"小广播"。这部影片就是大名鼎鼎的《乌鸦与麻雀》。赵丹骂"册那"，就是在这部片子里。今天上海题材的影视剧中为了表现地方性、表现人物的性格，在台词中夹进几句"册那"，不是什么了不起的创作突破，开先河者，乃赵丹也。赵丹为了演活这个人物，据说几个月没洗澡，愣是在头发里养出了虱子。还坚持不刷牙，用香烟抽黄了一口皓齿。你看，一个演员为了表演的付出有多巨大！后来黄宗英老师说过，赵丹之所以能把"小广播"演得如此惟妙惟肖，是因为那时候他们正好搬了一次家，新家的前门一打开，就可以看到一拨真正的上海小市民。赵丹喜欢看他们是怎么生活的，跟他们搭话，学习他们说话的样子，因此在演"小广播"

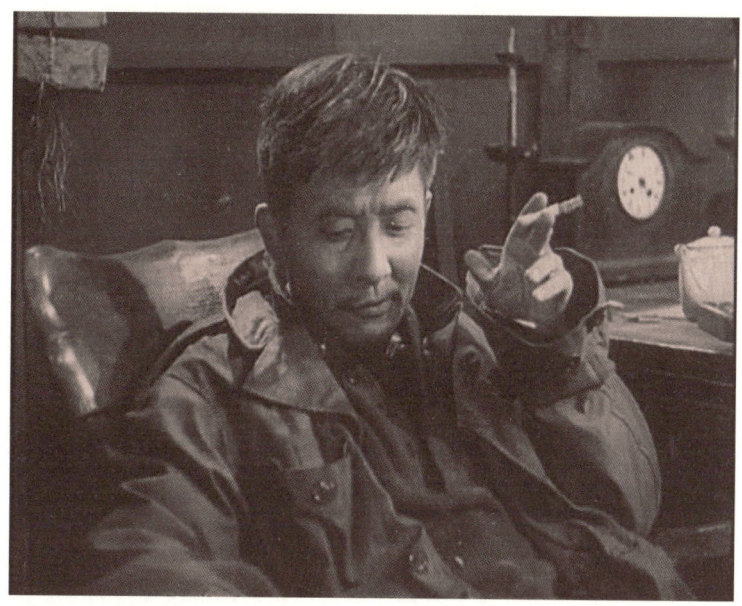

《乌鸦与麻雀》剧照

的时候才能够出神入化。

有一个表演学派叫体验派。大家一定看过周星驰的《喜剧之王》吧,主人公尹天仇读的一本书——《演员的自我修养》,就是开创体验派的戏剧家斯坦尼斯拉夫斯基写的。体验派简单来讲,就是要深度体验所饰演人物的内心世界,要去接通很多剧本当中没有却应该属于人物的方方面面。赵丹演"小广播"就是用了这套体验派的方法,他是这套理论的崇拜者,他很想去苏联好好学习体验派的表演技巧。于是他就找了几个志同道合的朋友,相谋一起去新疆,准备在新疆越过边境进入苏联。赵丹真是个天真的大孩子,结果他们在新疆被军阀盛世才抓捕,在狱中关了五年。妻子叶露茜以为赵丹已经死了,当时在重庆追悼会都开过了,大家劝叶露茜改嫁。想想也是,叶露茜年纪轻轻,总不见得下半辈子就这么单着吧。没承想赵丹活着回来了,可妻子已经改嫁了,肚子里还有了别人的孩子,真是一出人间悲剧。一个戏痴,为了学习表演,把老婆都学没了。

3

粉碎"四人帮"之后,在一部即将开拍的电影里,有一场周恩来总理在台上发表演说的戏,只有几个镜头。赵丹听说后兴奋不已,他跟许多人说,周总理这个角色非他莫属,因为他和总理曾经有过很长时间的私人交往,他自信只有他能够演好总理。他在家里各种揣摩周总理说话的神态,还特地跑到北京去试妆,拿出来的定妆照让所有人都看傻了眼,真是太像周总理了,今天在网上还能找到这张照片。可是没有想到,当时文艺界的某领导同志说,赵丹怎么能演周总理呢?他可是跟江青不清不楚的人!一下就把赵丹的"银幕总理梦"毁掉了。黄宗英老师后来提及此事,说阿丹常常一个人在晚上痛哭流涕。

很多认识赵丹的人每每谈起他都不无感慨,说赵丹是个戏痴。他一定不曾想到《烈火中永生》里许云峰这个角色,居然会是自己的银幕绝唱。一个杰出的演员,在演技炉火纯青的十五年中,

《烈火中永生》剧照

竟然没有出演过一个角色,实在是中国电影巨大的遗憾。赵丹去世之前,在一次讲座上,有过一番对文化界领导同志的感言,今天仍为我们津津乐道,这为赵丹的一生画上了一个完美的句号,不,是感叹号。这番感言后来登载在1980年的《人民日报》上,它的标题是《管得太具体,文艺没希望》。

赵丹 Dan Zhao

1915 年 6 月 27 日出生于江苏省扬州市。原名赵凤翱,著名表演艺术家、导演、编剧,毕业于上海美术专科学校。

1932 年,被明星影片公司看中,在无声片《琵琶春怨》中饰演纨绔子弟,正式踏入电影圈。

1949 年,主演电影《乌鸦与麻雀》,获中国文化部优秀影片个人一等奖。

1965 年,主演电影《烈火中永生》,这是他生前拍摄的最后一部影片。

1980 年 10 月 10 日,因癌症在北京病逝,终年 65 岁。他一生塑造众多经典角色,也曾两度入狱。

1995 年,赵丹获封中国电影世纪奖最佳男演员奖。

2005 年,获中国电影百年百位优秀演员奖。

米开朗基罗·安东尼奥尼
过去他是中国人民的敌人，现在他是中国文青的偶像

Michelangelo Antonioni

米开朗基罗·安东尼奥尼，著名的意大利电影导演，还是共产党员。爱好电影的文青没有不知道这位大师的。我们都知道欧洲有三大电影节：柏林电影节、戛纳电影节和威尼斯电影节。安东尼奥尼保持着一个著名纪录，到目前为止他是夺得过三大电影节最高奖的唯一导演，是电影界的大满贯选手。

米开朗基罗·安东尼奥尼

1

但是你知道吗？你的爷爷奶奶，可能也包括你的父亲母亲都对安东尼奥尼是有记忆的。在 20 世纪 70 年代的中国，全国人民都知道意大利有一个电影导演叫安东尼奥尼，那时候他是作为一个反面人物被大家所知晓的。

20 世纪 70 年代初期有一首流行的儿歌，儿歌中有这么几句："红领巾胸前飘，听党指挥跟党跑，气死安东尼奥尼，五洲四海红旗飘。"里面提到的那个安东尼奥尼就是我们的电影大师，今天文青们的偶像。安东尼奥尼怎么就被千夫所指了呢？一切皆因在 20 世纪 70 年代初期他来了一趟中国，拍了一部名叫《中国》的纪录片。

安东尼奥尼当时是收到了中国政府的邀请。原本这绝对是一件好事，你知道当时一个外国人想来中国，没有政府高层的批准是完全不可能的。安东尼奥尼是享有世界声誉的大导演，又是意大利共产党员，所以中方邀请他来拍摄一部向全世界介绍社会主义新中国的纪录片。安东尼奥尼对此也是高度重视，当年西方人很少能够进入中国大陆，更不要说是带着摄影机，而这个神秘的东方大国突然向他敞开怀抱，一定让他觉得不亚于成为了上帝的选民。

按照安东尼奥尼的理想规划，他想在中国拍摄起码半年，这样能够深入到中国人民的生活当中。但20世纪70年代的中国毕竟是一个对外十分戒备的国家，最后只被允许一个月的拍摄时间。在前期准备时，安东尼奥尼问中方的接待人员，中华人民共和国成立以后中国最明显的变化体现在哪里？陪同人员一致回答，我们最核心的改变体现在"人民"。他一听觉得行啊，这与自己的观点不谋而合。其实还真不一样。安东尼奥尼要表现的"人民"，是那些鲜活的个体。可中方陪同人员所谓的"人民"，指的是已经被整齐规划过的处在集体生活中的人。安东尼奥尼把镜头对准的是一张张人的脸，他要拍的是人的面孔、衣着、他们说话的样子，以此让观众看到他们的生活状态，发现他们的生活方式，并对社会主义中国的现状自行得出结论。而中方特别希望他拍的那些能够代表新中国建设成就和精气神儿的天安门、长城、南京长江大桥、红旗渠、上海的大工厂等等，却并没有被他放在整个画面的中心位置，只是成为了人的背景；也没有成为影片叙事的重点，而仅是作为空间上的地标。

也就是说，在对纪录片的整体构思上，安东尼奥尼想强调人，

《中国》剧照

而中方想强调物。一方认为普通人的状态最真实,幸福与否不言自明;一方认为人的个体只是陪衬,人民的形象和意志高度浓缩在了那些伟大的建设成就上。不得不承认,这是两种完全相左的理念。安东尼奥尼不愧曾是意大利新现实主义的战将,虽然流派逝去多年,在他身上依然留下了深刻的人道主义痕迹。据说最后拍成的素材量有35个小时,安东尼奥尼回国之后把它剪成了我们今天能够看到的这个版本。

　　1973年2月初,《中国》在意大利总电视台分三集播出。打头阵的一集是北京,主要拍摄了北京和周边的一些地区。中间一集拍了河南林县、苏州和南京,也就是自北京取道上海的沿线。第三集拍摄了上海。

2

我出生在 20 世纪 60 年代末,安东尼奥尼跑来上海拍片的时候,我才三岁。《中国》我看了无数遍,尤其是上海那一集。我一直在安东尼奥尼的镜头中寻找着我儿时的家,寻找着我熟悉的马路。每回看,我还揣着一个小小的期待,想在片中那么多一晃而过的人脸中,突然发现我自己、年轻时的父母或者曾经认识的人。当然,这个期待总是落空,上海的人实在是太多了。可我真的看到了很多我熟悉的地点,它们如今都已经不在了,不瞒你说,我的眼泪总会夺眶而出。

《中国》剧照

影片免不了也会出现一些显然是被组织过的场面。比如菜市场,你会看到琳琅满目的货架,那么多活鱼、猪肉,各种各样的蔬菜,人们提着篮子尽情地买。这在当时是不太可能的,即便是在上海。我的童年记忆是一年大概只吃一回鸡,就是在过年的时候,平时哪儿有那么丰盛。据说当初为了拍摄,菜市场急调货源,头天晚上布置完毕,第二天一早连谁来买菜都是经过街道里弄严格挑选的。拍的时候尽管买,拍完之后还回去。拍摄这个纪录片,其实绝大部分路线都是中方事先规定的。比如安排去拍百货公司,那么这个地点一定被迅速"加工"过。但是安东尼奥尼毕竟有经验,镜头一摇,总能捕捉到摆拍场面缝隙间未经"加工"的真实。他还用了各种手法,比如说偷拍、临时改变路线等等。

《中国》在国外放映之后,引起了巨大的反响,虽然褒贬不一,可原本我们是可以接受这样的反应的,毕竟他们是西方人,而且说好说坏的都有。但是中国台湾地区买了这片子,还添油加醋做了旁白声,借此在岛内宣传大陆民生凋敝。这还了得,等于是这个片子给心怀叵测之人直接提供了一发可以准确命中我们的炮弹。于是风云突变。1974年1月30日的《人民日报》头版用社论的形式刊登了一篇文章,标题是《恶毒的用心,卑劣的手法》,这篇文章是专批纪录片《中国》的。随着中央的立场表态之后,全国掀起了批判安东尼奥尼的浪潮。根本没有看过《中国》的广大工人、农民、士兵、学生,纷纷开始声讨"牛鬼蛇神"安东尼奥尼。早在你出生之前,你的爷爷奶奶已经行动起来,跟安东尼奥尼干上了。只是他们怎么都想不到,自己的孙子孙女长大以后,

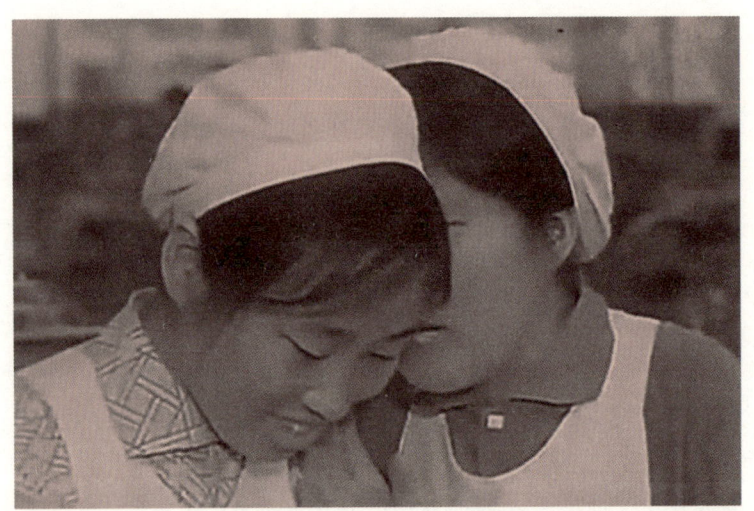

《中国》剧照

居然变成这个人的崇拜者。

　　意识形态之争早已远去，影片《中国》里那些被认为丑化中国人的笔触如今露出了真实的底色。我们要感谢安东尼奥尼崇尚真实的创作态度，他坚持拍摄真实的人、真实的街道、真实的气氛，从而在胶片上保留了一个真实的20世纪70年代的中国。通过他的镜头，今天的我们才有机会穿越时光隧道，重回故园，而不是在虚假中迷失。影片《中国》成了安东尼奥尼送给今天的中国人的珍贵礼物。而中国却成了大师的伤心地，终其一生都没有再回来。

米开朗基罗·安东尼奥尼 Michelangelo Antonioni

1912 年 9 月 29 日出生于意大利。意大利著名导演、编剧，毕业于波隆那大学。

1943 年，独立执导个人第一部电影《波河的人们》，从而开启了导演生涯。

1961 年，编剧并导演影片《夜》，获第 11 届西柏林国际电影节金熊奖。

1964 年，执导个人第一部彩色电影《红色沙漠》，获第 29 届威尼斯国际电影节金狮奖。

1967 年，编剧并导演影片《放大》，获第 20 届戛纳国际电影节金棕榈奖。

1983 年，获第 40 届威尼斯国际电影节终身成就金狮奖。

1995 年，获第 67 届奥斯卡终身成就奖。

2007 年 7 月 30 日，安东尼奥尼在罗马家中逝世，享年 94 岁。

安东尼奥尼一生提名、获奖无数，是电影史中最重要的当代导演之一。

让娜·莫罗

她在银幕上创造了最著名的三角恋

Jeanne Moreau

法国著名的女作家杜拉斯曾经说过:"她跟我很像,我们两个是一生都会被某种爱的力量所渗透,不一定非得是已经存在的爱,而是被某种此刻不在、即将抵达或者正在消失的爱所渗透。"她说的那个跟她很像的女人是谁呢?就是法国著名的女演员让娜·莫罗。

1

你一定还记得电影《情人》中那个苍老的杜拉斯的声音吧？许多人都以为那是杜拉斯本人的声音，其实是由让娜·莫罗配音的。那句出自小说《情人》的著名台词，经过让娜·莫罗的声音演绎，显得更具韵味。她不单在电影《情人》中用声音出演了杜拉斯一角，2001年她干脆在影片《这份爱》中出镜扮演了一回杜拉斯。我想这两个女人之所以如此投契，主要是因为她们对于女性在世界上的地位和对女性自由的看法是如此一致。

让娜·莫罗出生在巴黎，童年是在英国度过的，母亲是英国的一位舞蹈演员，父亲是一个商人，比较大男子主义。他跟让娜·莫罗的母亲结婚之后，让娜·莫罗的母亲就结束了舞蹈生涯。父亲希望让娜·莫罗做一名教师，可她偏偏考取了巴黎国立戏剧艺术学院；父亲不许她学舞蹈，可她就是偷偷去上舞蹈课；父亲希望

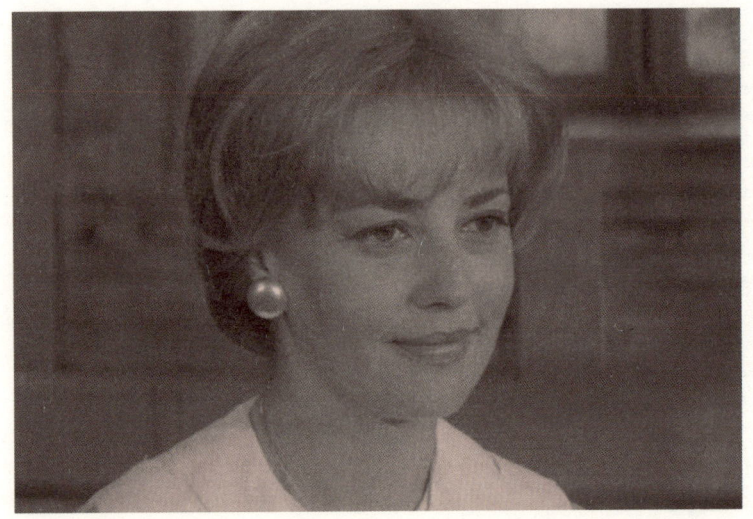

让娜·莫罗

她能够做一个贤妻良母,她偏偏结了两次婚,而且情人多得数不过来。最后父亲把她赶出了家门,这下好了,让娜·莫罗就此走向了戏剧舞台。在与父亲的抗争中,让娜·莫罗显现出了内心的坚韧。作为一个女性,她的自我意识非常强大,而且自尊心极强。也许正因为父亲的大家长、大男子作风从小就深深刺痛了这个小女孩,所以在让娜·莫罗的内心从来不把男人当回事儿。

2017年7月31日,让娜·莫罗逝世,全球媒体都在报道,大家不约而同把她主演的那几部著名影片又翻出来说了一遍。我觉得比较有意思的倒是她和杜拉斯的关系。她和杜拉斯相差十来岁却十分投缘,因为她们对于爱情的态度出奇一致。杜拉斯是活到老爱到老,年纪一大把,还跟一个小鲜肉谈情说爱,把人家纳为情人。让娜·莫罗塑造的那些角色形象,就像是杜拉斯的银幕翻版,她们俩一个在文字上、一个在影像上,共同实践着这个时代资产阶级知识妇女对于爱情的观念。

2

20世纪60年代初期,法国新浪潮运动的旗手弗朗索瓦·特吕弗拍摄了经典之作《朱尔与吉姆》,让娜·莫罗出演了女一号凯

《朱尔与吉姆》剧照

瑟琳。

　　在影片中，朱尔与吉姆是两个男青年，他们是非常要好的哥们儿，但是他们同时爱上了凯瑟琳。有意思的是，为了兄弟情谊，他们相互礼让，都想把凯瑟琳让给对方。凯瑟琳先跟朱尔过起了日子，还生下了一个女儿。朱尔是德国人，吉姆是法国人，第一次世界大战期间，由于两国互为对手，两个人就很害怕，担心万一在战场上碰到该怎么办。好不容易战战兢兢熬到了战后，两人得以重逢，朱尔就邀请吉姆到他的乡间小住。吉姆住到了朱尔的家里没多久，就发现朱尔和凯瑟琳的关系并不是很好。朱尔告诉吉姆，妻子凯瑟琳时时刻刻都想要爱的自由，婚前婚后都有其他的男朋友，但是只要她不离开这个家，自己什么都能忍受。一天夜里，凯瑟琳拉着吉姆在林子里聊了一宿，吉姆终于知道凯瑟琳心里的想法，于是那个著名的三角关系就产生了。每天晚上凯瑟琳都住在吉姆的房间里，白天他们三个人又像当年一样形影不离，这下好像每个人的欲求都得到了满足。而且，凯瑟琳还想给吉姆也生个孩子。但好景不长，凯瑟琳又开始不满足于他们三个人这种自由的状态，她又想去寻找新的爱情了。其实吉姆在巴黎也是有女友的，那个女孩是个正经过日子的主儿，一直在等待吉姆回去跟她结婚。当吉姆再次回到乡间，凯瑟琳居然掏出一把枪，要吉姆留下。凯瑟琳既要自由的爱情，又不同意吉姆就这样离开她的生活，结果吉姆是落荒而逃。几个月后，朱尔、吉姆、凯瑟琳又相逢了，凯瑟琳突然改变了造型，戴着一副眼镜，看上去像一个规规矩矩的女学生。在一次外出游玩的时候，学会了开车的凯瑟琳把吉姆叫到车上,还让朱尔看着他们,然后她驾驶着汽车朝一座断桥开去,一直把车开到了河里,凯瑟琳和吉姆就在朱尔的眼皮底下双双溺亡。

《朱尔与吉姆》剧照

整部电影弥漫着一股青春躁动却又悲凉绝望的气息,对自由爱情的理想和婚姻制度进行了双重的反思。当年,这部影片一经问世就震动了西方的知识界,让娜·莫罗所饰演的时代新女性形象,深深地刻进了观众的心里。我一直珍藏着那张他们三人从桥上跑过来的剧照,让娜·莫罗跑在头里,唇边还画着两撇小胡子,脸上洋溢着奔放的笑容,简直就是自由爱情的化身。这张剧照定格了一个时代,也定格了让娜·莫罗的青春。

3

即使是年轻的时候,让娜·莫罗都不算是特别漂亮的女演员。可但凡跟她合作过的电影大师们,无不称赞让娜·莫罗是一个特别有女人味的女演员。从某种程度上说,她好像从来就没年轻过,打一开始就已经是一个成熟的女人了。借用《朱尔与吉姆》中朱尔对吉姆说的一句话:"她(凯瑟琳),不是一个能被男人拥有的女人。"这句话完全可以用来评价让娜·莫罗本人。

20世纪60年代初期,让娜·莫罗还演过一部大名鼎鼎的影片,导演是意大利新现代主义电影的代表人物安东尼奥尼,这部获得了金熊奖的影片叫《夜》。故事其实特别简单,讲了一个中年作家和妻子在一夜当中遭遇的事情。安东尼奥尼是一个特别喜欢让人物在行进中穿越不同场景的导演,这些看似偶然实则蓄意安排的场景,恰恰是用来激发、显现人物内心世界的,这种貌似跟拍记录的技巧就是所谓"生活流"。在影片中,让娜·莫罗饰演了中年作家的妻子。一天晚上,他们俩先去医院探望了一个临终的好友,然后去了一个新书发布会,接着在街上漫无目的地行走,期间还目睹了一群小混混打架,最后他们来到了一个朋友举行的豪宅宴会,中年作家一度跟这个朋友的女儿产生了恋情。影片快要结束的时候正值晨曦初露的时刻,夫妻俩漫步在一块草地上,妻子突然对丈夫说:"我不再爱你了。"可紧接着两人却抱在一起,滚起了"草地"。有朋友也许会诧异,不是刚说不爱吗,怎么就滚草地了呢？对呀，这正是安东尼奥尼想要通过动作和环境来揭示的人物复杂的内心世界。这对中年男女坐在草坪上相互倾诉，然后拥抱翻滚，可我们一点儿都察觉不到他们之间还有爱，一切更像是按部就班的仪式，是一对中产阶级中年夫妻想要维续婚姻的固定操作。让娜·莫罗非常出色地扮演了这样一个妻子的角色，她那张脸始终是冷冰冰的，对所有的话题和派对上的活动都提不起兴致，完全是一副爱无能的样子。这种被中产阶级无聊生活打造出的精致而冷漠的精神状态，正是安东尼奥尼在20世纪60年代极其迷恋的一种人物状态，也是他对晚期资本主义阶段人与人之间关系的思考。他非常欣赏让娜·莫罗能在冷漠和有味道之间找到一种折衷的表演方式。

据说，安东尼奥尼最初迷恋上让娜·莫罗，是因为看了路易·马勒的处女作《通往绞刑架的电梯》，让娜·莫罗在片中的形象深深地吸引了他。所以这些大导演选用让娜·莫罗都不是因为她长得漂亮，而是她够味儿。英国自由电影运动的代表人物托尼·理查德森，在20世纪60年代中期拍了一部根据杜拉斯的同名小说《直布罗陀水手》改编的电影，他力邀让娜·莫罗出演影片的女主角，他一定也发现了她特别像杜拉斯笔下的女人。托尼导演甚至被让娜·莫罗迷晕了头，不惜与自己的大美人妻子离婚。时装界名人皮尔·卡丹也代表了相当一部分人对让娜·莫罗的喜爱，他公然承认自己是同性恋，但又说让娜·莫罗让他神魂颠倒。

让娜·莫罗胜在气质，气质依附的是内心的素养。女人总是会老的，再漂亮的脸蛋儿也终将布满皱纹，但是只要自信永远美丽，自信爱情时刻会到来，一个女性就会充满活力、从容、坦然。让娜·莫罗曾经说过："作为一条原则，我出演任何电影前都是一块白板，绝不事先进行哪怕丝毫的雕琢，这会令我更加本色。"她从来不害怕面对衰老，所以她敢于在2001年本色出演老年的杜拉斯，让苍老的样子永远留在世人的记忆中。一个人不怕老也就不怕死，死亡只能带走肉体，带不走胶片盒中不朽的光影。

让娜·莫罗 Jeanne Moreau

1928 年 1 月 23 日出生于巴黎。法国著名女演员。她一生出演了一众大师级导演的重要作品,塑造了一系列富有时代典型性的角色。以特殊的美和强烈的个性著称,被称为"知识女性的化身"。她是荣获各大电影节大奖、学院奖授予"终身成就奖"最多的女演员,由此亦可见世人对她表演地位的认可。

2017 年 7 月 31 日在法国巴黎家中去世,享年 89 岁。

泰伦斯·马力克

他二十年没拍电影，一出手就是一座"金熊"

Terrence Malick

有一段时间我特别亢奋，整个人就像打了鸡血一样，因为终于有机会可以对一部我非常钟爱的电影进行拉片了，这部影片就是《细细的红线》。

泰伦斯·马力克

1

跟我熟的朋友一定知道《细细的红线》这部电影。大概十来年前，我刚买了一套非常好的音响设备，那时候只要有朋友上门，我一定会逼着他跟我一块儿看《细细的红线》。选择这部影片，是因为片中的音响效果考究到了一定的境界，那些子弹"嗖嗖"飞过来的声音，以及弹壳从枪膛中蹦出来那清脆的金属声，还有榴弹炮自远而近"轰轰隆隆"的爆炸声都做得逼真极了。就连那些士兵走动时，身上"丁零当啷"的声音也特别丰满、好听。汉斯·季默的配乐就更不用说了，瞬间就可以抖动你的泪腺。现在想起那套音响设备还真是不错，动态清晰，还原逼真，几乎所有的朋友听完之后都说，从来没有听到过那么具有质感的声音。其实我本人真是个器材发烧友，后来玩等离子电视机和高亮投影仪，我还是拿《细细的红线》试机器对影像的表现力，一遍又一遍，连我自己都忘了究竟看过多少遍《细细的红线》。后来有朋友上门，进门第一句话就说："今天可别再看那片子了。"哈哈，在这里我要向这些朋友打个招呼："实在对不起。"

《细细的红线》剧照

这些年我时不时还是会看《细细的红线》，两年前公司给我配了一个笔记本电脑，我又拿这部片子试电脑液晶屏的表现力。可以说影片中的每一缕光线、每一抹色彩甚至阴影的质感，都深深印在了我的脑海中。其实我不光迷《细细的红线》，这个导演的其他作品也是我常常拿来反复观看的，比如《生命之树》《通往仙境》《圣杯骑士》。这位导演就是泰伦斯·马力克。

我最早看的泰伦斯·马力克的作品是《天堂之日》，影片中那些美妙的魔幻时段的光线让我看傻了眼。那一望无际的麦田，旷野中孤零零的房子，几成剪影的农夫和收割机，将美国中西部乡村诗一般的风景展现出来，颇有点安德鲁·怀斯那幅《克里斯蒂娜的世界》，或者爱德华·霍普的《铁道旁的房屋》的格调，一种浓浓的寂寥感自银幕渗透进了我的身体。我很快就开始关注阿尔门德罗斯——《天堂之日》的摄影师，这位生于古巴的摄影师从20世纪60年代中期以后，就经常与新浪潮一些重要导演合作，比如罗麦尔和特吕弗。后来我读到了一篇他关于《天堂之日》摄影工作的自述，我的注意力又从阿尔门德罗斯转向了泰伦斯·马力克。

《天堂之日》剧照

《天堂之日》剧照

在那篇自述中，阿尔门德罗斯盛赞泰伦斯·马力克是少数几个真正懂得摄影技术且有能力构建视觉场面的导演。他说那些在魔幻时段拍摄的精妙无比的戏，完全是因为马力克的设计和坚持。为了抢太阳落到地平线下面直到天色全黑之间那短短的20分钟，整个白天马力克都会和摄影师、跟机员、演员不厌其烦地彩排，以确保那20分钟的拍摄准确无误。当时用纯粹的自然光进行拍摄，是好莱坞体制中的灯光师和机工无法适应的，他说要说服那些好莱坞的"老油条"们一天只拍20分钟，确实很需要勇气。而泰伦斯·马力克每天都像是《圣经》中的约书亚一样执着，试图停止太阳的运动以保证拍摄。

在处理那场著名的蝗灾戏的时候，他们采用了一种反常规的手法。在画面的前景中，他们用了加拿大农业部提供的真的蝗虫。但在广阔的全景中，尤其是那些模糊的拖拉机和黯淡的农夫的镜头里，泰伦斯·马力克以倒片的方式拍摄了一架直升机撒下的花生壳。当影片顺序放映的时候，这些花生壳扮成的蝗虫真的像是腾空而起，当然这也就要求所有的表演和动作在拍的时候都得倒着来，尤其是演员和拖拉机。当时很多人听到这个方案都说行不通，泰伦斯·马力克坚持要这样拍，后来样片放映的时候，大家都被震撼了，这个方案不仅行得通，而且堪称完美。

阿尔门德罗斯说泰伦斯·马力克是美国最优秀的电影人、一位在艺术上的博学者，是以无畏和天分激励他并完善他的摄影技艺的人。阿尔门德罗斯正是凭借《天堂之日》的摄影拿到了一个奥斯卡金像奖，而泰伦斯·马力克则拿到了戛纳国际电影节的最佳导演奖。

《天堂之日》剧照

2

《天堂之日》广受赞誉，泰伦斯·马力克也炙手可热。就在这个当口，他开始构思下一部名叫《Q》的电影，这部片子有意思，试图从全世界的无人区中搜集生命起源的证据。派拉蒙公司想都没想，就付给他 100 万美元的定金，拿着这笔钱，泰伦斯·马力克去了西西里岛东岸的埃特纳火山、澳大利亚的水底世界以及像南极这样的极地世界。好多人都纳闷：一个剧情片导演为什么会对自然题材感兴趣呢？难道他准备转行去拍《国家地理》或者《探索》这样的自然类纪录片吗？

泰伦斯·马力克的本科专业是哲学，是在哈佛大学念的，导师是研究维特根斯坦的著名学者斯坦利·卡维尔。卡维尔在美国哲学界可是大名鼎鼎，而且他对电影也十分有兴趣，虽然上起课来略显沉闷，但有真才实学。他把马丁·海德格尔的学说介绍给了泰伦斯·马力克，马力克一下就迷上了海德格尔，还飞到德国去拜访海德格尔本人。两人到底聊了什么，咱就不得而知了，反正能够亲见大师，那就是一种辈分。

1965 年，马力克从哈佛毕业，拿着罗德奖学金去了牛津大学莫德林学院继续研究哲学。本来只要好好做学问，顺利拿到博士学位，马力克将是又一位哲学学者。可没想到在牛津就读期间，他居然和自己的指导老师在有关海德格尔、维特根斯坦的理解上发生了冲突，严重到他居然放弃了博士学位，离开牛津，返回美国。他在牛津的导师是语言分析哲学牛津学派的创始人，名叫吉尔伯特·赖尔。我们完全可以想象当年的马力克年轻气盛，仗着见过海德格尔本尊，本科时期的指导老师又是研究维特根斯坦的美国权威，所以一定是在对两位大师的理解上保持了自己执拗的看法。赖尔肯定觉得失了面子，看着一个美国来的小子自以为是，敢在这些问题上跟他抬杠，不听他的劝导，一气之下将马力克逐出师门也是情有可原。

回到美国之后，泰伦斯·马力克在麻省理工学院教了一年的哲学，但他似乎对这样的校园生活并不满意，开始尝试做一名自由撰稿人，为《纽约客》《新闻周刊》《生活》等杂志写文章。在此期间他还干了一件事，把海德格尔的《论真理的本质》这本书翻译成英语。书于1969年出版。马力克就此了却了研究哲学的情结，考入刚刚组建起来的美国电影学院，正式开始学习电影，也从此踏上了电影创作的道路。

3

对生命起源与终结的探索，是哲学的终极问题。结合泰伦斯·马力克的学术背景，我们就不难理解他为什么要拍《Q》了。可是派拉蒙给的那100万美元，已经在各处的旅行中用完了。钱没了，剧本却连个影子还没有，派拉蒙公司见势不妙，很快就与马力克解约，双方不欢而散。平心而论，《Q》里面融入了很多关于生命起源的哲学思考，肯定不是一部单纯的剧情片。马力克确实需要时间，需要在那些超常环境中得到灵感。对这样一部影片的前期筹备而言，100万美元实在是太少了。可没有人继续接盘，《Q》这个项目眼瞅着就这样黄掉了。其实先做做其他的项目，挣点钱，再伺机而动，也不失为在好莱坞发展的一种策略。偏偏马力克就是这么执拗，在自己风生水起的时候，他选择离开好莱坞、远走法国，就像当年放弃博士学位一样，而这一走竟然是整整20年。

　　如此淡泊名利，想来是和泰伦斯·马力克的哲学素养有关。他的私生活原本就极其低调，在这样一个网络时代，我们很难在网上搜到哪怕一篇媒体对他的专访，甚至找到他一张照片都非常困难。外界一直在猜测这20年马力克是怎么过的，他究竟在干什么。其实他也没有一直在巴黎待着，他继续走遍了世界上那些神奇的角落。而巴黎带给了他第二段婚姻，不久之后他就带着法国妻子回到了家乡——美国得克萨斯州（简称"得州"）的奥斯汀，这实在是像极了他日后拍摄的《通往仙境》。

　　马力克有两个弟弟，小弟弟拉里年少便拜西班牙吉他大师学琴，但困于天赋，自残双手，自杀了结。拉里的死一直是马力克心头的痛。当他重又回到家乡奥斯汀，曾经的少年往事纷纷涌上心头。你一定还记得《生命之树》中西恩·潘对少年兄弟的追忆，影片用大量的篇幅表现了20世纪五六十年代得州小镇上的一家人。当然，最令人惊奇的就是片中居然出现了恐龙，这明显是《Q》中思考的主题，《生命之树》完全可被视为是马力克对《Q》的继续，只是主干情节变成了他从法国回到奥斯汀之后，对少年往事的感伤追怀，这也确乎是对生命起源的另一种探索。

一位马力克的高中好友把《生命之树》《通往仙境》和《圣杯骑士》称为马力克的"自传三部曲"。虽然马力克本人并不希望观众把这些影片和他自己的经历联系起来,但我们确实看到了影片背后作者深刻的自我痕迹。可以说这20年泰伦斯·马力克就像是去了一个山洞面壁,当他重出好莱坞,那些震惊世人的作品都可被认为是源自那20年的打坐和冥想。

　　1998年,沉寂整整20年的泰伦斯·马力克以一部战争片重新回到了公众的视野。不过说《细细的红线》是战争片,似乎又有点不太准确,因为整个影片时时在叩问生命的密码,战争只是个陪衬。它超越了我们习见的战争片,具有了非同一般的厚重感。马力克处理题材的视角一直非常独特,正如之后的《生

《生命之树》剧照

命之树》不能算是一部纯粹的家庭伦理片,《通往仙境》也并不是一部纯粹的爱情片。除了叩问生命的密码,马力克又进一步叩问了人与宗教的关系。从某种程度上讲,马力克真是海德格尔最好的学生之一,他通过一部又一部影片,传达着大师学说中一些重要的观念。电影毕竟不是哲学论文,就影响力而言,电影是这个时代的传播公器,可能海德格尔的学说从来没有如此广泛地面向过大众。

我想起1999年第71届奥斯卡评奖上,两部战争大片正面对决,一部是斯皮尔伯格的《拯救大兵瑞恩》,另一部就是马力克的《细细的红线》。《拯救大兵瑞恩》最终拿到了包括最佳导演奖、最佳摄影奖等在内的五个奥斯卡奖,《细细的红线》却颗粒未收。又一个20年过去了,而今我们回望这两部战争大片,突然发现无论就人性还是战争的表现,《细细的红线》的深刻度和厚重感都要远远超越《拯救大兵瑞恩》。时间真是一块试金石,原来我们用了20年的时间,终于追赶上了当年泰伦斯·马力克的思想境界。

泰伦斯·马力克 Terrence Malick

1943 年 11 月 30 日出生于美国伊利诺伊州。美国电影导演、编剧、制作人。

1979 年，凭借影片《天堂之日》获得第 32 届戛纳国际电影节主竞赛单元最佳导演奖。之后，泰伦斯·马力克移居法国，暂停导演生涯。

1998 年，泰伦斯·马力克时隔 20 年后正式复出，拍摄了战争片《细细的红线》，获得第 49 届柏林国际电影节主竞赛单元金熊奖。

2011 年，影片《生命之树》获得第 64 届戛纳国际电影节主竞赛单元金棕榈奖。

泰伦斯·马力克是少数在世就被视为大师的电影创作者之一。

杨延晋
风流才子情债高筑

Yanjin Yang

当年上影厂有一个非常有意思的导演,叫杨延晋。杨导演从来就不是一个在体制内安安分分的导演,他一点儿都不为声名所累。你一定想不到我第一次在银幕之外看见杨导演的名字是在什么地方,那是在上影厂布告栏中张贴的一张白榜,也就是受处分的名单,第一个就是杨延晋。

1

20世纪90年代初,我大学毕业,分配到上海电影制片厂工作。我们这群年轻人进厂不久,就已经听说了很多有关杨延晋导演的奇闻逸事,包括他和潘虹的那个著名绯闻。

当年潘虹与杨延晋合作《苦恼人的笑》时,两人每日在片场相处,不禁擦出了火花。杨导演那时候才高八斗、风流倜傥,妻子是上影厂演员剧团的演员洪融。没想到潘虹写给杨导的情书被洪融老师发现,她一气之下,居然将这封情书贴在了上影厂大院里。那还了得,事情一下轰动全厂。当时潘虹也有丈夫,就是米家山,他是上影厂的美术师,后来也做了导演。米家山可是高干子弟,父亲做过成都市的市长,面对此等奇耻大辱怎么咽得下这口气,于是便带人砸了杨延晋的家。洪老师就此和杨导离了婚,后来和李志舆老师成为了夫妻,开始了幸福生活。李志舆老师有个女儿叫李芸,多年后杨导在拍摄《夜半歌声》时跟李芸谈上了恋爱。李芸怎么都想不到,洪融后来会成为她的继母吧。

《苦恼人的笑》剧照

杨延晋是上海戏剧学院表演系毕业的,刚进厂的时候是做演员的。但杨导人长得比较小,而且论帅,跟那些真正的大帅哥比,还是有一定的距离。于是他转行做了谢晋的场记,走上了学习导演的道路。杨导是跟着谢导"混"出来的,在他拍出几部重要的作品之后,他就一直宣称要超越谢晋。

杨延晋也确实是将自己视为一个能够成为大导演的人。据说,有一年谢晋过生日,很多人前去贺寿。一位上影厂的领导正好碰见杨导,就问他:"你送老爷子什么礼物啊?"杨延晋说:"我送两把刀。"领导问:"送刀干嘛?"杨延晋回答:"这叫宝刀不老。"领导点头称是,可转念一想不对,又问:"送一把不就得了,怎么送两把?"杨延晋很认真地说:"当然送两把,一把代表谢导,另一把代表的是我。"

2

杨延晋绝对算得上是电影界的一个人物。所谓"新时期",也就是粉碎"四人帮"之后,上影厂出了一批非常优秀的电影作品,比如大家熟悉的谢晋的《牧马人》《天云山传奇》,但你不要忘了,还有杨导的力作《苦恼人的笑》和大名鼎鼎的《小街》。

《小街》于1981年在全国上映,是由当时风头正劲的两个青年演员郭凯敏和张瑜主演的。在此之前的1980年,这两位演员主演了《庐山恋》,一点儿不夸张地说,全国人民为影片沸腾了。在《庐山恋》中,张瑜换了40多套漂亮的时装,这在当时可是一件不得了的事情,中国人已经很久没见过那么多漂亮衣服了。在改革开放的初期,《庐山恋》让人们嗅到了新生活的气息。那个时候的观众非常单纯,觉得银幕上饰演情侣的郭凯敏和张瑜很般配,符合他们的想象,因而固执地认为他们俩在生活中也一定是恋人。《庐山恋》真是让两位演员红透了半边天。而《小街》却是调性完全不同的影片,是苦涩而沉重的。杨延晋确实有办法,他能够在《庐山恋》的光环下,让两个演员在很短的时间里调整了状态,体验到了不同的人物心理,拿出了不同的表演方法,最终成功地演出了另一种味道。

《小街》的故事很简单,简单来讲,就是一个开汽车的小司

《小街》剧照

《庐山恋》剧照

机（郭凯敏），有一天碰到了一个可爱又弱小的小男孩（张瑜），他一直想帮助这个小弟弟，但突然发现小弟弟原来是个小妹妹。这部影片被视为中国大陆第一部酷儿电影，影片表现了性别的流动，而且极富时代特色、特别中国化。

张瑜饰演的女孩原本有着一头乌黑亮丽的长发，却因为在音乐学院做教师的母亲被"打倒了"，成了一个"狗崽子"，一头秀发就被造反派剪掉了。身处这样一个动荡的时代，为了生存下去，为了不被人欺负，女孩索性隐藏起女性特征，以男孩的面目示人。这个"小男孩"伪装的背后有着深刻的时代合理性。她不是普通的性别倒错，而是被逼无奈。我记得张瑜在电影里反复念叨一句台词"我是姑娘"。

影片的男主人公为了让这个"小弟弟"快点变回真正的女孩，最直接的想法就是帮她找回被剪掉的一头秀发。那时候到处都唱样板戏，《红灯记》里的李铁梅有一根又粗又长的大辫子，他就

《小街》剧照

去道具商店买辫子。可是所有辫子下面都放着一块标牌，上面写着"样板戏专用"。没办法，他只能去公园，趁有样板戏露天演出的时候，试图偷一根辫子。但很不幸，他的盗窃行为被当场抓获。所有人都觉得他偷辫子是变态，所以就把那根辫子安在他头上示众来侮辱他。这在影片当中是非常惊心动魄的一幕，等于是男主人公也有了一次性别倒错的行为，当然，这又是被强迫的。

当年用性别倒错来控诉"文化大革命"的电影只此一部，哪怕放到今天，这种创作理念仍是极具创意的，不仅因为它涉入了人性的深处，还提出了一个甄别时代优劣的命题，即"非人"。在拍摄手法上，《小街》也是可圈可点。当时的观众绝对没有在一部电影中见过摄影机翻转过来，拍导演、拍拍电影的场面，也根本没有见过有三个结尾的电影。这些手法都是杨延晋导演第一个使用的。

《小街》的电影语汇是超前的，也许正因为它的创作者是一个不拘小节的人，一个不走寻常路的人。杨延晋在生活中的出格与放纵，其实跟他艺术上的那些突破是一体两面的。我们总是要求艺术家在创作时不墨守成规，但又无法容忍他们在生活上的随心所欲。为此，人世间有了一个规范艺术家的理想境界，叫"德艺双馨"。到底有多少人可以做到？反正杨导没有做到，他成于突破和不羁，也正败于此吧。

杨延晋 Yanjin Yang

1945 年出生，江西宁都人。中国著名电影导演。

1968 年，毕业于上海戏剧学院表演系。

1973 年，入上海电影制片厂，改学导演。

1978 年，与人合作拍摄了《苦恼人的笑》，初露锋芒。影片于次年获中国文化部优秀故事片奖。

1981 年，以影片《小街》再次证明了非凡的导演功力。此后连续导演《两个少女》《夜半歌声》《T 省的八四、八五年》《女市长的私人生活》等影片，成为第四代导演中红极一时的人物。

吉尔莫·德尔·托罗
他在洛杉矶郊外有一座黑暗庄园

Guillermo del Toro

在2017年的威尼斯国际电影节上,一部叫《水形物语》的影片拿到了金狮奖,当时虽然我还没看过这部影片,但我四处转发影片获奖的消息,因为在我的朋友圈中,很多人都知道我是这个导演的影迷。这个叫吉尔莫·德尔·托罗的导演是墨西哥人。在好莱坞拍片,我们都知道墨西哥"三剑客":一个是阿方索,一个是伊纳里图,另一个就是他。

1

德尔·托罗所擅长的鬼怪灵异题材，本来并不是我感兴趣的东西。2007年，一个偶然的机会，我看到了《潘神的迷宫》，这部影片一下子就把我征服了，感动之际我专门写了影评，还把它确定为我上拉片课的片目。我记得很清楚，我为学生整整拉了一年的《潘神的迷宫》，一个镜头一个镜头去讲解。后来我问自己：这个片子什么地方征服了我？那些奇思妙想固然非常吸引我，但更重要的是我看到了影片背后站着一个非常纯真的导演。

从此之后我就特别关注他的动向，从《潘神的迷宫》到今天已经十几年了，德尔·托罗的表现却屡屡让我失望。不是说他没拍片子，他拍了《环太平洋》，可这种片子能让我满意吗？他还接拍了美剧《血族》，但我总觉得一个好好的电影导演去拍美剧属于不务正业。当然，美剧不乏好的作品，但电影由于有篇幅上的限制，显然在结构和精致度上要更胜一筹，真正好的电影导演应该始终在电影这个主战场上发力。他还参与了根据《寂静岭》改编的一款游戏的设计，我不是个游戏迷，所以也难以认同他这个选择。

《水形物语》剧照

你再看看另外两位剑客，在这十年中，伊纳里图和阿方索持续扬威奥斯卡，终于把自己抬到了美国电影的领军人物的位置。有一度我觉得墨西哥"三剑客"要改称"两剑客"了，就在这个节骨眼上，《水形物语》拿到了金狮奖。我已经很久没有对哪怕三大电影节的最高奖项作品有什么真正的期待了，得知德尔·托罗拿了金狮奖，我当时急迫地查了一下它全球放映的时间表，我那时真的在考虑是不是翘班去一次英国。我相信这部影片不会让我失望，我很想再次感受面对银幕泪流满面的感觉。

2

德尔·托罗生于1964年的墨西哥，现在他的肚子已经大得绝对看不到自己的脚了。这个胖子玩心特别重，在我对他漫长的十年单恋中，我找到了一本书，书名叫《吉尔莫·德尔·托罗的奇思妙想》。可以说，这本书部分缓解了我对他的思念，也让我看到了这个"鬼才导演"的另一面。

我最感兴趣的是这本书的第一部分，这个被命名为《收藏品》的章节，展示了德尔·托罗那个著名的荒凉山庄里不同风格的房间和难以置信的藏品，包括电影道具、图书、角色模型、等身高的雕像和蜡像等等。荒凉山庄位于洛杉矶的郊区，整个山庄由几栋别墅相连而成，平时只有德尔·托罗的挚友和密切的工作伙伴

《潘神的迷宫》剧照

才能去。如果是陌生访客，德尔·托罗必会派车去接。据曾经踏足过那里的一名记者说，上车之前先是一番搜身，当然这是我夸张的说法，其实就是没收手机，不让去的人使用GPS定位。上了车之后我想应该要蒙眼睛吧，然后就是一通地开呀，直到车停下，在你面前矗立的就是著名的荒凉山庄。我老是会想到很多电影中类似的场面，像是库布里克的《大开眼戒》，汤姆·克鲁斯就是被带到了这样一个神秘的古堡。

据去过的人说，偌大的荒凉山庄里塞满了德尔·托罗喜欢的宝贝。他甚至能够叫出每一件宝贝的名字，跟你诉说它们的来历，亲手为你演示那些宝贝的神奇之处。里面还有很多中国元素，像孙悟空、李小龙、《易经》、书法，电影方面有周星驰的电影全集、张艺谋的《英雄》、杜琪峰的《大事件》……很多中国片子都成了德尔·托罗的收藏。据说他有7000多张碟片，而且每一张都看过。

机甲战士和怪兽是德尔·托罗主要的藏品，他还喜欢科学怪人、科学怪人的新娘、吸血鬼、骷髅标本，包括远古生物的模型。在他卧室的书桌上放着一个人兽杂交的幼体，我们知道2009年那部科幻片《人兽杂交》，执行监制就是德尔·托罗。很多宝贝都颇有点年份了，在一个柜子里存放着德尔·托罗从儿时起开始收集的恐怖片角色模型，有狼人、《黑湖妖谭》中的水怪，原来他的童年就是在那些"怪物"的陪伴下度过的。几乎在每一间屋子里，你都可以随处发现各种异形生物，所有关于异形的经典形象在荒凉山庄里都可以找到真品。你也会看到被截掉一半的人体模型。有时候，转过一个拐角，那些和真人一比一大小的蜡像会吓

吉尔莫·德尔·托罗

《潘神的迷宫》剧照

你一跳。

　　德尔·托罗从小也是个机械玩具迷，有点蒸汽朋克的意思。他收藏了一个机械魔法师，居然能把一个骰子当着你的面给变没了。某一间屋子里有一个诡异的机器人，它的眼睛会跟随你的走动一直盯着你，一旦你靠近，这个机器人又会被你吓一跳，嘴会一下子张开，露出惊慌的表情。还有一个机械占卜师，你可以问它问题，它居然会给你答案。在一个巨大的魔法盒子里住着一个绿色的魔鬼，它的头颅会瞬间消失，这个盒子全世界只有两个，一个在迪斯尼乐园，一个就在荒凉山庄。其他像什么奥特曼、各类经典机器人也是随处可见。据说德尔·托罗搬到了山庄之后，用了整整五年的时间才整理好这些收藏品。

　　在这座山庄中有16间小型的图书馆，每一间都有自己的主题，像什么"恐怖图书馆"。最有意思的是其中有一间还被改造成了"雨屋",因为洛杉矶很少下雨,德尔·托罗为了随时感受下雨的氛围,专门造了这一间雨屋。只要拨动开关,投影机就会放映出夜色中的倾盆大雨,透过房间的假窗,隆隆的雷声夹带着闪电,将雨夜的气氛倾泻在屋内,更加强了这间"神秘学文献图书馆"的鬼魅。德尔·托罗喜欢在这里写作,屋子中间的沙发上放着一把巨大的左轮手枪,那是《地狱男爵》中的著名道具。

我觉得像我这样的人如果去了那个山庄,晚上很有可能被吓死,德尔·托罗却能在数不清的异形生物、科学怪人、骷髅标本的包围下夜夜安眠,所以我一直觉得他不是一个正常人,也正是因为不正常,才会有那么多的奇思妙想。山庄中还有很多不同的工作室,在他的私人绘画工作室里堆满了漫画的杂志,而他的私人放映间中则有成堆的手办。你会发现每一个房间的布置,不管是工作还是生活区域都非常有格调,并且都高度统一在德尔·托罗的趣味当中。

3

通过看一个人的家,就可以让我们了解这个主人。德尔·托罗就像一个永远长不大的孩子,一直试图活在奇幻世界中。他刻意远离尘世的喧嚣,刻意保护自己的隐私,其实是想让他那一方天地成为不受现实侵扰的桃花源。一个人玩心重,正是他的可爱之处。跟我们相比,德尔·托罗简直就是一个异形生物,虽然离我们不是太远，但终究跟我们不一样。他看待世界的方式、他所体验的情感，永远有着一种未经污染的纯真。我想这十年德尔·托罗没怎么好好拍电影，肯定是把一大半的精力花在了这个山庄上，现在山庄整得差不多了，《水形物语》也就诞生了。荒凉山庄就是德尔·托罗的童话世界，只有这个世界存在，他才能确保自己不会变成一个俗人。

就像他的好朋友——好莱坞导演詹姆斯·卡梅隆对他的评价，卡梅隆说："仅仅把他当作一个电影人还是太局限了，他是一位眼界超凡、视角精准的艺术家，只是他恰好选择了用电影来表达。就算在其他时代，他或许仅凭彩蛋画或者鹅毛笔也能造成同样巨大的影响。"我承认我对德尔·托罗的认识是有些偏狭的，我一直希望他只是一个电影导演，但他身边的朋友却告诉我们他有更多的才华。詹姆斯·卡梅隆甚至拿德尔·托罗跟达·芬奇媲美，我相信卡梅隆是真诚的，我很希望自己能在除了电影院之外的场合和德尔·托罗的才华相遇，但是我不敢保证在那些场合我能够辨认出他，所以我很自私地希望德尔·托罗专注于电影。我无法想象如果《水形物语》之后他再让我等上十年，当他终于又有新片问世的时候，我会不会因为太过激动而心脏停跳。

吉尔莫·德尔·托罗 Guillermo del Toro

1964 年 10 月 9 日出生于墨西哥。墨西哥籍电影导演、编剧、制片人。曾经于 20 世纪 80 年代师从好莱坞著名化妆师，并担任化妆主管。

1993 年，编剧、导演的恐怖电影《魔鬼银爪》获得了墨西哥 Ariel 奖金奖、最佳处女作奖，德尔·托罗本人则获得了最佳导演、最佳原创故事、最佳编剧三个奖项，影片还获得第 46 届戛纳国际电影节梅赛德斯-奔驰奖。

2006 年，编剧、导演的奇幻电影《潘神的迷宫》获得第 79 届奥斯卡金像奖最佳摄影奖、最佳化妆奖、最佳艺术指导奖，并获最佳外语片提名，德尔·托罗则获得了最佳原创剧本提名。

2017 年，导演的奇幻电影《水形物语》获得第 74 届威尼斯国际电影节主竞赛单元金狮奖。

2018 年，凭借《水形物语》，德尔·托罗获第 75 届美国金球奖电影类最佳导演奖。同年，《水形物语》获第 90 届奥斯卡金像奖最佳影片奖、最佳原创配乐奖、最佳艺术指导奖，德尔·托罗本人获最佳导演奖。

奥逊·威尔斯
第一次拍电影，电影公司就让他随便拍

Orson Welles

有一部拍摄于20世纪50年代的黑白老电影叫《阿卡丁先生》，它竟然有五个版本，但没有一个版本得到过该片导演的认可。这部影片被很多人认为是欧洲版的《公民凯恩》，因为它和《公民凯恩》一样，都是以探寻一个大人物的真相为线索。

奥逊·威尔斯

1

　　影片《阿卡丁先生》中充满了表现主义的夸张构图，以及对于强权人物阴暗面的揭露，按照该片导演的原始想法，影片的故事结构应该是倒叙中有倒叙。虽然我们目前看到的版本都不是影片导演认定的版本，但是《阿卡丁先生》已经是一部"神作"了。很难想象，如果是该片导演认定的版本，看完之后我会作何感想。可是这一切已经是我的一厢情愿了，因为这个导演在1985年就去世了，从此关于《阿卡丁先生》的导演版本就成了电影史上又一个不解之谜。

　　说起奥逊·威尔斯，很多人脑子里的第一反应就是《公民凯恩》。这部影片很多人不一定看过，但一定听说过，因为它总会出现在很多佳片榜上。《公民凯恩》是威尔斯的银幕处女作，是由当时好莱坞五大电影公司之一的雷电华公司出品的。但是你知道雷电华公司是怎么跟威尔斯签的工作合同吗？在那份当初堪称"业界奇迹般诱人"的合同中是这么写的：请您在为我公司制作的两部剧情片中自由地编剧、制作、导演以及表演。作为一个好莱坞的新人，那时候只有20多岁的威尔斯怎么就能得到如此被信任的一份合同呢？一切都得从他出生开始讲起。

奥逊·威尔斯1915年出生在美国威斯康星州一个富裕的家庭，母亲是个钢琴家，父亲是个发明家，但是不幸两人分别在他9岁和15岁的时候就先后去世了。现在我们可以看到各种各样关于威尔斯的传记，都说他3岁就能阅读，4岁就表现出在绘画和魔术上的才能。这威尔斯有意思，确实是一生喜欢变魔术。这些表现让当地人认为威尔斯就是一个神童。他父亲也非常用心地栽培这个儿子，童年时就带着他周游世界，还到过上海。11岁的时候，威尔斯被送进了伊利诺伊州一个昂贵的私立学校就读，这个学校的教育对日后的威尔斯产生了决定性的影响。据说校长倡导一种特殊的教育环境，使学生获得了极其自由、充分的学习空间。15岁那年毕业，威尔斯就拿到了哈佛大学的一笔奖学金，但是他并没有选择去哈佛读书，而是带着父母留下的遗产远赴欧洲，去了都柏林一家著名的剧院当了一名演员。高人总是不走寻常路，用今天的话来讲，威尔斯就是年少"创业"去了。22岁那年，他创建了著名的水星剧团。他网罗了一批表演人才，很多人都跟着他长期工作，他们之间有着默契的配合，这群人成了威尔斯走向电影非常可靠的班底。

奥逊·威尔斯自己的条件也很好，身高超过1.90米，年纪轻的时候还不胖，后来威尔斯体重达到400磅，就是180公斤左右！很多人都说老年威尔斯就是好莱坞的一座山。但年轻时的威尔斯那真是又高大又帅气，还有一副华丽的嗓音。那时候他除了在百老汇登台表演之外，还在全国广播公司和哥伦比亚广播公司担任播音的工作。20岁开始他每周从电台获得的报酬就已经达到了2000美元，绝对是高薪了。他拿着高薪反过来补贴水星剧团。

1938年，威尔斯23岁，那年对他相当重要。有一个江湖传言现在经常被人提起，说威尔斯的水星剧团当时在电台中有一档节目叫《宇宙大战》，是根据一部科幻小说《世界大战》改编的。有一天威尔斯就在广播剧中用紧张而短促的语气宣称：已经发现有火星人入侵地球，目前正在登陆新泽西州，美国总统

《公民凯恩》中的奥逊·威尔斯

已经宣布全国进入紧急状态。这个广播剧被几百万的美国听众误认为是新闻报道,引起了很多城市的恐慌,还说很多人都从家里逃了出来,奔上了街头,也不知道该往哪儿躲。这个江湖传言有点夸张了,当时确实是有这么一个广播剧,但是并没有引起美国城市的恐慌,更没有人从家里跑到大街上。有一点没错,这个广播剧使威尔斯一夜成名,雷电华公司的主席也正是因此而注意到了这个年轻人。

当时只有23岁的威尔斯已经是美国数一数二的剧场导演了,由他指导的《麦克白》《恺撒》和左派音乐剧《大厦将倾》都在百老汇引起了巨大的轰动。就是在1938年,水星剧团又排演了一个剧目,是创作于1894年、叫作《约翰逊的性》的一出闹剧。在排这出戏的时候,威尔斯突发奇想,他用了10卷35毫米胶片拍摄了时长40分钟的影像,他想把它插在这出闹剧的三幕当中,每一幕的开头放一段影像。你看,这完全是多媒体剧的思路啊。后来这个40分钟的作品长期丢失,直到2008年才现身于意大利。这段影像充分展现了奥逊·威尔斯日后在电影中的天才性想法。比如把阴暗的天空作为背景,衬出靠岸船只的剪影;用曼哈顿岛上高大建筑物的几何构图,来凸显主角处在一个危险境地的鸟瞰画面;透过街上围观的男人岔开的双腿拍摄游行的队伍。这些摄影处理显现了威尔斯喜欢并且擅长制造令人晕眩的垂直效果,而这些视觉效果恰恰是当初在舞台上无法表现的。这出闹剧令人预见了威尔斯的视觉天赋。有研究者看后声称:从一开始威尔斯就像一个电影导演一样在思考。据说他爱上剪辑就是因为剪这个短片,那时候剪胶片经常会失火,即使底片着火,威尔斯也不愿离开剪辑房,可见他的痴迷程度。由此我们便不难理解,为什么年轻的威尔斯可以得到这样一份工作合同。

2

　　1939年8月21日,威尔斯完成了和雷电华公司签署的合同,这份合同一共63页,之后他把水星剧团整个从百老汇搬到了好莱坞,《公民凯恩》中的绝大部分演员就是水星剧团的老班底。其实《公民凯恩》不是威尔斯提交给雷电华公司的第一个电影项目,第一个项目是根据康拉德的小说《黑暗之心》改编的一部电影,但是由于各种各样的原因,尤其是资金方面没有落实,最后被放弃了,后来它变成了科波拉导演的《现代启示录》。第二个项目也因为种种原因而被搁浅,后来又变成了蒙哥马利导演的《湖上艳尸》。你看,两个胎死腹中的项目其实都是电影史上的名片,年纪轻轻的威尔斯真是眼光独到。《公民凯恩》是他提交给雷电华公司的第三个电影计划。直到今天,这部影片仍被电影业内人士认为无论放在哪个时代都是一部伟大的电影作品。

　　关于这部影片的创新之处,我想介绍最重要的两个方面。第一,它为传记影片提供了新的叙事高度。《公民凯恩》是一部传记片,但并没有采用直线式的生平介绍的方法,而是选用了六个支离破碎的不同视角来拼贴凯恩的一生。有意思的是,这六个视角还是相互矛盾的，不过这反而使主人公具有了人的复杂性。第二是摄影上的贡献。年轻的威尔斯和摄影师格雷格·托兰德在影片中实现了很多深焦摄影，这种绝妙的前后景设计直到今天都堪称教科书。影片还系统尝试了多次曝光的技术，运用了带天花板的背景。要知道棚内景一般都是不装天花板的，这样可以方便利用棚内灯架上的照明，可威尔斯却要求他的置景师必须搭出天花板，而且对天花板的图案有明确的要求。原来当仰拍前景中的人物时，后景中的天花板图案可以成为人物处境的隐喻。可惜当年的观众离这种电影语汇有着相当大的距离，所以有人开玩笑说威尔斯是22世纪的导演，可他的观众却是20世纪的。

《公民凯恩》剧照

《公民凯恩》让雷电华公司一下子亏损了15万美元，却拿到了九个奥斯卡的提名。雷电华的高层意见不一，有的说要取消与威尔斯的合同，可也有高管认为威尔斯是一个有才华的导演，应该让他再试一部作品。于是1942年，威尔斯紧接着拍摄了另一部反映美国财阀家族的大戏《安倍逊大族》。这次雷电华公司的手笔比《公民凯恩》更大，他们想要放手一搏。可是影片拍完之后，仍然遭遇了像《公民凯恩》一样冰火两重天的评价。很多业内人士看了素材之后，觉得这是旷世佳作，可是面对普通观众的试映的反应却不好。偏偏就在这个节骨眼上，威尔斯响应罗斯福总统的号召，去巴西拍摄当地人的生活纪录片，这威尔斯还存着一颗要当总统的心。雷电华公司的高层一气之下把影片《安倍逊大族》剪掉了整整43分钟，还加了一个大团圆的结尾。更悲惨的是，被剪掉的底片随后就被销毁了，使威尔斯终身失去了重新剪辑《安倍逊大族》的可能。那时候，威尔斯在美国的所有朋友都劝他赶快回来，可他却迟迟不归，由于在巴西的拍摄并不顺利，他日日在里约热内卢的酒馆里喝得烂醉如泥，就这样白白错过了挽救《安倍逊大族》的机会。当时的威尔斯也并没有意识到这将成为他事业的拐点。

虽然《安倍逊大族》被改得面目全非，但依然令人印象深刻。法国著名的影评人安德烈·巴赞对影片盛赞有加，他痴迷于那些深焦摄影和长镜头。可影片又让雷电华公司再次大赔，没过多久公司就倒闭了。奥逊·威尔斯在世界电影史上开创了一个导演仅用两部作品就把一家大公司拍破产的先河。

3

此后,威尔斯在事业上开始渐渐下滑,要么就是把自己的才华贡献给了别人的作品,要么就是无奈接拍一些他本不想拍的影片。他的个人生活也开始走下坡路,威尔斯三任妻子中最出名的就是好莱坞的性感女神——丽塔·海华斯。1947年,他们两合作的《上海小姐》被哥伦比亚公司从原先的155分钟剪到了87分钟,为了培养什么饥饿效应,还整整被雪藏了一年之后才上映。就在影片上映的当年,威尔斯和海华斯离婚了。

现在对他们这段合作岁月有种种传闻。海华斯作为哥伦比亚的招牌明星,一直是一头红发,在拍摄《上海小姐》的时候,威尔斯却要求妻子把头发染成金色。为了头发的颜色,威尔斯跟公司的高管,甚至跟海华斯大吵大闹。据说在拍片期间,威尔斯还拒绝回家。家里藏着这么大一个尤物,换做其他任何男人,估计都会巴望着回家,可威尔斯却情愿在片场的工作室里招妓。不少传记都记述过,曾有很多人倾慕威尔斯的才华,跑来跟他合作,结果因为威尔斯半道对项目失去了兴趣,他就直接拍拍屁股走人,把投资人晾在了一边。看来他在与人沟通方面确实存在问题。

威尔斯就像一个被宠坏了的孩子,而宠他最厉害的就是影评人,尤其是法国《电影手册》那几个人,从巴赞到他的学生特吕弗、戈达尔、罗麦尔,个个都把他捧上了天。再加上中学时期就养成了唯我独尊的性格,在电影越来越工业化的时代,威尔斯确

《上海小姐》中的丽塔·海华斯

实与大团队协作式的工作方法渐行渐远了。当然,他毕竟是个天才,此后间或也有佳作出现,除了那部《阿卡丁先生》,还有《历劫佳人》。另外有一部我非常喜欢的英国黑色电影叫《第三个人》,是奥逊·威尔斯主演的,我相信他不仅是演员,按照他的性格,他一定会在拍摄现场为导演贡献很多点子。

1970年,奥逊·威尔斯开始了《风的另一边》的拍摄,这部影片完全可被看作又一部《公民凯恩》,只是这一次他要追寻、嘲讽、挖掘的是他自己。在这部半自传性的影片中,威尔斯肆意玩弄自己与主角的界限,两人在许多方面都有重合,无论是职业生涯的经历,还是对西班牙和雪茄的喜爱。晚年的威尔斯又一次大胆挑战了好莱坞经典叙事模式,又一次拼凑故人支离破碎的回忆,还采用了一系列多样而炫目的录音技术,甚至使用了多种类型的胶片，有 35 毫米、16 毫米、超 8 毫米的，也有彩色和黑白的。可惜这部影片最终没有完成。就在 2015 年的戛纳国际电影节上，为了纪念奥逊·威尔斯 100 周年诞辰，影片中的主演们发起了一个线上的众筹项目，要筹集 200 万美金来完成这部影片。

1970 年，威尼斯国际电影节授予他终身成就奖。第二年，美国电影艺术与科学学院又授予他奥斯卡荣誉奖的提名。到了 1975 年，美国电影学会授予他终身成就奖。但奥逊·威尔斯一次都没有到现场去领奖，可能他真的没把这些奖项当回事。晚年的大师拒绝了很多机会，也许是他对好莱坞这个名利场已经不抱什么指望。

有一个材料可能可以旁证大师晚年的心境。蔡康永曾经在美国的南加州大学学电影，他在一篇文章中提到，他读书时根本不知道奥逊·威尔斯是老师。连在校的本专业学生都不知道威尔斯的存在，可见他是刻意不想让这个世界知道他还活着。正像蔡康永说的，他以为奥逊·威尔斯早就死了。这个名字似乎是属于好莱坞的黄金时代的。

一个人不可能永远行走在事业和生活的巅峰，有起有落才是人生，愈是天才可能愈是速生速朽。其实威尔斯活着还是死了，我觉得并不重要。他贡献给这个世界的才智已经转化为了一种能量，它会永远在一代又一代热爱电影的人手上传递。甚至我们都可以忘却奥逊·威尔斯这个名字，只要在记忆的深处始终挂着《公民凯恩》《安倍逊大族》《历劫佳人》《阿卡丁先生》这些片名就可以了。在某一个睡不着的夜晚，也许外面还下着小雨，某一部奥逊·威尔斯的影片可能就会伴你到天明。

奥逊·威尔斯 Orson Welles

1915 年 5 月 6 日出生于美国威斯康星州。美国国宝级导演、编剧、演员、制片人。他拍摄了电影史上最重要的作品,被认为堪与莎士比亚、塞万提斯相提并论,被称为"20 世纪美国的文艺复兴人士"。
1985 年 10 月 10 日,逝世于洛杉矶。

英格丽·褒曼
地下情重创银幕形象,她一度被好莱坞除名

Ingrid Bergman

电影《卡萨布兰卡》说白了讲的就是一个三角恋的故事。女主角的丈夫是一个反纳粹的著名人士,她对丈夫更多的是崇拜而非爱情,她心里真正爱的男人是影片的男主人公。英格丽·褒曼饰演的女主角的人物设计走的是"正"的路子,就是她的性格不会随心所欲。凡是"正"的人设都会考虑别人的感受,或者说她是有自我约束力的,是有道德规定性的。

1

《卡萨布兰卡》的导演在影片中设计了很多值得玩味的细节,比如那句著名的台词:"世界上有那么多的咖啡馆,偏偏你走进了我这一间。"咖啡馆其实是男主人公身体的外延,女主角带着自己的丈夫走进了另一个男人的心里,这就构成了戏剧张力。这才是好女人,不是不管不顾地一头扎进男人的怀里,而是带着自己的丈夫。她既被其他男人吸引,又时时受到婚姻的约束,这种两难是银幕好女人的标配。英格丽·褒曼就适合演这样的女人,如果是个仅有美艳的女演员是没有这种说服力的。英格丽·褒曼的长相有一个重要特征就是"正",即端庄。她突破了当时好莱坞对所谓"北欧妖妇"的单一规划,开辟了不同于葛丽泰·嘉宝的另一条角色谱系。没办法,电影是诉诸形象的,观众愿意相信,一个长相端庄的女人,她的心地也是善良的。

为了不破坏女主角的形象,影片最后只能让男主人公来解决难题,把伊尔莎和她丈夫送上了飞往美国的飞机。这真是"政治正确",婚姻是神圣的,婚外情总是不被祝福的,虽然《卡萨布兰卡》其实是同情出轨的。

《卡萨布兰卡》剧照

2

20世纪40年代是好莱坞的黄金时代,也是英格丽·褒曼的黄金时代。她是深受美国观众喜爱的演员,大家都觉得英格丽·褒曼一定像她所主演的角色一样，是个非常正派的女人。按照当时的道德标准来说，一个正派的女人是不应该在婚姻中出轨的。但角色是角色，演员是演员，褒曼也有 AB 面，现实生活当中的女演员和银幕形象怎么可能是一回事。用现在的网络热词形容，褒曼就是当年著名的"绿茶婊"。20 世纪 40 年代末，她在好莱坞看了一个欧洲大师的作品之后，立刻决定改变人生方向。这个令她倾倒的大师就是意大利新现实主义电影运动的旗手——罗伯托·罗西里尼。

意大利新现实主义发生在"二战"后期，差不多从 1945 年到 1954 年这十年间。在新现实主义时期,涌现出很多重要的导演、编剧、理论家。其中有所谓三大旗手，排名第一的就是罗西里尼，另外两人是德·西卡和维斯康蒂。简单一点来说，这个电影流派在创作上有两大突破：第一是提出"还我普通人"，影片的主要角色不再是那些带有传奇性的人物，而是生活中的普通老百姓；再就是要求"把摄影机扛到大街上去"，电影的拍摄不再封闭在摄影棚里，而是直接去真实场景中拍，最大限度地还原生活的本来面目。你看，这几乎颠覆了当时好莱坞信奉的拍片原则，等于是和好莱坞对着干。

英格丽·褒曼不是没脑子的花瓶，她敏锐地觉察到谁将是引领潮流的时代之王。那时候她还在婚姻中，她给罗西里尼写信，主动表达想要合作的意思，言辞当中不乏倾慕之情。香风阵阵自新大陆飘来，罗西里尼当然识得风情，盛情邀请佳人前来会面。褒曼是带着婚姻去到另一个男人身边的，像极了《卡萨布兰卡》

里的伊尔莎，可她却做出了不同的选择。大洋彼岸的美国民众无法原谅她婚内出轨的行为，将她驱逐出了美国的银幕。好莱坞把她封杀了，褒曼干脆和丈夫离了婚，与罗西里尼名正言顺过起了日子。

  我觉得他们两人合作最成功的作品并不是那些电影，而是那对双胞胎女儿。其中一个女儿叫伊莎贝拉·罗西里尼。即使你没听说过这个名字，你也一定见过她的脸，否则你真算不上是了解时尚的人。伊莎贝拉曾是兰蔻长达 14 年的品牌代言人，据说有将近 500 本时装杂志用她的脸做过封面。伊莎贝拉小时候并不知道自己的母亲是谁，她不理解为什么走到任何地方都会有那么多人争睹她的母亲和自己的芳容，长大后才知道母亲是谁。我们都是直到长大后才明白父母的价值何在，名人的孩子就更是如此。所以伊莎贝拉长大后发现自己有一个巨大的先天优势，就是有一张漂亮脸蛋，而且跟母亲颇为神似。她也愿意往这个方向发展，她把母亲所有的作品都找来琢磨了一遍，不光学习如何扮演银幕角色，还学习怎么模仿英格丽·褒曼。

  当年，大卫·林奇拍《蓝丝绒》的时候就想找像英格丽·褒曼一样的端庄"女神"来出演多罗茜一角，以此构成人物容貌与境遇的巨大反差。但是一代人有一代人的"女神"，时间不可逆，褒曼可能比林奇他妈年龄都大，好在上帝拷贝了一个年青的英格丽·褒曼。伊莎贝拉被大卫·林奇找来走了她母亲的戏路，不仅外貌要端庄，神情也要"正"。《蓝丝绒》中的男性角色大都变态，小镇简直就是污泥浊水，唯有这个女性角色有着出淤泥而不染的完美，伊莎贝拉演出了那种感觉。

伊莎贝拉曾于20世纪70年代末嫁给了导演马丁·斯科塞斯。当初马丁还不像现在这么有名，是个略带先锋气质的导演。《出租汽车司机》让他拿到了第29届戛纳国际电影节的金棕榈奖，不过这个片子声名远播更是因为跟美国总统里根的遇刺案有关。当年凶手宣称因迷恋片中雏妓的扮演者朱迪·福斯特，而模仿影片中的情节出手刺杀里根。你看，连马丁的影迷都那么有想法。我猜马丁当年之所以娶伊莎贝拉，可能是想建立一个心理暗示。基于伊莎贝拉和褒曼的高度相似，马丁将自己转化为了罗西里尼二世。他对罗西里尼是极度崇拜的，通过一个女人的中介，在潜意识里完成偶像加持，对当初的马丁而言，一定具有自我激励的作用。

《蓝丝绒》中的伊莎贝拉·罗西里尼

英格丽·褒曼对我来讲就是一个可望而不可即的"女神"，只可远观不可亵玩。她只能跟我心目中的大师罗西里尼配对儿，他俩才是天作之合。英格丽·褒曼跟罗西里尼结婚多年之后，美国民众才渐渐原谅她。虽然《真假公主》其实演得不咋地，好莱坞却用一尊奥斯卡最佳女演员的小金人，向褒曼释放了欢迎她回归的信号。

褒曼与罗西里尼有八年婚姻，伊莎贝拉与马丁是四年婚姻，时间上打了个对折，里面都是故事。

英格丽·褒曼 Ingrid Bergman

1915 年 8 月 29 日出生于瑞典斯德哥尔摩。著名电影演员,毕业于瑞典皇家戏剧学院。

1939 年,来到好莱坞,主演首部英语片《寒夜琴挑》。

1942 年,因主演电影《卡萨布兰卡》而成名。

1945 年,凭借电影《煤气灯下》获得第 17 届奥斯卡最佳女主角奖。

1957 年,凭借电影《真假公主》获得第 29 届奥斯卡最佳女主角奖。

1973 年,担任第 26 届戛纳国际电影节评审团主席。

1975 年,凭借电影《东方快车谋杀案》获得第 47 届奥斯卡最佳女配角奖。

1978 年,出演演艺生涯最后一部电影《秋天奏鸣曲》,并凭本片第 7 次入围奥斯卡最佳女主角奖。

1982 年 8 月 29 日,因乳腺癌在英国伦敦病逝。

1999 年,被美国电影学会选为"百年来最伟大的女演员"第四名。

大卫·欧·塞尔兹尼克

没有他，好莱坞的黄金时代成色减半

David O. Selznick

咱们聊过奥逊·威尔斯，那是一个多厉害的人啊，可他曾经说有一个人比他更厉害。那时候他和这个人走得挺近，奥逊·威尔斯说自己有很多朋友都喜欢巴结这个人，他们在星期天的晚上去这个人家里玩，那时候你会发现好莱坞的名人们悉数到场。

大卫·欧·塞尔兹尼克

1

大家在一块儿玩游戏，其实就是猜哑谜。这个人在玩游戏的时候只想赢不想输，偶尔有那么一次输了，他就会在聚会结束后一直跟着离去的客人们的车，一边跟一边骂，说他们有多蠢，害得他输了。等到客人们的车都开得看不见了，他的吼声依然回荡在好莱坞的山谷中。奥逊·威尔斯说，到了下个星期，这群好莱坞的名人们依然会去他的家。这个人会叮嘱他们说："这回我们一定得赢"。奥逊·威尔斯不由感叹："你知道他是什么人了吧。"这个人就是好胜，见不得自己失败。

威尔斯说还有一次，一群朋友到这个人的游艇上去玩，大家聚在一起吃晚饭的时候，这个人说，这条船可以回迈阿密，也可以去哈瓦那，他让大家表决到底想去哪里。几乎所有人都想去哈瓦那，他点头应允，随后让大家上床睡觉。第二天早晨大家醒来，船却到了迈阿密。其实这个人让大家表决只是走走形式，就他一个人想去迈阿密，可船也只听从他一个人的指令，因为他是这条船的主人。这个人的民主是假的，他就想要唯我独尊。说了半天这个人是谁？他就是好莱坞黄金时期的枭雄大卫·欧·塞尔兹尼克。

  说起来塞尔兹尼克也算是电影世家出身，父亲是一个著名的默片发行商，也正是因为父亲在好莱坞有点门路，塞尔兹尼克大学毕业之后就去了米高梅公司做了一名剧本编审的助理，为那些能够定夺剧本的人打打杂。米高梅公司是黄金时期好莱坞八大公司中顶尖的公司，塞尔兹尼克在米高梅开始学习怎么看剧本，同时他还干了一件对他日后非常重要的事情，就是和老板的女儿谈上了恋爱。米高梅当年的老板是路易·梅耶，是好莱坞权势滔天的人物，他也是明星制度的创立人，手上的大明星多到就像一只手捏一整副牌，根本捏不过来。虽然第一次进米高梅公司只待了两年就离开了，但塞尔兹尼克于1930年跟梅耶的女儿结婚了。你想想，原本不知要熬到哪一年才做得上剧本编审，自从娶了老板的女儿，至少可以让他少奋斗个十来年吧。在派拉蒙、雷电华这些公司混了一圈之后，女婿又回到了米高梅公司，在岳父的帮助下，渐渐成了好莱坞一个重要人物。1935年他更是创办了自己的制片公司，从此，一个属于塞尔兹尼克的好莱坞时代开始了。

  操盘影片《乱世佳人》让塞尔兹尼克真正扬威好莱坞。1936年，美国女作家玛格丽特·米切尔的长篇小说《飘》问世，立刻风靡全美，很多制片人都想把小说改编成电影，塞尔兹尼克击败了众多竞争

大卫·欧·塞尔兹尼克

者,在纽约购得了小说的影片拍摄权。影片还没拍摄就在社会上引起了巨大的轰动,无数读者给塞尔兹尼克写信,强烈要求克拉克·盖博出演影片的男主角。当时,盖博是米高梅公司的签约演员,也就是他岳父手上的一张牌,为了挖到盖博,塞尔兹尼克不得不接受由米高梅公司来共同发行这部影片,并且和他自己的公司平分发行利润。条件实在是太苛刻,这就是女婿和岳父的博弈。

当时塞尔兹尼克主张启用一个没什么名气的女演员来扮演郝思嘉,于是他的公司进行了海选,没想到这场海选竟然持续了两

《乱世佳人》剧照

年，耗资10万美元。据说有1400多个人入选，将近90个人获准试镜，很多大明星都表达了想饰演这个角色的愿望，但是塞尔兹尼克都觉得不满意。此时，上帝正在安排着一场跟《乱世佳人》密切相关的婚外恋。

　　大洋彼岸的英国有一个舞台剧女演员叫费雯·丽，她和当时英国舞台剧鼎鼎大名的男演员劳伦斯·奥利弗双双陷入了情网，两人各自都有家庭，可爱情来了，任谁都挡不住。1938年，奥利弗动身去好莱坞拍《呼啸山庄》，出于对爱人的思念，费雯·丽很快就从英国飞到了他的身边。而此时全美国都在为郝思嘉的扮演者到底是谁绞尽脑汁，奥利弗知道费雯·丽非常想演这个角色，就把自己在好莱坞的经纪人大卫·塞尔兹尼克的弟弟麦伦·塞尔兹尼克介绍给了费雯·丽。

　　一天晚上，麦伦·塞尔兹尼克带着奥利弗和费雯·丽一起去了哥哥的片场，麦伦把费雯·丽带到了大卫的面前，对哥哥说："嘿，天才，我给你带来了你的郝思嘉。"一直在关注着影片拍摄的大卫转过身来，那一刻片场正在拍摄《乱世佳人》中那场亚特兰大大火，在火光的映衬下，费雯·丽翡翠般绿色的眼睛，温情脉脉中流露出了猫一样的狡黠，让大卫·塞尔兹尼克感受到了这个女演员高贵的外表下压抑着瞬间可以爆发的情感力量，一时间大卫被惊得如见天人。你还记得大卫·林奇的《穆赫兰道》中，有一场戏是女主人公被带到片场见导演，导演当时看着别人的表演，突然一回头，两人的目光碰在了一起，导演也是一副惊为天人的神情。我想肯定是大卫·林奇对这段传闻颇有心得，于是在他的

大卫·欧·塞尔兹尼克

影片中原样搬演了一遍。

当年费雯·丽在美国还是一个没名气的女演员,和大卫·塞尔兹尼克合作了《乱世佳人》之后,一下拿到了奥斯卡最佳女演员奖,从此开始了在好莱坞的星途。《乱世佳人》是典型的由塞尔兹尼克全面掌控的影片,从1937年10月到1939年4月,先后被他请过来修改剧本的剧作家据说有十七八个,其中还有几个美国当时著名的作家。在导演工作方面,塞尔兹尼克也没少干涉,一开始请的是乔治·库克,库克在剧本上跟塞尔兹尼克谈崩了。他立马换了维克多·弗莱明,弗莱明后来也没法工作,因为在开拍之后的两个多月里,塞尔兹尼克每天都用不同颜色的纸打印出剧本的修改稿,然后发到剧组,一会儿是蓝的,一会儿是粉的,一会儿又是黄的,还有橙色的,后来大家就干脆把剧本称为彩虹剧本。你想想,导演每天在现场拿到的都是不同的剧本,根本没办法工作,没多久弗莱明也不干了。塞尔兹尼克又找来米高梅公司的山姆·沃德继续拍摄,影片终于在1939年10月宣告全片完成。两个月之后在亚特兰大首映,从此开启了世界电影史上最卖座影片的光辉旅程。我们知道《乱世佳人》一直保持着最高票房,直到1997年《泰坦尼克号》才取代了它。在1940年的奥斯卡评奖上,《乱世佳人》拿到了包括最佳影片奖在内的八项大奖,可谓名利双收。

2

历史上有所作为的大人物，都是精力特别充沛的人。为了《乱世佳人》，塞尔兹尼克那几年该有多忙，但就在此期间，他居然还干了另一件特别重要的事情，就是把希区柯克从英国搬到了美国，由此又缔造了一个伟大的制片人和一个伟大的导演相互扶持又相互争斗的黄金十年。

20世纪30年代的希区柯克陆续拍出了《擒凶记》《39级台阶》《破坏》等影片，已经是公认的英国头号导演。可和好莱坞相比，英国这座庙显然小了些，希区柯克早就有了去好莱坞发展的念头。1938年，希区柯克在英国拍摄《牙买加旅店》时，注意到了达夫妮·杜穆里埃的小说《蝴蝶梦》，他很想把小说的电影改编权拿到手里，因为如果这部小说能够在美国大受欢迎的话，他手上的电影改编权无疑会对他进军好莱坞起到关键的作用。没有想到《蝴蝶梦》的改编权被塞尔兹尼克炒上了天价，他用5万美元买下了《蝴蝶梦》的版权。不过，塞尔兹尼克也早就瞄上了希区柯克，1938年9月，塞尔兹尼克伸出了橄榄枝，正式与希区柯克签约，让他来指导《蝴蝶梦》。

塞尔兹尼克原打算让原作者杜穆里埃亲自担当编剧，这样能使影片最大限度地忠实于原著。但希区柯克不是这个路数，他拍摄的影片一定是由自己一手掌控剧本，他一次又一次拒绝塞尔兹尼克给他派过来的编剧。当然，他也反复向塞尔兹尼克陈述自己

大卫·欧·塞尔兹尼克

对剧本的见解,以此避免激怒塞尔兹尼克,他希望塞尔兹尼克能够渐渐同意自己的看法。在剧本的准备阶段,希区柯克和助手在英国写剧本,写完一段就用电报发给塞尔兹尼克,可塞尔兹尼克是个控制狂啊,他觉得凡是不在他眼皮底下亲自监督出来的事情,没有一件会成功。偏偏希区柯克也是一个控制狂,可问题是这活儿最后得在好莱坞的体制下干,那制片人就必定是导演的顶头上司。他们俩在剧本方面存在很多不同的见解,但希区柯克只能是顺着塞尔兹尼克的想法走。希区柯克几次试图阳奉阴违,在剧本中夹带点自己的私货,可塞尔兹尼克毕竟是从分析剧本入行的,这些东西怎么可能逃过他的法眼?希区柯克曾经满含讽刺地评价塞尔兹尼克,他说:"他就是一个大制片人,制片人就是皇帝。"

《蝴蝶梦》剧照

3

1941年,《蝴蝶梦》获得了奥斯卡最佳影片奖。前一届的最佳影片是《乱世佳人》,塞尔兹尼克蝉联了奥斯卡的最高奖项。法国新浪潮的旗手特吕弗是希区柯克的影迷,他曾经采访过希区柯克,恭喜他来到美国后的第一部影片就拿到了奥斯卡的最高奖。希区柯克当着他的面就怼了一句:"这个奖是颁给塞尔兹尼克的,我就从来没拿过什么奥斯卡奖。"这句话充分反映了希区柯克内心深处对塞尔兹尼克强权的抵触。

影片《爱德华大夫》诞生的真正原因就是塞尔兹尼克曾经接受过一年的精神分析治疗,他对这方面的学说特别有兴趣,所以反复要求希区柯克拍一部有关弗洛伊德理论的惊悚片。也许是为了显示自己对精神分析有独到的见解,塞尔兹尼克一度要求按照自己接受心理治疗的方式来拍摄这部片子,他还把自己的私人精神病医生派到片场做顾问,教希区柯克怎么拍电影。两个性格鲜明、都非常有控制欲的强人能够维持十年的合作实属难得,更不易的是《蝴蝶梦》《爱德华大夫》都成了电影史上的经典。可以说塞尔兹尼克对希区柯克的创作确实有着非常重要的影响,他让希区柯克渐渐接受了那种好莱坞式的流畅叙事方式。这是两个相互成就的男人,虽然当年在片场互有争斗。

有一个小传闻:只要塞尔兹尼克去希区柯克的片场,本来好好的摄影机就会立马坏掉,而塞尔兹尼克总是等不到机器修好就

大卫·欧·塞尔兹尼克

《爱德华大夫》剧照

走了；只要塞尔兹尼克一离开片场，那台摄影机又会立马神奇地"康复"。我不知道这段传闻的真实性如何，不过从中可见希区柯克对塞尔兹尼克是又恨又怕。可希区柯克不能否认的是，塞尔兹尼克就是他的美国大哥，是他的好莱坞引路人，如果没有塞尔兹尼克对他的强力管束，我想希区柯克也不会那么快融入好莱坞，在好莱坞混不下去的欧洲名导演实在太多了。正因为塞尔兹尼克足够强硬，才能把自己所代表的好莱坞趣味硬生生地植入希区柯克的创作肌体当中，其实是为希区柯克的个人风格补强了更多的市场元素。

斯人已逝，气场犹在，今天在美国制片人工会中，有一个最重要的奖项被命名为"大卫·塞尔兹尼克奖"，每年用来褒奖制片行业里出类拔萃的人。"塞尔兹尼克"这个名字在今天所代表的，是一种把自己的一生倾尽于电影的献身精神，我想正是这个精神才铸成了好莱坞的黄金时期。

每次当我看到那些耍大牌的演员和自以为是的导演，我心里总在想，如果塞尔兹尼克还在，一定会指着他们的鼻子告诉他们什么是演员、怎么做导演。那些黄金时期的老派制片人虽然专横，却有很高的职业和道德素养。这里缅怀一下塞尔兹尼克，是想告诉你们：老大也是以前的厉害啊！

大卫·欧·塞尔兹尼克 David O. Selznick

1902 年 5 月 10 日出生。

好莱坞大制片厂时期标志性的制片人。除了挂名制作了《乱世佳人》《蝴蝶梦》《爱德华大夫》《太阳浴血记》《第三个人》等经典影片,还是更多重要影片的幕后大佬。他是美国电影史上有能力制定游戏规则的人。

1965 年 6 月 22 日去世。

是枝裕和
影迷做着做着就拿了威尼斯大奖

Hirokazu Koreeda

日本电影的电影票每年都是上海国际电影节最抢手的。2017年电影节期间,我的朋友圈当中好像所有人都在问:"哪儿有《昼颜》的电影票?"还有一部影片也非常抢手,就是《比海更深》,这部片子的导演叫是枝裕和。

1

是枝裕和这个导演这两年那么出名,是因为他晚近的几部作品。比如《空气人偶》,这片名有点儿意思,咱们都知道空气人偶其实就是充气娃娃,日本产的充气娃娃可是人间一绝啊。很多之前不知道这个导演的人,乍一看片名,就鬼使神差去看了这个片子。还有一部叫《如父如子》,很多人第一次知道是枝裕和是因为看了这部片子。2017 年上海国际电影节来的《比海更深》也非常值得去欣赏,我觉得里面有类似上海家庭的影子,咱上海导演没把那股味儿拍出来,一个日本导演倒是拍出来了。

阿部宽在《步履不停》和《比海更深》里演的都是混得不怎么样的男人。他在《比海更深》里饰演了一个小说家,这个小说家以前也拿过一个不大不小的奖,但是文学本身在这个时代已经衰弱了,你把它当成爱好是你有修养,你把它当饭碗就是你不靠

《比海更深》剧照

谱了,而且男主人公写得又不咋地,直至生计无着,连妻子也离他而去了。这么一个中年失败者,一无所长,便去一家侦探所混饭吃,居然还跟所长讲自己是作家,是来体验生活的,典型的死要面子活受罪,可偏偏人长得帅,这就是是枝导演绝妙的一笔。他和妻子离婚后,连儿子的赡养费都付不出来,平时挣了点钱都拿去赌了。这样一个不着调的男人,却因为一场台风,竟然和前妻、儿子同处一室、共度一晚,一个已经拆散的家庭被上帝重新弥合在一起,那天晚上卧室里发生了非常有意思的事情,想知道吗?我建议你去看一下《比海更深》,好看!

2

　　是枝裕和1962年出生，毕业于早稻田大学文学系，我以前还以为那是一所农业大学。他毕业之后就进了电视台工作，做了个小编导，拍了很多电视专题片。1993年，他专程去中国台湾拍了一个纪录片，这个纪录片拍的是中国台湾导演杨德昌和侯孝贤，那时候，杨德昌正在拍《独立时代》，侯孝贤在拍《好男好女》，借着拍摄纪录片，是枝裕和得以走近他心仪的两位大师，我相信这个纪录片选题一定是他"蓄谋"已久的。是枝裕和在读大学的时候就非常迷杨德昌和侯孝贤，我们知道杨、侯的影片早都进了日本市场，所以在日本并不难看到。后来是枝裕和自己成了大导演，却从不讳言两位前辈对他的深刻影响，尤其是侯孝贤。

　　电影史上就是有那么一些重要的大导演，他们曾经都是影迷出

《幻之光》剧照

身。像"新德国电影四杰"中的维姆·文德斯,他非常迷恋小津安二郎,还去东京拍了一个寻访小津故迹的纪录片。昆汀·塔伦蒂诺则是吴宇森的"迷弟"。拉斯·冯·提尔是伯格曼的"忠实影迷"。是枝裕和拍的第一部长片叫《幻之光》,影片做完之后,他把片子送到了中国台湾,请侯孝贤过目,侯导看过之后建议他投往威尼斯国际电影节。威尼斯国际电影节可是欧洲三大电影节之一,是A类的国际电影节,没想到影片收到了入围主竞赛单元的邀请。那一年的金狮奖被越南裔导演陈英雄的《三轮车夫》夺得。是枝裕和作为新一代的日本导演,首部长片首次入围就拿到了"杰出技术贡献奖",也就是最佳摄影奖,不能不说是个巨大的惊喜。也许这多少和影片中弥漫的侯孝贤式的镜头处理有关系,中国台湾著名音乐人陈明章又操刀了影片的配乐,而他正是是枝裕和膜拜的侯孝贤名作《恋恋风尘》和《戏梦人生》的配乐师。是枝裕和的父亲生于中国台湾,作为儿子的电影人生竟也是从这座宝岛起步,可能世上的事冥冥之中确有缘分一说。

　　日本导演一直给我一种感觉,就是能在平淡寡味中,让人品出生活的真滋味。是枝裕和曾经把他写的随笔集成了一本书,现在这本书在中国出版了,我愿意推荐给大家,书名叫《有如走路的速度》,意思就是人生要过得稳一点、慢一点。这本书记录了很多是枝导演的见闻,也有他的人生感怀。他说:"因为发生了重大的事件而产生了一部电影,这种情形到处可见。但我就是想拍一个什么事儿都没发生,却依然非常有趣的故事。"

是枝裕和 Hirokazu Koreeda

1962 年 6 月 6 日出生于日本东京。日本电影导演、编剧、制作人。

1995 年,影片《幻之光》获第 52 届威尼斯国际电影节杰出艺术贡献奖。

2004 年,根据真实事件创作影片《无人知晓》,14 岁的柳乐优弥凭其获第 57 届戛纳国际电影节最佳男演员奖。

2005 年,凭借影片《无人知晓》,获第 47 届日本电影蓝丝带奖最佳导演奖。

2009 年,凭借影片《步履不停》,是枝裕和获第 51 届日本电影蓝丝带奖最佳导演奖。

2011 年,影片《奇迹》获第 59 届圣塞巴斯蒂安国际电影节最佳剧本奖。

2013 年,影片《如父如子》获第 66 届戛纳国际电影节评委会特别奖。

2018 年,影片《小偷家族》获第 71 届戛纳国际电影节金棕榈奖。

杨德昌
他可以十年没有性生活

Edward Yang

演员张震说过一件事情,他小的时候演了一部电影,他说你知道那个导演苛刻到什么地步?如果你把他写的剧本里的逗号表达成了句号,他是要跟你玩命的。这曾经给少年张震留下了很深的心理阴影。

1

歌手蔡琴说，我跟那个导演结婚十年，我们过的却是无性婚姻。著名的制片人余为彦回忆，拍电影的时候那个导演只要一不顺心，轻则骂人，重则把手上的对讲机扔出去。余为彦非常担忧，他跟那个导演说对讲机很贵，是不是可以换一个东西扔。

那个导演就是已经离开我们十几年的杨德昌导演。他家住中国台北，据说那房子以前是一所颇大的日式房子。20世纪80年代那里常常混了一堆人，侯孝贤、杜可风、焦雄屏、詹宏志、柯一正、吴念真、赖声川、小野……那个著名的"台湾电影宣言"就是在那里签署的。

1970年杨德昌去了美国，在佛罗里达州立大学攻读电机工程专业，后来又做了七年的电脑工程师。所以不同于那些电影科班出身的导演们，杨德昌的思维有着理工男的严密逻辑。当年他的日式房子里的四面墙据说都是白的，杨德昌拿它当白板，在上面罗列影片中的人物。他用线条连接人物与人物，梳理人物之间的关系。比如说"小四"，小四该有爸爸，就在小四边上写个"爸爸"；小四该有妈妈，就写个"妈妈"；小四最好有姐姐、哥哥，也有妹妹。就这样环绕着小四这个人物，发展出了一圈家庭成员。小四的爸爸应该有他的社会关系，于是就以小四爸爸作为圆心，又生发出一圈人物关系。小四的爹如此，小四他妈也一样，小四他姐姐、他哥哥也一样。小四除了家庭，还有学校，学校里有同学、老师、校工、校医等等，小四还有在外面混的哥们儿。以此类推，每一个和小四有关系的人，也同样可以作为圆心，发展出一套属于他或她的社会关系。结果杨德昌家的一面墙就不够用了，最后呈现出了一个壮观的景象，他那屋子的四面白墙壁被全部写满。而且

《牯岭街少年杀人事件》剧照

那些连接人物与人物的线条和一个又一个关系圈,猛一看就像是一个个大大小小的蜘蛛网,这番景象曾经给当年去他家的人留下了深刻的印象。

所以当我们日后看到《牯岭街少年杀人事件》,那简直是皇皇巨著啊!原来不仅仅写了一个小孩杀人,摄影机的触角更伸向了20世纪50年代末60年代初中国台北社会的各个阶层,堪称一部断代史。今天回过头来想想,如果杨德昌没有去学工程,没有经历计算机编程的训练,怎么可能编织出这幅世态全景。即便编剧写得出来,怕也会被艺术院校培养出的导演不断删改,删到最后就真成了一个少年情杀的故事。我必须要感叹一下,我们的艺术教育是不是也应当引入一些工程学的训练,让学艺术的同学加强逻辑思维。

2

说杨德昌像理工男,还因为他身上有理工男的那种"轴"。什么叫轴?就是犟,爱钻牛角尖。我想可能跟学理工的人骨子里的实证精神有关系。当年杨德昌回到中国台湾,上手拍的第一个片子叫《光阴的故事》。那时候制片方找了四个年轻的导演,让他们每人在片中拍一个小故事。杨德昌拍的那个故事叫《指望》,讲一个少女初来月事,对帅哥怀春,也就是女孩青春萌动的故事。你知道杨德昌轴到什么地步?他四处托朋友给他介绍这个年龄段的少女，不是为了选演员，而是要做田野调查。他专门去找了一家咖啡馆，然后一个一个请人家过来喝咖啡聊天。聊的第一个问题就直指要害，他问人家小姑娘，你第一次来例假是什么感觉？咖啡馆再私密，毕竟也是公共场所，如果边上有一个成年人，不说是警察，就是普通的成年人在边上听见，都会觉得这分明就是一个大叔在猥亵少女。杨导一个一个约谈，谈了好几天，估计不下十个，他是一边聊一边做记录。虽然后来根本就没有拍来例假的感觉，但我相信作为一个导演，杨德昌是想给自己一个心理暗示，也就是说拍这个题材我有信心，我心里有底气。底气从何来？就是能够掌握大量的实证材料。这种理工男思维太可爱了。

  我曾经把《牯岭街少年杀人事件》翻出来，用四倍于电影的时间，也就是用了16个小时，逐场分析了这部电影，以此表达我对杨导由衷的崇拜之情。这部电影距离我们已经有20多年了，但一点儿都不过时，仍然是教科书。如果你有兴趣，可上网搜索"关灯拆电影"公众号，点进"关灯商城"，即可找到《牯岭街少年杀人事件》拉片精读课程（16讲）。

杨德昌 Edward Yang

1947 年 11 月 6 日出生。导演、编剧,中国台湾新电影代表人物。祖籍广东梅县,1 岁时移居中国台湾。

1983 年,影片《海滩的一天》获第 28 届亚太电影节最佳摄影奖。

1986 年,影片《恐怖分子》获第 40 届洛迦诺国际电影节银豹奖,第 23 届中国台湾电影金马奖最佳影片奖。

1991 年,影片《牯岭街少年杀人事件》获第 4 届东京国际电影节评委会特别奖,第 28 届中国台湾电影金马奖最佳影片奖、最佳原创剧本奖。

1994 年,影片《独立时代》获第 31 届中国台湾电影金马奖最佳原创剧本奖。

2000 年,影片《一 一》获第 53 届戛纳国际电影节最佳导演奖。

2007 年,获中国台湾电影金马奖终身成就奖。

赖纳·维尔纳·法斯宾德
他吸毒滥交家暴,我们却用电影节向他致敬

Rainer Werner Fassbinder

他是世界上迄今为止最两面派的人:他可以拯救一个国家的电影,被后世导演奉为神明;他也是个十足的恶棍,为了折磨女朋友,他可以娶另外一个女人做妻子;他是一个喜新厌旧的人,追你的时候,可以一年送你四辆兰博基尼,不要你的时候,可以逼着你自杀。

1

他既是天使，也是魔鬼，他是片场中的暴君，又是生活中羞涩的小男孩；他只活了37岁。2017年上海国际电影节"向大师致敬单元"中，致敬最多的影片就是他拍的，他就是"新德国电影"的旗手——赖纳·维尔纳·法斯宾德。

直到今天，法斯宾德都是一个传奇人物，寿命那么短，作品数量却特别多，他用13年的时间拍了42部电影。他的片子都充满了浓郁的个人气质。第20届上海国际电影节"向大师致敬单元"中有6部法斯宾德的电影，我给大家重点推荐一部作品，片名叫《恐惧吞噬灵魂》。影片讲一个60岁的清洁女工和一个40岁的外来务工者相恋，周围人议论纷纷，于是他们俩外出躲避，等到回来后发现事情好像已经雨过天晴，就在我们觉得他们俩可以一帆风顺的时候，两人之间却产生了裂痕。这部影片不像法斯宾德其

《恐惧吞噬灵魂》剧照

他作品那么冷酷,反倒显出了某种温馨,但到最后却呈现出了撕裂的一幕。我觉得这个片子比较容易让首次观看法斯宾德影片的观众进入他的世界,体验一下他的味道。

所谓"新德国电影"指的是 20 世纪 60 年代出现的一次电影创作革新。当时的德国电影出现了危机,观影人次下降,人们厌烦了那个时候的德国商业片。有一批青年导演、摄影师、制片人在奥伯豪森电影节上发表了一个宣言,宣称要对因循守旧的德国电影开炮,要用新的思想和形式武装德国电影。这是"二战"后德国在经济振兴之际,知识界、文化界对战败、对德意志民族根性所做的一次深度反思。新德国电影的革新首先是放弃了所谓艺

赖纳·维尔纳·法斯宾德

《恐惧吞噬灵魂》剧照

术性,强调要拍观众看得懂的、有故事性的电影;然后是要求把对德国历史和现实的批判带进电影中;在视听语言上则强调创新、不拘一格,形成鲜明的个人风格。法斯宾德显然是这群人中涌现出的佼佼者。

2

法斯宾德出生于1945年,可谓来者不善。作为一个德国人,生于战败之年,也正是德意志撕裂之时,从此德国人长期找不到自己的归属感，法斯宾德就是在这样的一个时代来到了这样的一个国度。所以在他的电影创作中，我们可以看到极为残酷的社会景象，极为黑暗的人物内心。法斯宾德并不是一个追求纯粹艺术感觉的导演，他对自己的创作要求其实很实在：拍通俗的情节剧。因而他的影片故事完整，叙事采用清晰明朗的线性结构，人物有着跌宕起伏的命运，这跟他喜欢好莱坞的情节剧有很大关系。但他又有许多反常规的设计，许多先锋舞台剧的调度手法被他轻而易举地搬到了电影中。尤其是他对人性与社会的独特看法，导致影片常常违背一般情节剧在人物结局、主题处理上的模式，陡然呈现出浓烈的个人色彩。

法斯宾德多产，他甚至可以在十天当中拍完一部电影。对他而言，每次创作就像是一次发病的过程，作品就是病症的记录。他确实有很多不为常人理解的怪癖。比如他很早就爱上了一个女演员，名叫艾玛。他口口声声说艾玛长得像他母亲，等到艾玛真正爱上了他，他反倒开始折磨艾玛。他先是在电影中用情节来羞辱艾玛，艾玛常常被安排扮演那些被人糟蹋、没有尊严的角色。后来就发展到了生活中。一天，法斯宾德去银行取钱，艾玛在银行门口碰见了他，法斯宾德给了她一点钱，艾玛刚要高兴，法斯宾德却说，我告诉你为什么取钱，我明天要结婚啦。艾玛顿时就失魂落魄起来，法斯宾德看到她的样子，充满了一种报复的快感。

法斯宾德喜欢女人，也喜欢男人。有一阵子他喜欢上了一个男演员叫萨林，那时候法斯宾德和女演员英格丽·卡文还在婚姻

赖纳·维尔纳·法斯宾德

当中。同样为了羞辱卡文，法斯宾德居然怂恿萨林和另一个男孩一起拿着菜刀割卡文的长发，结果卡文的头皮上硬生生就秃了一块。法斯宾德对人好起来可以好上天，他会给他爱的黑人演员冈瑟·考夫曼一年买四辆兰博基尼，可他对人恶起来，简直就是一个魔鬼。这些表现其实都说明他极度缺爱。

《恐惧吞噬灵魂》剧照

法斯宾德对他的爱人们那么残忍，他对自己也一样凶狠。他常常以挑战极限为名折磨自己的身体，他说自己有特异功能，别人干不了的事他都能干，比如他经常一边吸毒，一边喝烈酒。我觉得这不仅因为他缺乏安全感，连自己的身体都觉得不可靠，由此燃起破坏的欲望，还跟一些德国哲学家鼓吹的理论有关，像什么尼采的"超人论"、叔本华的"唯意志论"。每当现实令他感觉挫败的时候,他就试图以一种"超越"来应对。所谓超越便是跳脱自我,使自己置身事外,以第三者的身份旁观自己的痛苦与失败,甚至感觉自己变成了超人,可以裁判、惩罚现实中的自己和身边人。从这个角度而言,法斯宾德痴迷拍电影,也许正是看中能以主观意志安排角色的命运与周遭的环境,大有替天行道之乐。

3

我们知道一个人的童年经历会对其一生产生重要的影响。法斯宾德的父亲是一个医生,在他五岁的时候父母就离婚了。他说小的时候,父亲的诊所里来看病的都是妓女,他的父亲最重要的一项工作就是为附近的妓女看性病。所以法斯宾德从小就生活在一堆妓女当中,耳濡目染的尽是底层的疾苦与人性之丑陋,这让他得到了绝非浪漫的启蒙。五岁的时候,法斯宾德的母亲找了一个情人,这个情人只有19岁。可怕的是这个19岁的年轻人毫无为父的能力,却要对法斯宾德行使父亲的权力,我们可以想象童年的法斯宾德一定成天被他那19岁的继父家暴。后来他自己说,那段日子简直是噩梦,他一直想要逃离的就是这个家庭。

弗洛伊德曾经写过一本书,书名叫《创作家与白日梦》。在书中弗洛伊德提出一个观点,他认为其实所有的艺术家都是精神病人，只是他们发病的时候，把病的能量倾泻在了作品当中，作品成了他们宣泄的渠道。法斯宾德就是一个严重的精神病人，唯其严重，他在作品中倾泻的能量也比一般人更加剧烈。他的作品固然有各种各样的故事，手法前后也有所差别，但不变的是他对弱者的关怀和对这个世界不公的仇恨。也许他生来就是一个专事复仇的堕落天使。

他只活了37岁，像一团绚烂的焰火，在历史的长河中一闪而过，却留下了永恒的印记。1982年6月10号，法斯宾德因为服用过量的可卡因和安眠药，在慕尼黑的家中去世了。他死的时候赤身裸体，身边放着下一部电影的剧本，剧名居然叫《我是世上最快乐的人》。也许他真的是在毒品提供的快乐幻觉中死去的，正是因为他的死亡，我们没能看到这部电影。但我始终不相信这部影片当中会有真正快乐的法斯宾德，因为他见过最丑陋的人世，只要他有一口气，他就不可能停止对这个世界的诅咒。

赖纳·维尔纳·法斯宾德 Rainer Werner Fassbinder

1945 年 5 月 31 日出生于巴伐利亚。德国导演、编剧、制片人、演员。"新德国电影四杰"之首。

1970 年,影片《外国佬》获第 20 届德国电影奖金质电影杰出故事片奖、最佳剧本奖。同年,影片《R 先生为什么疯狂地杀人》获第 20 届柏林国际电影节国际天主教电影视听协会奖,本片又于 1971 年获第 21 届德国电影奖金质电影最佳导演奖。

1972 年,影片《四季商人》获第 22 届德国电影奖金质电影杰出故事片奖。

1974 年,影片《恐惧吞噬灵魂》获第 27 届戛纳国际电影节费比西奖。

1978 年,影片《绝望》获第 28 届德国电影奖金质电影最佳导演奖。

1979 年,影片《玛丽娅·布劳恩的婚姻》获第 29 届柏林国际电影节杰出成就奖、最佳女演员奖;并获第 29 届德国电影奖金质电影最佳导演奖。

1980 年,电视迷你剧《柏林亚历山大广场》获第 37 届威尼斯国际电影节国际天主教电影视听协会特别奖。

1982 年,影片《维洛妮卡·佛斯的欲望》获第 32 届柏林国际电影节金熊奖;同年,影片《劳拉》获第 32 届德国电影奖银质电影杰出故事片奖。

1982 年 6 月 10 日,法斯宾德因过量吸食毒品离世,享年 37 岁。

# 德里克·贾曼
77 分钟全屏蓝色是他临死的至善之言

Derek Jarman

2017年上海国际电影节来了一部片子。如果你当时买了这个片子的电影票,我会提醒你一下,自打影片开始放映,你就得含蓄一点,别觉得放映机出了问题,也别起哄,关键是千万不要回头看。因为你一回头,后面的人就知道你一定不知道这是部什么片子。

德里克·贾曼

1

这部片子叫《蓝》，片长77分钟，画面自始至终就是一片蓝色。对，就是一片蓝色，连颜色都没换过。当然，声音一直在变化，你既可以听到导演的声音，也可以听到似乎是医院里那种嘈杂的环境声，也有一些音乐，各种各样的声效还是挺丰富的。《蓝》的导演是英国电影史上不可或缺的一个重要存在，他的名字叫德里克·贾曼。

贾曼是一个先锋派导演，他和一般导演的出身有点不一样，人家大都是学戏剧的、学表演的，或者干脆就是学导演的。贾曼是个画家，是从绘画领域渐渐进入电影界的，他觉得相比于绘画，电影似乎更适合表达自己的看法。其实他的学历专业是历史，是伦敦大学历史系毕业的。这两个出身元素非常有意思：一方面他有形象思维的天赋，长期的绘画使他对光色极度敏感而且有能力

《蓝》剧照

进行捕捉；另一方面他又有抽象思维的训练，对历史的系统学习有助于他了解这个世界，蜕变成一个有思想的人。所以他选择的影片题材就和一般导演不同，他的第一部影片是《塞巴斯蒂安》，

《卡拉瓦乔》剧照

接下来又拍了《卡拉瓦乔》《爱德华二世》《维特根斯坦》，这些影片的主人公都是历史上声名赫赫的人物，同时又是跟所处时代格格不入的人。选择拍他们既有贾曼对历史人物的思考，也是一种强烈的自我投射。

2

贾曼，生于 1942 年，1994 年因为艾滋病而逝世。2017 年来到上海国际电影节的由贾曼拍摄的影片《蓝》，其实是一部特别了不起的片子，导演是在艾滋病已经进入晚期、双目失明的情况下创作的。他想要让观众体会一下什么是失明的世界，甚至于他声称是想要让大家体会什么是死亡。他说死亡很有可能就是一片蔚蓝色，也有可能是人还没有出生的时候，母体的子宫里那个安谧的世界的颜色。他说蓝色是对于恐惧和绝望的拒绝，他要带着大家在蓝色中进行身心的放松。他说，我献给你们这宇宙的蓝色，是通往灵魂的一扇门，无尽的可能将变成现实。影片中有许多感人的台词，比如这一句，"我在一家鞋店前停下，但还是打消了买鞋的念头，脚上的这双鞋，已经足够让我走进死亡。"这真是个诗人，而且当我们知道他是用生命的真实状态在写这种文字，你就会觉得那不是矫情，而是面对死亡、面对人生终点的一种安详。

在贾曼去世的前一年，当时他的身体已经非常不好了，有一次他跟朋友聊到了死亡，他的朋友问他："你到目前为止最好的性经历是什么呢？"他说："总是在床上吧，在床上总比在树上好吧。"

德里克·贾曼 Derek Jarman

1942 年出生。英国导演、画家、诗人、植物学家。

1986 年，影片《卡拉瓦乔》获第 36 届柏林国际电影节评审团大奖。

1988 年，影片《英伦末日》获第 38 届柏林国际电影节最佳剧情片奖。

1991 年，执导影片《爱德华二世》，蒂尔达·斯文顿凭其获第 48 届威尼斯国际电影节最佳女演员奖。

1992 年，影片《爱德华二世》再获第 42 届柏林国际电影节最佳剧情片奖。

1993 年，影片《维特根斯坦》获第 43 届柏林国际电影节最佳剧情片奖。

1994 年逝世。

徐枫

她是胡金铨的女侠，也是张国荣的贵人

Feng Hsu

有一些片子我每隔一段时间就要拿出来看一遍，《霸王别姬》就是其中的一部。其实我对这部片子很熟悉，它是我上拉片课的保留片目，我曾经花了整整一年的时间，为学生读解了这部影片。有一个资料很有意思，里面是影片的出品人徐枫谈当年《霸王别姬》差点难产的内幕。

1

徐枫是谁？如果你喜欢看20世纪六七十年代香港的武侠片，就一定不会陌生。徐枫的银幕处女作就是大名鼎鼎的《龙门客栈》，不是《新龙门客栈》，而是那部老的经典之作《龙门客栈》。徐枫的银幕形象给我印象最深的，是胡金铨自编自导的影片《侠女》，她曾两度摘得中国台湾电影金马奖的最佳女演员奖。我们一直说"学而优则仕"，女演员常常是"演而优则贵"。什么意思？就是女演员出名之后，往往会有嫁入豪门的机会，徐枫便嫁给了著名的商人汤君年先生。1980年他俩结婚的时候，用三万朵玫瑰花装点婚礼现场的豪举，曾经引来媒体一片震动。

20世纪90年代初，大陆兴起了与港台合拍片的热潮，汤臣电影公司可谓其中的佼佼者，这家公司的董事长就是徐枫，也就是老板娘。徐枫说第一个向她推荐小说《霸王别姬》的人是香港

《侠女》中的徐枫

著名的金牌经纪人陈自强,陈自强是嘉禾公司重要的成员,手上的演员资源都是大腕儿。大约在1988年,陈自强向徐枫推荐之后,徐枫就去书店买了李碧华的这本书。一见钟情,她立马就约李碧华见面。据说她们当时在酒店的咖啡馆里谈了整整四个晚上,谈得她的丈夫汤君年都有点不开心了,他对徐枫抱怨说你的身份可是汤太太,不是做电影的。但徐枫实在是喜欢这部小说,于是她就和李碧华签了约。据说促使她签约还有一个重要原因,是陈自强跟她说张国荣也喜欢这部小说,张国荣表示如果有人投资拍电影,他愿意跟投一半的资金。于是徐枫买下电影版权后,就通过陈自强打电话给张国荣,没料到张国荣居然说自己的经纪人劝他别接这种女性化的角色,说会影响他的形象。后来徐枫在接受采访的时候回忆说,对于这突如其来的变故,自己非常气愤,如果不是张国荣的那一番话,自己也不会那么着急、费那么大的劲儿把电影版权买下来。可见她一定是出了一个高价。她说她在电话里把张国荣狠狠骂了一顿，盛怒之下挂断了电话。哈哈，原来当初张国荣对这个项目也不是那么坚定。

2

买下电影版权之后，徐枫去了法国参加戛纳国际电影节，其实她去戛纳有一个目的，想要会一会她心仪的一位导演，就是陈凯歌，还有一位摄影师，顾长卫。1988年5月的那一届戛纳国际电影节，陈凯歌和吴天明一起带着影片《孩子王》去参赛。那时候的陈凯歌还处在所谓第五代的情结中，怀揣着宏大叙事的欲望，想要通过别致的镜头语言，表述对中国历史与文化的精英式的观点。等到徐枫真和陈凯歌见面聊起了这个项目，她没想到陈凯歌并没有表现得很热衷，他顾忌《霸王别姬》只是一本通俗小说。徐枫提出要跟他合作，陈凯歌没有拒绝，但他说要等到手头上的《边走边唱》拍完。徐枫就此等了他快两年，一直没有想过其他的导演人选，期间她花了很多的时间跟他沟通。徐枫说，刚开始凯歌确实有点排斥，但是慢慢地他就把这个项目消化掉了。

小说的原作者李碧华一直希望由张国荣饰演程蝶衣这个角色，并承诺如果张国荣来演，她会加重这个角色的戏份。当年的香港文娱市场对于内地来讲，还是一个陌生的地方，陈凯歌并不知道张国荣是谁。徐枫为此特地准备了几盒张国荣演的电影录像带让陈凯歌过目，据说看完几部片子之后，陈凯歌认为张国荣是个不错的演员,但他很担心张国荣的普通话能否胜任角色。那时的张国荣已经宣布隐退,一心想在加拿大过清闲的日子,于是游说他的工作就落在了李碧华的身上。

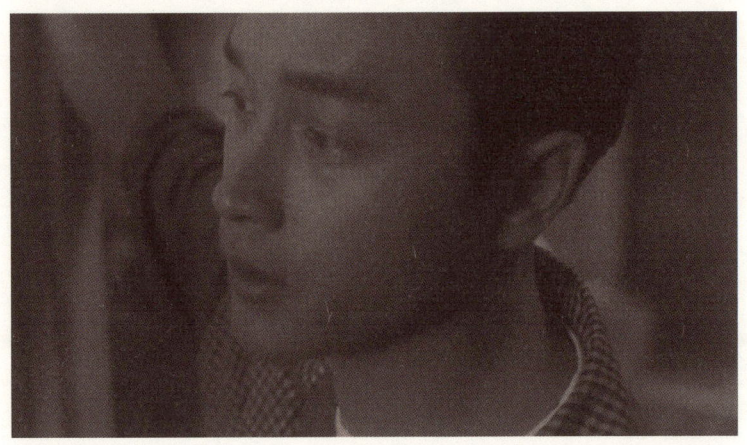

《阿飞正传》剧照

1991年的中国香港电影金像奖把最佳男主角奖授予了张国荣,他演的是《阿飞正传》中的旭仔,这一下让已经从歌坛隐退的张国荣起了想要往电影圈进一步发展的心。他曾经亲口说过,想演好的戏,不想演烂片,因为作为一个演员,他最看重的就是演了好片之后观众对演员的尊重。1991年的5月,张国荣从加拿大回到香港之后,开始洽谈几部请他出演的影片,其中一部就是《霸王别姬》。张国荣觉得《霸王别姬》是好片子,他表现出了积极的意愿。但是张国荣和陈凯歌还没有见过面,如果导演不认可,谁都无法真的促成这件事情。陈凯歌在当年已经不是一个名不见经传的小导演了，是国际上备受瞩目的一个有才情的中国导演，所以陈凯歌的话语权非常大。徐枫一直提着心，她不知道陈凯歌真见到张国荣会做何反应。

那一天终于来了。据徐枫说，我们刚坐下，张国荣就问陈凯歌，凯歌，我们那部《霸王别姬》何时开拍啊？徐枫当时紧张得直朝李碧华看，两人四目交投，没有作声。陈凯歌发了声音，他并没有就张国荣那"我们"两个字做任何的表态，只是非常实在地回应说，这部片子可能要到明年，也就是1992年的2月才能开拍。陈凯歌刚说完，张国荣就接上一句："哎哟，明年2月我就不能演了，因为我念的电影课程要到7月才结束。"徐枫和李碧华当场就急得冒汗。陈凯歌还没点头让你张国荣演，张国荣已经先表示自己不能配合，当时的场面可谓尴尬至极。好不容易挨到张国荣去洗手间的间隙，徐枫和李碧华直接就问陈凯歌对张国荣的感觉。据说，凯歌缓缓地点了一下头，她俩这才大大地松了一口气。陈凯歌还笑着对她们说："这下你们开心了吧。"好了，等到导演亮明了对演员的兴趣后，张国荣也做出了让步。陈凯歌要求张国荣在开拍前两个月，先到北京学习纯正的京片子，练练京剧的身段。对此张国荣信心满满、一口答应，还表示可以为了这个角色推迟念书的计划。

待到制片人和演员谈片酬的时候，张国荣先报了一个特别高的价，徐枫笑着怼他："这么好的角色应该你倒给我片酬，你怎么还开这么高的价呢？"张国荣一听知道报高了，立马又说了一个价，可还是比徐枫的预算要高。徐枫没有再跟他讨价还价，就这样把张国荣的片酬应了下来。张国荣至此对《霸王别姬》开始满怀憧憬，已经在盘算北京的日子怎么过。据徐枫说，他不准备住酒店，因为张国荣觉得如果在北京拍半年的戏，让他一直住酒店，他会发疯的。他要求住北京的民居，而且张国荣说，如果住酒店就很难和北京当地人接触，根本学不到京片子，也不利于深入北京人的生活状态。一切似乎都进行得非常顺利，张国荣又回到加拿大小小休息了一番。1991年8月，张国荣回到中国香港，那时候《霸王别姬》的剧本已经立了项，他准备和徐枫正式签约。真到了要签约的时候，张国荣又觉得北京民居的空调可能会有问题，不足以抵挡北京冬天的寒冷，打长途电话也不方便，所以他跟徐枫重新商量还是要住回酒店。徐枫感叹，伺候大明星真是劳心劳神啊。

3

这年9月，突然传出尊龙有意扮演程蝶衣。尊龙何许人？你一定还记得《末代皇帝》这部影片吧，扮演溥仪的就是尊龙。更有意思的是，1993年上映了尊龙拍的《蝴蝶君》，在片中他饰演了一个歌剧演员，是个旦角，也就是说这个角色的舞台形象是一个女性。尊龙长得足够清秀，所以才会找他演具有东方气质的男旦，而且他曾经学过京剧，在海外的知名度要远远大于张国荣。虽然尊龙想要出演程蝶衣的新闻一出，陈凯歌就出面澄清第一人

选仍然是张国荣，但是 11 月的时候，徐枫居然召开记者招待会，正式宣布由尊龙接演程蝶衣这个角色。作为制片人的徐枫面对新

《蝴蝶君》剧照

闻界这样宣布，似乎是铁板钉钉了，可是陈凯歌一直坚持要用张国荣。他说尊龙的眼神过于锐利，而张国荣的眼神温柔中带着一抹幽怨，完全符合程蝶衣的角色设计。

徐枫之所以会改主意，主要是因为张国荣在签约之际，在住宿等方面生出了许多麻烦，还有他一口气接了几部戏的片约，表示无暇再到北京来练习京剧和京片子。而尊龙对影片表现出了强烈的诚意，据说当年他是 180 万美元的片酬，他愿意自降身价，以 150 万美元来参演这部影片。并且他推掉了其他的片约和工作，愿意为《霸王别姬》专门留出半年的时间，到北京好好地体验生活和拍片。徐枫当初听到尊龙这样表示好生地感动，可多年之后

她自己说是心有余悸,差一点点她就做出了这辈子最最错误的决定。

按照原定计划,尊龙会在当年的12月中旬就飞到北京来排练,第二年的2月正式开镜,看上去好像一切已经尘埃落定。谁都没有料到,一顿平平常常的饭局,又把局面翻转了过来。那年亚太影展在中国台湾举行,有朋友请徐枫和尊龙一块儿见个面吃个饭,徐枫欣然前往。尊龙果然来了,徐枫一看他的脸就傻眼了,虽然之前他们见过一次,但她没有仔细地看过尊龙。这次好好一看,他确实长得帅,但他的脸棱角分明,而程蝶衣是万万不能有棱角的。徐枫暗自嘀咕:天呐,如果让他来演,我的《霸王别姬》可是要完蛋了。我们知道张国荣的脸部线条是非常柔和的,所以徐枫一见尊龙,又把演员人选的天平倾向了张国荣。

当然,已经表示的对尊龙的某种意愿也是不可能随随便便更改的,好在老天有眼,真到了谈合约的时候,尊龙的美国经纪人提出了苛刻的要求,听下来比张国荣更麻烦。比如合约的第一条就让人崩溃,经纪人说尊龙要和自己的狗坐着全世界最好的航空公司的头等舱来中国,那全世界最好的航空公司到底是哪一家呢?第二条也够离谱,经纪人提出要保证尊龙每天可以吃到从美国加州运来的新鲜橙子。汤臣公司谈判的人马上去向徐枫汇报,徐枫立刻拍板说别谈下去了,赶快再去问问张国荣还想不想演这个角色。

汤臣公司重又接触张国荣,张国荣却说自己对这部影片的热情已经过去了,而且又刚刚签约了两部影片,看来是注定要与这部电影无缘了。对此日后有人评论说这是张国荣在示威,也是一种谈判技巧。有意思的是,这时候正好有一家电影公司要为张国荣拍一套照片,结果那套照片被拍成了京剧花旦的造型。你说这到底是巧合呢,还是张国荣的经纪公司在试探汤臣公司?一部好电影能拍出来需要集齐各种要素,其间免不了一波三折,好在徐枫是个人精,正因为她有能力,汤臣公司才做成了不少优秀的影片。面对这样难解的局面,徐枫一眼看到了化解问题的抓手,她托人把张国荣拍的那套京剧花旦的照片带给了陈凯歌,而且传话给陈凯歌,意思就是游说张国荣再接程蝶衣的重任落在了你这个导演的身上。同时她又做通了黄百鸣的工作,让他把之前跟张国荣签的那两部电影的合约延期。就这样,既给足了张国荣面子,又扫除了他的后顾之忧,张国荣这才彻底安下心来。这一回张国荣没有要求剧组加钱,也没有再提什么特别的要求,这些都令陈凯歌非常感动。剧组当即就给了他所有原来准备给尊龙的条件,比如给他配了司机、保姆和酒店的大套房,还专门找了个厨子。张国荣吃饭不跟剧组,是单独做好直接送进片场的。

4

我们今天回过头来看这一段一波三折的谈判,可谓惊心动魄,其中只要有一个细节出现些微能量转换,很可能我们看到的《霸王别姬》就是另一番光景。不仅程蝶衣这个角色,段小楼也曾传出过由其他演员担当的可能,比如一度盛传由成龙来饰演霸王,徐枫后来澄清说确实想过,但也就是一念之间,最终觉得成龙不是会演文戏的演员,所以就把他否了。还考虑过菊仙这个角色让梅艳芳来演,因为梅艳芳演过《胭脂扣》,有经验,形象也吻合。可陈凯歌坚决反对,他说巩俐是艺谋的人,他俩已经拍了太多的戏,没有火花了,如果把巩俐放到我陈凯歌的手上,说不定会有一个全新的形象。徐枫说陈凯歌心中早有了霸王的人选,他特别属意自己北京电影学院的老同学——张丰毅,而且一直把张丰毅带在身边,这一度让徐枫连连摇头。有一天徐枫和陈凯歌终于聊到了段小楼这个角色,徐枫觉得这个角色能让男人女人都爱他,他一出场观众应该立刻就被他镇住,怎么能叫一个"骆驼祥子"来演霸王呢,徐枫坚决不接受。张丰毅之前为全国人民最熟悉的银幕形象,确实就是《骆驼祥子》中的祥子,那可是一个苦大仇深、

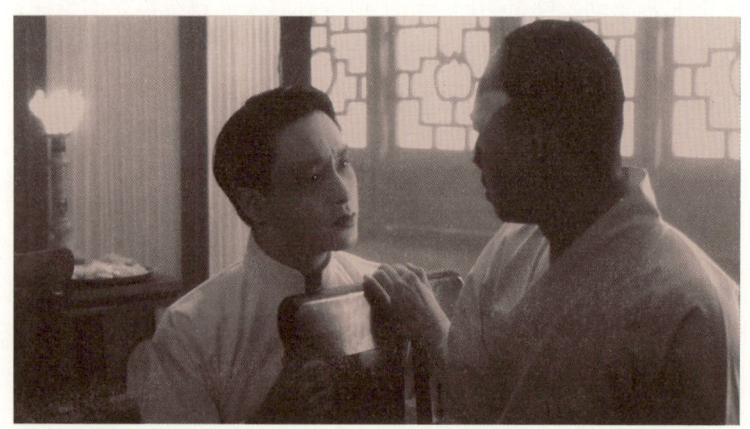

《霸王别姬》剧照

徐枫

《霸王别姬》剧照

最底层的劳动人民形象。徐枫觉得劳动人民似乎缺了点魅力。陈凯歌的看法完全不同,他理解的段小楼,台上是霸王,台下却是"吃喝嫖赌"样样都会。徐枫一听,终于醒悟,原来导演对这个角色的理解比她更深一步。于是她放弃了坚持,决定使用张丰毅。

1992年3月,张国荣正式来到北京,开始了他一边体验北京的生活,一边学习京剧的过程。我们都知道张国荣的领悟性和专业精神之高,在学习中他深得京剧老师的好评,大家都觉得他是一个极具天分的演员。本来影片是要用替身的,但张国荣自己提出不要替身,当然在唱的方面还是需要有人代唱的。

1993年5月,《霸王别姬》入围第46届戛纳国际电影节,那一年好作品非常多,最终《霸王别姬》和《钢琴课》同时分享主竞赛单元的最高奖项金棕榈奖。直到今天,华人导演拿到金棕榈奖的作品仍然只有这部《霸王别姬》。当然奖不奖的并不是太重要的事,重要的是这确实是一部杰作,"程蝶衣"也是张国荣留给我们印象最深的一个银幕角色。

  一部杰作的诞生,其实是非常脆弱的,天时、地利、人和缺一不可。我常常觉得上帝应该是一个爱艺术的神,如果没有他那一份对艺术的呵护之心,许多杰作都可能败在一个小小的偶然事件上。好的电影确实弥足珍贵,每一次对这些优秀作品的重看,都是我们这些普通观众对创作者再次致以的最高敬礼。

徐枫 Feng Hsu

1950 年 12 月 4 日出生于中国台北。演员、制片人、企业家。

1971 年，凭借电影《龙城十日》获第 9 届中国台湾电影金马奖最有希望新女星。

1976 年，因主演电影《刺客》获第 13 届中国台湾电影金马奖最佳女主角奖。

1980 年，因主演影片《源》获第 17 届中国台湾电影金马奖最佳女主角奖。

1984 年，徐枫将事业重心转往幕后，在中国台湾创立"汤臣电影事业有限公司"，担任制片人。

1993 年，由徐枫监制的影片《霸王别姬》获第 46 届戛纳国际电影节金棕榈奖。

1994 年，《霸王别姬》又获第 51 届美国电影金球奖最佳外语片奖。

1998 年，徐枫获戛纳国际电影节颁发的最杰出制片人奖。

2017 年，中国台湾电影金马奖执委会宣布，因徐枫在演艺、制片方面的成就，以及修复、保存经典影片的贡献，获第 54 届中国台湾电影金马奖终身成就奖。

同时，徐枫接掌的汤臣集团经过十多年在上海的发展，已成为地产界的标杆。

约翰·巴里

他曾经丢弃了怀孕中的妻子，最终找回了生命的宁静

John Barry

在小提琴奏出的引子当中，我们听到了轻微的鼓声，就像怦怦的心跳。这段只有一分半钟的旋律分成两个部分。

1

第一部分由单簧管引领，单簧管稚拙的声线像孩童顽皮而纯净的心灵。衬底的弦乐仿佛是大草原上黄昏时刻的夕阳，使辽阔的草原带着一分温馨。很快，双簧管吹出了第二部分的乐章，它明亮而优雅的声线，仿佛是另一颗对大自然充满了好奇和诗意的心灵。虽然在曲式曲调上，第二部分完全是第一部分的反复，但不同的配器就像是两颗心灵正在对话。这段短短的旋律抒情而柔美，令人心醉。它出自影片《与狼共舞》。1991年，在第63届奥斯卡评奖中，《与狼共舞》夺得了包括最佳配乐在内的七项大奖，谱出如此动人乐章的作曲家就是约翰·巴里。

我们知道为电影配乐，每一段都会有一个主题，刚才我们提到的旋律就是狼的主题。当影片的男主人公邓巴中尉初到要塞，第一次与狼遭遇的时候就响起了这段旋律。作曲家约翰·巴里用音乐诠释了一只不同于我们惯常理解的狼,就像是那片西部旷野中的印第安人,看似凶狠可怕,其实纯真可爱,只要用心去交流,换来的一定是真诚和信义。单簧管代表了狼,双簧管代表了男主人公,于舒缓中渐次反复的旋律呈现了两个灵魂在大草原上的逐步交融。凭借在《与狼共舞》中的出色配乐,约翰·巴里拿到了人生中的第五个奥斯卡金像奖,"小金人"跟他的缘分显然要比跟莫里康内好得多。

约翰·巴里是英国人,1933年出生,父亲经营多家剧院,所以很小的时候约翰就有机会与欧洲知名交响乐团中的音乐家有所接触。他的母亲是一名钢琴家,九岁开始他就随母亲学习钢琴,为日后的发展打下了音乐根基。父亲的剧院平时也放电影,所以他也迷电影,据说他十岁就能独自放映电影。后来当他回顾一生的遗憾时,一直耿耿于怀没能为《天堂电影院》配乐,倒不是说莫里康内配得不好,而是他认为《天堂电影院》中的情节像极了他的童年。

《与狼共舞》剧照

约翰·巴里既爱音乐又爱电影，小小年纪就立志要做一名像马克思·斯坦纳那样的电影配乐师（斯坦纳曾为《乱世佳人》《卡萨布兰卡》配乐）。少年时代的约翰在位于约克郡的圣彼得中学就读，这所中学是全英国最古老的中学之一，建于公元627年，上课之余他跟着约克教堂的一名风琴师学习作曲。长大后去服兵役，他在军队的乐团中担任了三年的乐手，在此期间，他对爵士乐产生了兴趣，所以退役回到英国之后，他就跟着一位爵士乐作曲家学习作曲，并萌生了创建一支乐队的想法。于是1957年，"约翰·巴里七人组"成立了，这支乐队迅速蹿红，举办了多场巡回演出，还为BBC出品的电视剧集进行了配乐。也正是在BBC，约翰认识了一个把他带进电影配乐行业的人。这个人是歌手，歌红人靓，一直很欣赏约翰的音乐才华，后来他主演了一部电影，便把约翰找来配乐。就这样，约翰·巴里渐渐走上了电影配乐之路，从1959年到1962年，他为多部影片进行了配乐，30岁不到，他已经是圈内一个颇有名声的音乐人了。

1962年，根据伊恩·弗莱明的间谍小说《007》系列改编的第一部大电影《诺博士》，正在英国进行紧张的后期制作。制片方找了蒙提·诺曼为影片配乐，但一直对他创作的主题音乐不太满意。于是就有人提议让约翰·巴里来试一下。约翰原本并不打算接这活儿，他觉得自己跟诺曼的风格不搭，可看在制片方许以重金的份儿上，最终决定披袖上阵。蒙提·诺曼为《诺博士》写的主题曲其实是他之前为音乐剧《比斯瓦斯之家》创作的一首歌曲，名叫《好兆头，坏兆头》，结果音乐剧没用这首曲子，他就用在了《诺博士》上。约翰仔细听了那首曲子，发现旋律不错，但是味道不对。他用了整整一个周末把曲子重新编写了一遍，使它带上了强烈的爵士乐风格。这一点睛式的改动，让曲子一下脱胎换骨，将波谲云诡的谍战气氛和007的雅皮士气质显现了出来，从此为谍特斗智电影建立了一个经典的音乐形象。约翰原本以为这段旋律只会被用在影片的片头，进了电影院才发现整个影片充斥着这个音乐主题，这些他非但没有被事先告知，甚至连署名权都没有。约翰怒了，他年轻气盛，自然要向制片人讨个说法。制片人对他进行一番安慰，最重要的是告诉他，以后《007》系列续集的全部配乐工作都交给他了。

2

约翰·巴里年轻的时候颇具几分007的神采，人长得帅，业务能力出色，喜欢花瓶一样的女郎，30岁不到就已经离了两次婚。他的第三段婚姻屡屡被人八卦，因为他的第三任妻子是一位个性女明星。他们度过了浪漫的三年，却在妻子怀孕之后分了手。

约翰对这位女明星招之即来、挥之即去的态度，也证明了当年的他有多大牌。当然他也无法预知这个女人日后的生命能量。后来，巴里的这位前妻跨过了英吉利海峡，居然搅动了半个法国文艺圈，她还与法国国宝级的音乐人塞尔日·甘斯布生下了我最爱的法国当代女演员夏洛特·甘斯布。如果你看过拉斯·冯·提尔的《反基督者》《忧郁症》《女性隐者》，我想你一定会爱上比她母亲更加解放的夏洛特。夏洛特的姐姐凯特则是母亲和约翰·巴里的女儿，她曾经把妹妹夏洛特带到英国，住在约翰的家里，约翰常常喝得酩酊大醉，躺在地上撒酒疯，让两个女孩不知所措。凯特后来对生父和继父进行过评价，她说她的两个父亲有很多相似之处，他们都超级有趣，也超级恶劣。通过这些只字片语，我们得以看到约翰·巴里在工作之外，生动鲜活的一面。

《时光倒流70年》剧照

参与《007》的配乐工作所带来的名利，可能都远不如电影的制片人给他介绍的第四任妻子劳丽来得重要。1978年，22岁的劳丽嫁给了约翰·巴里，一直陪伴他到终老。与前三段短暂的婚姻相比，第四段婚姻的稳定无疑让约翰感受到了两性关系的缱绻和家庭生活的美好。他的创作风格也为之一变，逐渐舍弃了爵士风格，转向了浪漫主义的交响风格，就像褪去了生命的浮躁，

《时光倒流70年》剧照

变成了一个多情而稳重的男人。

  1980年,约翰·巴里为电影《时光倒流70年》所作的配乐,可视为他风格转折的标志之作。《时光倒流70年》的主题乐优美如歌,听来沁人心脾。在宁静的竖琴伴随下,柔和的长笛独奏出一支富有歌唱性的旋律。弦乐不露锋芒地开始进入的时候,带来一种温暖缠绵的感觉,随即以明亮的音色替代了长笛,抒发出心中难以遏止的激情。当这一旋律又在独奏钢琴上以柔和纤细的音色再现时,无形中又唤起一种来自遥远时空的失落与忧伤。当长笛和弦乐再次归来,将思念的主题推向了乐曲的纵深部,使缠绵悱恻的气氛到达了无以复加的境界。自《时光倒流 70 年》之后，约翰·巴里开始以唯美的管弦为主要的作品形态，1985 年的《走出非洲》，1990 年的《与狼共舞》，从中我们可以进一步体会到一个男人面对生命沧桑的沉思。

2011 年，77 岁的约翰·巴里病逝于纽约蚝湾的家中。全世界的媒体都为这位音乐人的离世扼腕叹息，众多音乐家在伦敦为他举办了纪念音乐会，音乐会的收入随即捐给皇家音乐学院设立的"巴里奖学金"，用于资助立志从事电影音乐创作的学子们。

音乐的魔力是无边的。很多次堵在晚高峰的高架桥上，我都会幻想这样的场面：在魔幻时段的天际线上，约翰·巴里挥动起指挥棒，整个城市顿时沉浸在他缠绵悱恻的乐声中。一辆辆汽车和一幢幢高楼的顶盖"砰砰"弹开，就像是微波炉中的爆米花，升上天际的不是礼花，而是终于在乐声中逃脱了现实桎梏的灵魂。

约翰·巴里 John Barry

1933 年 11 月 3 日出生于英国。

他是英国著名作曲家,擅长电影配乐,最为人熟悉的作品是《007》系列电影的配乐。曾获得四次奥斯卡最佳配乐奖和一次奥斯卡最佳原创歌曲奖。

2011 年 1 月 30 日在美国纽约州纳苏县蚝湾逝世,享年 77 岁。

詹姆斯·卡梅隆
在奥斯卡的领奖台上，只有他敢说自己是世界之王

James Cameron

话说20世纪70年代的一天，一个好莱坞公司的老板正在自己的片场巡视，他走进了一个摄影棚，棚里正在拍摄一部科幻片。此刻摄像机镜头正对着一堆外星生物的幼虫，根据剧本的要求，这堆幼虫说动就动，说停就停。一个年轻的特效师用一堆苍蝇的蛆来代替外星生物的幼虫。

1

当导演喊"开始"的时候,神奇的事情发生了,所有的蛆都动了起来;当导演喊"停"的时候,所有的蛆又不动了。镜头拍了好多遍,那些蛆非常听命令。老板在现场看傻了,等到镜头全部拍完,他拉着那位年轻特效师就问是怎么做到的。特效师告诉老板,其实很简单,当导演喊开始的时候,他就给这些蛆通上低压电流;导演一喊停,他就停止通电。老板被年轻人的智慧所折服,觉得他连蛆都能够控制,更不用说控制演员了。从此老板就让这位年轻人从一个特效师变成了导演,而年轻人也渐渐从一个普通的特效师变成了电影界的"大神",拍出了一部又一部震惊世人的伟大作品。他就是詹姆斯·卡梅隆。

卡梅隆的父亲是一名电气工程师,母亲是位艺术家,卡梅隆就是父母优质基因的融合。基因固然优秀,但是我觉得卡梅隆之所以能够成功，更多是因为他对工作强烈的欲望和百折不挠的态度。有一个流传很广的故事，说卡梅隆1981年执导第一部作品《食人鱼2》的时候，他跟意大利的工作人员相处得并不愉快。影片拍完之后，他就被剥夺了剪辑影片的权力。卡梅隆并没有负气离开意大利，而是悄悄学会了使用意大利的剪辑机，每天晚上用信用卡撬开剪辑机房，偷偷在里面剪片子。几个星期之后，影片剪辑完毕。从这件事情就可以看出卡梅隆对自己的作品、对创作的执着态度。

1986年，卡梅隆执导了第三部作品《异形2》，影片是在英国伦敦的松林片场拍摄的。你知道英国人的办事节奏比较慢，每天还要喝个下午茶，所以片场的英国员工和卡梅隆的创作团队就很不协调，逐渐发展到了相互仇视的地步。那些英国人是又懒又粗鲁还傲慢，当卡梅隆解雇了英方的摄影师之后，双方敌对的情绪全面爆发，松林片场的员工就罢工了。《异形2》的进度本来已经被拖慢了，再一罢工，那就全面停滞了。卡梅隆没办法，只能做出让步，他一方面对那些松林片场的员工们发泄情绪，另一方面允许他们喝下午茶，这些举动总算换来了一些英方员工的支持，影片得以继续拍摄。等到拍摄结束之后，卡梅隆对松林片场的英国员工们讲话，他说："这是一次漫长而困难的拍摄，充满了各种问题。我之所以能够坚持下来，就是靠着一个信念，因为有一天我终会走出松林的大门，再也不会回来。而你们将仍然待在这里，混吃等死。"

卡梅隆就是这样一架高速运转的工作机器，他长期保持每天

《泰坦尼克号》剧照

工作14个小时的习惯。有一次他对自己的制片人发火,因为制片人的皮肤晒黑了。卡梅隆指着他说:"我们每天在这里工作14个小时,只有在开车上班的路上和第二天的早晨才能见到阳光,你怎么能晒黑呢?"他的意思是,如果你14个小时都在棚里认真工作,是不可能晒黑的。

说起《泰坦尼克号》,卡梅隆在工作上的疯狂也曾经遭遇投资方的冷言冷语、手下人的怨声载道。当年为了节省制作上的开

《泰坦尼克号》剧照

支，影片中的泰坦尼克号邮轮其实是只有半边的道具船。等到拍完船离港的镜头之后，卡梅隆才在历史照片中发现，当年船离港，船头是朝另外一个方向，于是他就要求把画面左右对调一下。这听上去好像是很简单的一件事情，但带来一个小问题，就是所有在画面中出现的行李上面的字都变反了。卡梅隆执意要求把这些字正过来，剧组为了改那些字整整花了三天的时间。其实，如此宏大的一个场面，又有多少观众会关注到那些行李上的字呢？卡梅隆要的就是尽善尽美，这种几近偏执的工作作风使这部影片的开支大大超出了预算。为了说服电影公司支持他，他甚至放弃了800万美元的导演费，还有作为制片的费用，以及所有的分红，他只象征性地拿了一百美元的编剧费。他就是不愿意为了节省开支而放弃在特效上的投入。日后《泰坦尼克号》的巨大成功证明了这个疯子所有的坚持和不妥协都是正确的。后来电影公司也有点不好意思，因为票房实在太高了，所以分给了他1亿美元。

卡梅隆在剧组中明明是一个导演，他却常常同时干着技术人员的活儿。他能画画，能编剧，能装灯具，还能缠电缆，一边指挥着几百个演员，一边指点着一群摄影师，凡事亲力亲为，事无巨细，都要参与其中。在《泰坦尼克号》这个项目上，他是绝对的权威、全组的中心，堪比上帝。据他自己说，他经常独自下潜到海底，看着泰坦尼克号的残骸，想象当年船上会有一个怎样的故事。这种寻找灵感的方式太独特了。有朋友说，咱想这么干估计都没戏，钱不钱的且不说，没有一个好身体和长期的潜水训练，这等浪漫的事怕是办不成啊。

詹姆斯·卡梅隆

2

卡梅隆生在加拿大，15岁的时候就立志要做一名潜水员。他生活的小村庄离最近的海也有六英里，他没有因此放弃这个想法，而是缠着父亲一定要考潜水证。在美加边境布法罗市一个基督教青年会的泳池里，有一年在深冬刺骨的水中，他终于拿到了日思夜想的潜水证。即便拿到潜水证已经有两年，他还是未曾见过真正的大海，可这一切都阻碍不了少年梦想的坚韧。在他17岁的时候，全家搬到了美国加州，他终于看到了大海。在这之后的40多年里，卡梅隆在海底待了大概有3000个小时。

1998年《泰坦尼克号》在全球名声大噪，就在这个档口，卡梅隆做了一个令所有人惊讶的决定。他说："我在好莱坞的工作要告一段落，从现在开始我要做一个全职的探险家。"他的目标是孤身一人下潜到全球最深的海沟——马里亚纳海沟，那个海沟最深的地方距离地平线10000米。我们知道，全世界到目前为止有12个人上过月球，500多个人去过太空，但是加上卡梅隆，只有三个人到过马里亚纳海沟。那是一个可以在底部放一座珠穆朗玛峰，再叠上四栋帝国大厦，依然不会露出海面的巨大深渊。海沟底部所承受的压力是海平面所承受压力的1100倍，也就是说人体会在两微秒之内被挤爆。为了达成内心疯狂的愿望，卡梅隆邀请了来自顶尖大学的科学家组成团队，花了三年时间，制作了一个焊接完美、承压能力强悍的球形驾驶舱，命名为"深海挑战者号"。

经过六年的精心准备,下潜行动终于要开始了。卡梅隆租了一条科考船,据说每天要花费几万美元的成本。直到科考船在澳大利亚的海面上就位,下潜器仍然在调试中。时间紧迫,如果不在规定时间内下潜,等到资金耗完,一切只能以失败告终。卡梅隆和科学家们几乎每天工作16个小时,他又拿出了拍电影时的劲儿,不但负责整个团队的进程,还要掌握下潜器的各项功能和应急处置的方法。因为作为唯一的下潜者,任何一项功能的故障,都有可能在深海中夺走他的性命。为了儿时伟大的梦想,这个"疯子"拽着所有人,在倒计时中拼命向前狂奔,他不愿意妥协,又一次把性命作为赌注押了上去。据说正式下潜那天,海面上忽然刮起了飓风,巨大的风浪甚至让下潜器都无法稳定地进入海面。科考船上一片死寂,所有人都在等待这个"疯子"最后的指令。卡梅隆非常平静地发出命令:"必须下潜。"在与风浪的搏斗中,下潜器进入深海,在将近11000米的漆黑的海底,卡梅隆终于向科考船上的同伴们报告:一切正常。"深海挑战者号"抵达了马里亚纳海沟的底部。

在拍完《泰坦尼克号》之后,很多人都在四处打听工作狂卡梅隆到底去哪儿了。从1998年到2005年,他用了七年的时间完成了自己少年的梦想。之前几部影片的拍摄,尤其是那些和海洋有关的影片,使他积累了一批能够进行深海合作的工作团队,再加上他从《泰坦尼克号》拿了1亿美元的酬劳,一个男人在迈向知天命之年的时候不忘初心,集所有资源于圆梦,难道还有比这更富有情怀的事吗?

3

卡梅隆和胖子吉尔莫·德尔·托罗是好朋友,两人惺惺相惜,是因为有着共同的趣味——都对异形生物兴趣莫大,而且都有能力亲手做出那些异形生物和机器人。德尔·托罗说过一件事情,1997年他正在好莱坞拍摄惊悚电影《变种DNA》,突然得知自己的父亲在家乡被绑票了。墨西哥的绑匪之所以要绑架胖子的父亲,一定是觉得他在好莱坞混得风生水起,所以要求100万美元的赎金,否则就撕票。但当时胖子根本没有钱,他把所有的积蓄都投进了《变种DNA》,墨西哥的家人们也凑不出高额的赎金。眼看着日子一天天过去,离绑匪要求的时限越来越近,胖子急得根本无心拍摄。就在这个时候卡梅隆及时出现,他开着车直接把胖子带到了一家银行,亲手提出了100万美元的现金交给他。不仅如此,卡梅隆还推荐了一位知名的谈判专家给他。72天之后,德尔·托罗的父亲被释放,平安归来。墨西哥警方对此事进行侦查,逮捕了几个嫌疑人,最终却因为没有证据,只能把他们无罪释放,卡梅隆那100万美元也就此下落不明。胖子说,那么多年过去了,卡梅隆从来不曾向他提出还钱。我想今天那100万美元胖子一定是还给卡梅隆了,因为他有钱买下荒凉山庄,在资金上是没有问题了。100万美元对现在的德尔·托罗来说,只是区区一笔小钱,但这件事证明了卡梅隆有多仗义。

人红是非多。自《泰坦尼克号》之后,屡屡有好莱坞业内人士爆料卡梅隆自私、残忍、偏执。卡梅隆也是胸有傲气,1998年在奥斯卡颁奖礼上,当他获得最佳导演奖时,在台上吼出了一句:"我是世界之王!"你说这样的人,能不被人在背后议论吗?但卡梅隆靠的是自己的天赋、勤奋、情怀和仗义,只要牢牢把住这四条,我觉得他还会缔造神话。

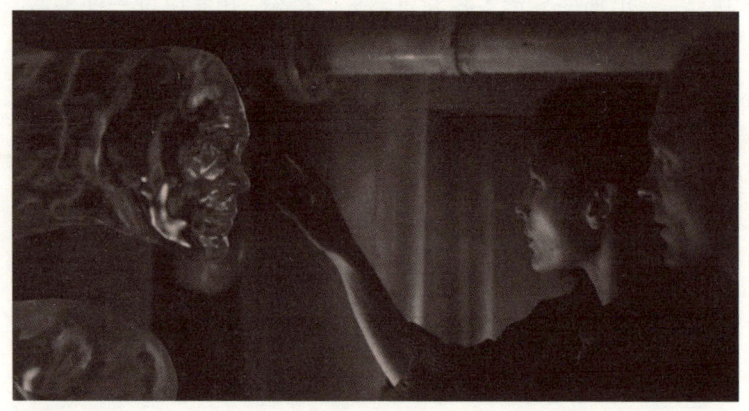

《深渊》剧照

到今天我都还记得,20世纪90年代初期,在我的录像带收藏中,有一盒带子是我非常钟爱的,就是詹姆斯·卡梅隆的《深渊》。当年在上海,这么好看的片子,真没几个人看过。我上影厂的一个同事向我借这盒录像带,我是好一番犹豫,终于拗不过面子借给了他。谁知这位同事就此失联,而且那时候也正赶上我调离上影厂,那盒我钟爱的《深渊》就再也没有回到我的手上。多年来

詹姆斯·卡梅隆

我一直耿耿于怀,直到后来我买到了《深渊》的碟片。当然,很多年之后,我又在某些场合见到了这位同事,但我们始终没有提起过有关那盒录像带的往事。这是一件真实发生的事情。我之所以提起这段往事,是想他倘若能够看到这段文字,我想告诉他,我从来没有忘记那盒录像带。也许你是真忘了还给我,或者你又借给了别人,别人没有还给你。今天我已经有了这个片子更清晰的版本,但我想告诉你,那盒录像带不仅仅是录像带,它对我意义重大,那是我对卡梅隆曾经的挚爱。

詹姆斯·卡梅隆 James Cameron

1954 年 8 月 16 日出生于加拿大安大略省。好莱坞电影导演、编剧、特效师。

1985 年，影片《终结者》获第 12 届土星奖最佳科幻电影奖，詹姆斯·卡梅隆本人获最佳编剧奖。

1987 年，影片《异形 2》获第 14 届土星奖最佳科幻电影奖，詹姆斯·卡梅隆本人获最佳导演奖、最佳编剧奖。

1991 年，詹姆斯·卡梅隆本人因《深渊》获第 17 届土星奖最佳导演奖。

1992 年，影片《终结者 2》获第 18 届土星奖最佳科幻电影奖，詹姆斯·卡梅隆本人获最佳导演奖。

1995 年，詹姆斯·卡梅隆本人因《真实的谎言》获第 21 届土星奖最佳导演奖。

1998 年，影片《泰坦尼克号》获第 70 届奥斯卡金像奖最佳影片奖，詹姆斯·卡梅隆凭借该片获奥斯卡奖最佳导演奖。影片共获 11 项奥斯卡奖、4 项金球奖，并打破世界电影史票房纪录。

2005 年，卡梅隆入选英国杂志 *Empire* 评出的"世界最伟大的 20 位导演"。

2010 年，影片《阿凡达》获第 82 届奥斯卡金像奖最佳摄影奖、最佳艺术指导奖、最佳视觉效果奖；同年获第 36 届土星奖最佳科幻电影奖，詹姆斯·卡梅隆本人获最佳导演奖、最佳编剧奖。影片再次打破由他保持的全球影史票房纪录。

2010 年,卡梅隆入选《时代周刊》评出的"全球最具影响力人物";同年,他获得美国视觉效果工会奖终身成就奖。

2011 年,卡梅隆获美国制片人工会奖里程碑奖。

马克·穆勒
他究竟是中国电影的恩人还是恶人

Marco Muller

2005年正值中国电影诞辰100周年。有一老外对外宣称,他要帮助中国修复十部经典的老电影,其中包括《桃李劫》《大路》《新女性》《马路天使》《十字街头》《乌鸦与麻雀》《小城之春》等等,这真是一件善莫大焉的事情。

1

在这个老外的运作下,普拉达基金会拿出了数十万欧元赞助这个有意义的项目,中国电影资料馆也十分配合,开放了位于西安的片库,让老外找来的修复师进到片库里,一条一条地挑选那些素材。听说这位修复师曾经修复过多部卓别林的电影,本人也是著名的博洛尼亚修复实验室的创始人之一,所以电影资料馆的领导特别重视,专门派出工作人员将这批挑出来的素材护送到了意大利。

但是几年之后,事情却发生了戏剧性的转变,中方翘首以待的十部老电影的修复版迟迟未能在中国放映。而这个老外却拿着修复版在威尼斯、巴黎和纽约进行了展映,通过这些展映,他拉到了更多的赞助。这个老外口称已经给了中国电影资料馆十部电影修复版的 DVD,中方却没有一个人见过这些影碟。而且这些DVD的发行权很有可能已经被出售，在一家总部位于洛杉矶、专门售卖外语电影的碟商官网上，就出现了这十部修复版的DVD。更为严重的是《新女性》的底片在这次修复过程中被损毁了。据中国电影资料馆的专家说，意大利方面在修复的时候用的是湿印法，就是把胶片过了一遍水，湿印之后的胶片必须要风干后才能入库，否则胶片就有可能会变质。但意方并没有告知中方，导致这些胶片回来之后，没有进行风干处理直接就进了库。寸的是在这十部电影中，《新女性》出借的是负片，就是拍摄电影时候所用的胶片，它的唯一性和珍贵程度相当于一个作家的手稿。负片被毁，等于底稿被毁，这部影片就不可挽救了。拍摄于1934年的《新女性》是阮玲玉的代表作，蔡楚生导演，聂耳作曲，它

《新女性》剧照

《新女性》剧照

对于中国电影的重要性是不言而喻的,这个损失谁都担不起。说了半天,这个能从中国电影资料馆借走《新女性》负片的老外,就是前威尼斯国际电影节主席马克·穆勒,他长期被视为中国电影走向世界的幕后推手。许多电影人都爱亲切地叫他"老马"。

2

说起老马和中国的渊源,要追溯到 1974 年。那年才 21 岁的马克·穆勒从意大利来到中国,他从小就对这个神秘的东方大国充满了兴趣,来中国是为了进中国社会科学院(简称"中国社科院")研究人类学。1974 年正值"文化大革命"时期,中国社科院中很多学科的研究已经停滞。在北京瞎逛了一阵之后,马克·穆勒辗转去了沈阳,到辽宁大学研究群众文艺。辽宁大学当时也处于半停滞的状态，反正老马研究的是群众文艺，他就每天骑个自行车穿梭于沈阳的各个影院，把社会主义电影看了个遍。那个时期正是马克·穆勒对中国电影产生兴趣的阶段，用他自己的话讲，他真正转向研究电影正是因为看了这些中国电影。"文化大革命"结束之后，他去南京大学做访问学者，很多在"文化大革命"中被禁的老电影开始重映，由此他看到了更多的中国电影，尤其是20世纪三四十年代上海的老电影。1979年，老马回到意大利，在都灵举办了一个叫"电的影子"的电影节。他搜罗了135部中国的老电影，集中进行放映，可以说这是中国电影第一次如此大规模又系统性地被呈现于世界面前。

20世纪70年代的中国就没几个老外，一个能说中国话的老外能占多大便宜是可想而知的。那时候中国人的内心对西方世界充满了渴望，凭着他那张欧洲人的脸，再加上穆勒天生就是个活动家，他开始在中国积累电影的人脉。回到意大利之后，他把中

《大红灯笼高高挂》剧照

国的经历变成了自己的研究方向。在他负责意大利贝沙洛电影节期间，他专门安排了"亚洲电影面面观"的单元，组织放映香港电影。1986年，穆勒受威尼斯电影节的邀请，专门负责亚洲地区的选片工作。其实早在1981年，他就把中国电影《原野》推荐到了威尼斯国际电影节。《原野》的导演凌子是叶剑英的二女儿，真名叶向真。20世纪80年代中后期，陈凯歌的《黄土地》、张艺谋的《大红灯笼高高挂》，也都是由他推荐的。穆勒的命不错，他历任意大利贝沙洛电影节、荷兰鹿特丹电影节、瑞士洛迦诺电影节和意大利威尼斯电影节的主席。在他的推动下，一众中国导演和中国影片纷纷登上了世界级电影节的领奖台。2005年，老马任威尼斯电影节主席的第二年，还开创了电影节的开幕片和闭幕片都出自同一个国家的历史，那一年的开幕片是徐克的《七剑》，

《黄土地》剧照

葛颖点电影
之
世界影史50名人传奇

《三峡好人》剧照

闭幕片是陈可辛的《如果·爱》。那一届威尼斯电影节的参赛片，除了李安的《断臂山》，还有关锦鹏的《长恨歌》。2006年贾樟柯的《三峡好人》问鼎金狮奖。在冯小刚《夜宴》的放映会上，穆勒居然冲着章子怡单膝下跪，这个动作无疑是在世界媒体的面前，把国际范儿给了章子怡，于是就有了"国际章"的说法。2005、2006、2007，连续三届金狮奖都归了华人导演，无怪乎西方媒体议论，说老马在哪个电影节，哪个电影节就成了中国电影人的福地。当他即将卸任威尼斯电影节主席的时候，更有中国媒体直接用标题呼喊："如果没有你，日子怎么过？"现在你该明白为什么这个老外可以从中国电影资料馆借走《新女性》的负片了吧。马克·穆勒这个名字一度在中国就是信用和希望的代名词。

3

可世上偏偏就没有一成不变的人和事。穆勒瞄上的这十部经典老电影都是超过 50 年版权保护期的公版电影，可一旦脱离原始胶片，翻制成了修复版本，修复版就又有了 50 年的版权保护。也就是说穆勒很有可能是钻了法律的空子，他从资料馆搞到了公版的胶片，在没有和资料馆签署有效合同的情况下，制作了带有单独版权的修复版电影。即便他把公版胶片还回去，自己手上也已经握有了这十部电影的修复版的版权了。而那些未经修复的公版胶片，其实已经不太具备直接放映的可能，更不用说《新女性》的负片被直接损毁。穆勒手上握有的这十部电影的修复版本无疑是价值陡增。马克·穆勒作为一个深谙版权规则的电影行家，有没有可能利用自己在中国经营多年的形象，打中国老电影的主意？我想随着时间的推移，大家自会看清。

就在《新女性》胶片损毁事件四年之后，穆勒再次以修复之名，得到了积家表业高额的修复赞助费。这一次他对外宣布说要修复谢晋的《舞台姐妹》，可是最终没了下文。其中的原因众说纷纭。面对这种情况，我想一方面我们要慧眼识人，另一方面也要扎紧自己的篱笆，千万不能再出现将经典老片的负片出借的事件。

我们不会恶意攻击一个曾经对中国电影有恩的人，也不会轻易放弃保护自己的权利。作为一个电影活动家，马克·穆勒在出了这些事后，依然活跃在中国的大地上，北京国际电影节请他做顾问，山西平遥国际电影节又请他去站台，他在中国依然保持着影响力。老马是个中国通，一定知道"晚节"的重要性。一个美好形象的确立是不容易的，千万不要因小失大。老马，好自为之啊！

马克·穆勒 Marco Muller

1953 年 6 月 7 日生于意大利罗马。制片人、电影史家、影评人。先后担任多个电影节的主席,是把中国电影推向世界的第一人。

邹文怀

小弟叛变，自立门户，两巨头香江厮杀半生

Raymond Chow

如果你是大哥，一定要善待小弟。历史告诉我们，小弟日后出走，常常会单挑大哥。聪明的大哥，比如黄金荣，当年杜月笙是他的小弟。黄金荣看出这个小弟有发展前途，始终和杜月笙的关系处得不错。本篇说的这个人物的大哥，就没有善待小弟，把小弟逼走后，小弟成了大哥最大的敌人，哥俩在香港电影界厮杀了几十年。

1

这个小弟就是开创了嘉禾电影公司（下称"嘉禾"）的邹文怀，那他的大哥非邵逸夫莫属。邵逸夫背后的公司就是大名鼎鼎的邵氏兄弟电影公司（下称"邵氏"或"邵氏公司"）。邵氏公司被称为"东方好莱坞"，全盛时期员工超过1300人，拍摄了一千多部电影。它有一套产业链，除了制作电影之外，还有电影周刊和电视。邵逸夫每年都会出现在港姐的选美现场，那些年轻漂亮的港姐们都以能够成为他的人肉拐杖为身份的象征。

邹文怀当年在邵氏公司干成了几件大事。第一件就是他为邵氏影业找到了建立制片厂的地盘，第二件就是他力主邵氏公司要往武侠方面发展。大家知道《独臂刀》是邵氏公司的代表作，其实背后真正的操盘手是邹文怀。那时候他已经准备要离开邵氏公司，邹文怀曾经私下里对朋友们说过，自己似乎碰到了邵氏公司的玻璃天花板。所谓玻璃天花板,意思是看上去晋升没有什么阻碍,只要努力,就有很大的发展空间,但其实他已经到顶了。直接让邹文怀萌生去意的乃是邵逸夫的红颜知己方逸华,这位昔日红遍东南亚的歌星,自打被邵逸夫安排进邵氏公司,大有让邹文怀靠边站的架势。所以臣子生了二心,一定是主子没有摆平。邹文怀离开了邵氏,创办了嘉禾,无疑是跟老东家做了敌人。但他毕竟是一条小鱼,而邵氏就像一条大鲨鱼,时刻准备着要把嘉禾吃掉。

《唐山大兄》剧照

真正给嘉禾带来转机的人是李小龙。李小龙当年从美国回到中国香港,想跟邵氏合作,可邵氏觉得自己是香港电影的老大,你李小龙算老几呀,就提出了一个条件苛刻的合约。结果就被嘉禾捡了个大便宜。邹文怀为了签下李小龙,亲自飞到美国,而且实行 24 小时跟踪。李小龙上厕所，邹文怀也陪着上，就这样软缠硬磨把李小龙签了下来。《唐山大兄》《精武门》《猛龙过江》三次刷新了香港当年的票房纪录。可没想到好景不长，李小龙猝死。那天李小龙其实是死在了女演员丁佩的家里，他跟丁佩之间的关系是早有绯闻。邹文怀面对新闻界却说李小龙是死在了他的家里，而且去世的时候李小龙的夫人也在场。多年之后，丁佩自己出来辟谣，邹文怀也不得不承认当年自己撒了谎。邹文怀的动机无非是为了保护李小龙的公众形象，毕竟那有关生意。

李小龙的死让邹文怀好一阵的郁闷，但没过多久，又一个机会来了。谁？许冠文。他的弟弟就是许冠杰，香港著名歌星。许冠文号称"冷面笑匠"，在邵氏不太受重用。1974 年许冠文被邹文怀拉到了嘉禾，兄弟两人拍了一部大名鼎鼎的喜剧电影叫《鬼马双星》。这部影片又一次刷新了香港的票房纪录，从此以后许氏兄弟的喜剧电影开始在香港流行。无论是李小龙，还是许冠文，他们原本投奔的都是邵氏，为什么邵氏公司愣是看不出他们的星运呢？我想这大概跟邵氏公司的司标有关系。

1979 年，成龙开始加盟嘉禾，填补了李小龙留下的动作片空缺。嘉禾公司拍摄了成龙的《A 计划》系列，《警察故事》系列，以及《红番区》等影片。这些片子一举攻入好莱坞。除了成功的商业电影，嘉禾还出品了《阮玲玉》《甜蜜蜜》等艺术电影。就这样，嘉禾一步一步变成了如日中天的大公司，甚至变成了香港电影的代名词。

葛颖点电影
之
世界影史50名人传奇

《鬼马双星》剧照

《红番区》剧照

2

嘉禾成功的关键在于邹文怀在制度上的创新。20 世纪 70 年代初,邹文怀开始在嘉禾公司设立独立制片人制度。以前拍电影,比如邵氏公司,实行的是大制片厂制度。也就是你想拍电影,必须进入邵氏公司的体制内,邵氏全额投资,你是作为邵氏的雇员,必须按老板的意愿拍作品。独立制片人制度使双方不再是雇佣关系,而是合作关系。嘉禾公司出一笔钱,由此取得影片的发行权。而你作为制片人,对影片拥有制作上的独立操控权。邹文怀是香港第一个使用独立制片人制度的,在此基础上,他更进一步建立了卫星公司承包制,给了创作者更大的创作自由和票房回报。嘉禾公司之所以能够渐渐打败邵氏公司,其实就是舍得将利益的蛋糕多切几块分出去。老派的邵逸夫独食吃惯了,邹文怀对老东家的策略太有针对性了。

回溯嘉禾与邵氏争斗的几十年,两位大佬奇招纷出,真是香港电影界最有江湖气的时期。2018 年 11 月 2 日,邹文怀驾鹤西去,使他与邵逸夫争斗的最后一个悬念得以揭晓,享年 91 岁的小弟最终不敌大哥 107 岁的高寿。不过,如今他们相会于极乐世界,不知又会上演什么戏码。

邹文怀 Raymond Chow

1927 年 10 月 8 日生于中国香港。籍贯广东大埔县。电影事业家、制片人，嘉禾电影创办人。

1957 年，加盟邵氏集团。

1970 年，创立嘉禾公司。

1988 年，获大英帝国官佐勋章勋衔。

1998 年，获中国香港特区政府颁发的金紫荆星章。

2007 年，邹文怀将嘉禾娱乐的股份出售给橙天娱乐，就此隐退。

2008 年，获中国香港电影金像奖终身成就奖。

2018 年 11 月 2 日，邹文怀去世，享年 91 岁。

克里斯托弗·诺兰
说他是大师,好像还早了点

Christopher Nolan

我一直有点儿搞不懂,在中国为什么会有那么多人喜欢诺兰,我的学生中"诺兰迷"是大有人在,可我一直对他提不起太大的兴趣。有一点我先要说明,我看过他出道以来所有的作品,我觉着他没什么啊,不像大家传说得那么神啊。

1

《敦刻尔克》在国内上映前,我先在美国看了,我不想跟你聊我对这部影片的看法,以免影响你观影前的情绪,我只想跟你聊一聊诺兰这个人。

诺兰是个英国人,因为父母的原因,从小就在美国和英国之间穿梭。1977年他刚好七岁,适逢乔治·卢卡斯的《星球大战》上映,这部影片给他留下了无比深刻的印象,从此他就成了一个太空片的迷恋者。还有一部影片对他也是影响很大,就是库布里克的《2001太空漫游》,不过我从没把它看成是一部太空片或者科幻片,我一直认为《2001太空漫游》是一部深具哲学思辨的影片。诺兰说,小时候其实并没有真的看懂《2001太空漫游》,而是迷恋于影片中那些宇航员自由飘动的离心场面,他觉得这些场面拍得既震撼又真实,很想知道库布里克究竟是用什么方法拍出

《盗梦空间》剧照

了失重的感觉。日后诺兰去了好莱坞工作,他终于知道原来库布里克是用大型机械操纵着一个航空模拟器进行翻转式的拍摄,这一点又一次深深震撼了成年的诺兰。于是在拍摄《盗梦空间》的时候,其中有一个场面是一家旅馆的走廊发生了翻转,很多人看过之后,以为是用数字特效做出来的,其实诺兰是采用了当年库布里克的方式,也就是用大型机械将一个造出来的酒店走廊真的翻转起来。诺兰说:这是我在向库布里克致敬。他完成了儿时的一个心愿,终于可以在资金充足的大制作中,玩了一把儿时想玩的游戏。

2

我一直觉得诺兰拍电影的态度是追求好玩胜于表达洞见。我们知道很多青年导演有才是因为有洞见,他们通过电影表达了对

《盗梦空间》剧照

人世非常独到的看法。诺兰虽然也拍出过《记忆碎片》,但据我对他的长期观察,他显然不属于此列。当然,好电影并不一定都要有洞见。

　　诺兰的从影之路,跟很多导演如出一辙,在他身上还时常能瞥见库布里克和斯皮尔伯格小时候的影子。诺兰经常向那些追问他童年经历的人炫耀:在我很小的时候,我的父母就扔给我一架摄影机,我就开始拍我的电影了。据说,他小时候拍的还是他所谓的太空片。父母又送给他一台剪辑机作为礼物,小诺兰就在剪辑机上编排着那些最初的胶片。大学毕业之后,他和他的那拨哥们儿拍摄了他的第一部短片,名叫《追随》。这部成本只有6000块的影片据说是用了他们自己的钱,而且是利用休息时间,凑在一块儿拍的。所以工作效率特别高,也没法不高,基本上每个镜头最多拍两遍。诺兰的妻子艾玛·托马斯当时也是伦敦大学的学生，他们最初的合作就是在学校里拍的那些所谓的独立制作。今天艾玛已经是个大制片人了，获得过美国制片人工会"最佳制片人"的提名。几乎诺兰所有的作品中，包括《敦刻尔克》，我们都可以看到艾玛的名字出现在制片人一栏中。常常有朋友会问我：制片人、导演，到底谁听谁的？我们可以把导演视为制片人雇来的一个艺术负责人，真正经营、运作一部电影的是制片人。正是在艾玛的运作下，诺兰从独立制作小片渐渐上手了好莱坞的大制作。其实像这样的导演、制片人夫妻档还真是不少，如王家卫和陈以靳，徐克和施南生。

还有一个人不得不提，就是诺兰的弟弟乔纳森，他比诺兰更有编剧才华。初到好莱坞发展的诺兰拍摄了一部重要的作品，就是为人津津乐道的《记忆碎片》，《记忆碎片》正是改编自乔纳森的短篇小说《死亡象征》。制片人是自己的妻子，编剧是自己的弟弟，这种无间的关系确保了如此重要的三个岗位能够相互帮衬、运作顺畅。通过一部《记忆碎片》，大家记住了诺兰这个名字，觉得他是个可造之才。不少年轻导演都是通过极具个人风格、带有艺术气质的小片，获得了拍摄大片的通行证。

3

很多人觉得诺兰是幸运的，一般都以为《记忆碎片》之后，诺兰就一步跨到了《蝙蝠侠》这样的大片。其实中间还有一部叫《失眠症》的中等成本的影片非常关键。诺兰自己承认能接到《失眠症》对他而言是极其幸运的一件事情，因为这部影片教会了他如何跟大制片厂相处。《失眠症》是华纳兄弟娱乐公司的项目，在此之前诺兰没有跟好莱坞六大公司真正打过交道。以前玩独立制片，自己做自己的老板。后来有了投资人，其实也就只要摆平几个人。现在为大制片厂工作，不仅钱是别人的，连工作人员都是大制片厂提供的，这就需要重新定位自己，将自己视为大制片厂的雇员。这种心态的转变不是所有心高气傲的年轻导演都能做到的，不在于才华够不够，而是心态正不正。

　　和大制片厂合作还意味着要跟那些越来越大牌的演员发生关系。《失眠症》的三个主要演员可是三个大腕儿，阿尔·帕西诺、罗宾·威廉姆斯和希拉里·斯万克。诺兰通过这部影片学会了和大明星打交道的方法。我看过一个视频，诺兰和阿尔·帕西诺两人聊《失眠症》的创作感受，在帕西诺面前诺兰一直保持着谦恭的姿态，对帕西诺在片中的表现大加赞赏，你完全能够感觉到这个导演非常会做人。绝大部分年轻导演在和大制片厂合作之后往往愤而抨击大制片厂对他的管束，或者起码是抱怨一下这段经历，可诺兰常常说他非常享受，可见此人真是为商业大片量身定制的干才。经过这部中等成本影片的历练，诺兰自然而顺畅地走向了《蝙蝠侠》系列，走向了真正的大制作商业片。《蝙蝠侠》系列给他带来了世界性的声誉，三部影片中有两部的全球票房破了十亿美元，"十亿美元俱乐部"可是没几个成员啊，咱中国的《战狼2》

《蝙蝠侠：黑暗骑士崛起》剧照

也差一点儿跻身这个俱乐部了。

拍摄商业大片不仅要和大制片厂打交道，还要同各种各样与大制片厂有利益往来的关系户打交道，在坚持与妥协之间，诺兰表现出了智慧，或许这个功劳应该归艾玛。比如他一直强调自己是一个传统电影工艺的捍卫者，直到今天他都拒绝用3D拍电影，可他并不排斥另一个新技术，就是IMAX（巨幕电影）。这其实是因为当年大制片厂希望他用IMAX，情商很高的诺兰就把IMAX说成是他非常欣赏的一种技术。当然我们也承认IMAX摄影机和65毫米15片孔的胶片，在成像效果上确实是普通拍摄器材难以企及的。《蝙蝠侠》中常常有超过1000个群众演员的大场面，诺兰说IMAX胶片真的厉害，能够让这1000个群众演员每个人的脸都清清楚楚的。你看，这多给老板和关系户面子啊。

克里斯托弗·诺兰

4

　　《星际穿越》我们一看便知，诺兰的童年情结发作了。这个片子非常能够代表诺兰，也最能体现我对他的好恶。诺兰再三强调《星际穿越》的故事核心是情感，情感在影片中起了重要的作用。但是我只看到了他非常娴熟地运用电影叙事，自如地掌控大场面，而他所谓的情感始终让我觉得是模糊的，或者更加鲜明地讲，影片总是让我觉得冷冰冰的。在情感表达方面，诺兰有着典型的英国式的拘谨。《星际穿越》和诺兰其他一些大片一样，都不乏脑洞大开的设计，可我却始终抓不住所谓情感的主轴。

　　诺兰一再宣称自己是一个新技术的抵抗者，还说自己不用电子邮件，甚至不用手机。他常常用单机来拍摄，坚持使用胶片而不喜欢数字。但我始终很难把他跟所谓"电影的古典审美"连接在一起，关键就是我总能在他的作品中感受到一种后现代的冰冷感。当然这只是我的个人好恶。今天在中国，甚至在全球，诺兰有那么多的拥趸，可能是因为年轻人跟诺兰有着天然的投契。在情感方面，孩子们并不喜欢浓烈，反倒是冷冷的诺兰让他们觉得挺"酷"的。他们需要的是脑洞大开的场面，而这正是诺兰最擅长的东西。诺兰是为大制作而生的导演，他是这个时代发达电影工业中一名优秀的高级工程师。

　　当初听说他要拍《敦刻尔克》，我就有点诧异，因为"敦刻尔克大撤退"是他从来没有触碰过的真实历史题材，而且电影史上已经诞生了那么多辉煌的战争片杰作,我不知道诺兰会找到怎样的新意。我一度以为诺兰会有所转向,朝着他原本并不太擅长的情感路线扎扎实实往前进一步。但事实证明诺兰还是那个诺兰,也许这于我是一种失望,于喜欢他的观众是一件幸事。嗨,说好不说,怎么又说了,赶紧打住。

克里斯托弗·诺兰 Christopher Nolan

1970 年 7 月 30 日出生于伦敦。英国导演、编剧、制片人。

2006 年，影片《蝙蝠侠：开战时刻》获第 32 届土星奖最佳奇幻电影奖，诺兰获最佳编剧奖。

2009 年，影片《蝙蝠侠：黑暗骑士》获第 35 届土星奖最佳动作/冒险电影奖，诺兰获最佳编剧奖。

2011 年，影片《盗梦空间》获第 37 届土星奖最佳科幻电影奖，诺兰获最佳导演、编剧奖。

2015 年，影片《星际穿越》获第 41 届土星奖最佳科幻电影奖，诺兰获最佳编剧奖。

霍伊特·范·霍特玛

他就是诺兰离不开的新欢

Hoyte Van Hoytema

我们前面讲了《敦刻尔克》的导演诺兰,这次我想谈谈《敦刻尔克》的摄影师。他是一位70后的瑞士摄影师霍伊特·范·霍特玛。

霍伊特·范·霍特玛

1

　　霍特玛一脸络腮胡子，胖胖的身材，看上去十分敦实。在拍摄诺兰的《星际穿越》的时候，他主动要求手持 IMAX 65 毫米的胶片摄影机。这种摄影机可是一个笨重的家伙，能够手持它进行拍摄的摄影师就没几个。正是由于这位仁兄可以用蛮力坚持做出此等拍摄动作，所以诺兰仍想要启用这名瑞士摄影师来拍摄《敦刻尔克》。

　　我非常喜欢霍特玛担当摄影的一些片子，比如《生人勿进》，尤其是《锅匠，裁缝，士兵，间谍》，摄影风格堪称冷峻，影像看上去并不张扬，摄影动作也不花哨，但从影调、光调、色调上能发现摄影师非常有想法，仅在视觉上就为那些间谍们构建出了沉着、阴郁的感觉。到目前为止，霍特玛获得过三项摄影奖的提名，其中最有价值的一项就是欧洲电影奖的最佳摄影奖提名。

《锅匠,裁缝,士兵,间谍》剧照

我们都知道诺兰迷恋IMAX,因为他追求用银幕把观众包裹起来,换句话来讲,就是让观众有沉浸感,能够沉浸到影片的场面当中,IMAX的巨幕天然吻合了诺兰的技术要求。可要实现巨幕放映,对画面的精度要求就特别高,而IMAX 65毫米胶片摄影机,以及跟它匹配的15片孔IMAX 65毫米胶片是此等清晰度的最佳保证。但这套设备不仅租赁价格高昂(IMAX公司只租不售)、体型大而笨重,而且在拍摄时还有一个缺点,就是机器工作时的噪音比较大。现在的电影制作为了追求表演的声画真实和连贯、提高录制效率,一般都会尽量减少后期配音、拟音,而是抓取演员和环境的现场声。但在 IMAX 设备所带来的超清晰度面前,这一切不利因素似乎都可以视而不见。

《敦刻尔克》剧照

葛颖点电影
之
世界影史50名人传奇

2

有朋友说，难道数码成像还超不过胶片吗？给你小小科普一下。我们知道真实世界是由无数连续的模拟信号组成的，胶片是用化学的方式将这些模拟信号整理保存下来，而数码的采集则是将这些模拟信号具体化、数字化，在数字化的过程中信号就会失去连续性，产生一些误差。比如在画面上有一个由白到黑的渐变区域，由于胶片记录的是模拟信号，它天然吻合真实世界中由白到黑的渐变过程，而数码信号是把渐变的过程具体化为不同阶度的灰色的排列。也就是说，如果有放大镜可以无限放大去看的话，你会发现数码对黑白渐变的呈现是通过排列一格一格不同阶度的

《敦刻尔克》剧照

灰色，灰色与灰色之间是有明确分界线的，不像模拟信号真的呈现了一个渐渐过渡、无缝衔接的整体。所以有很多导演都说数码成像没有电影感。什么是电影感？就是那种过渡柔和、软软的影调，而不是数码图像偏硬的影调，它的色彩边缘非常清晰，常常让我们觉得有点失真。而且数码也并没有超越顶尖胶片所达到的画面解析度。

　　但是问题接踵而至，IMAX 65毫米摄影机这样一个笨重的大家伙怎么能够适应各种不同条件下的拍摄呢？这就成了摄影师要解决的问题。给大家举一个《敦刻尔克》拍摄时的例子。影片中有一条空中叙事线，你一定看到过"二战"时期英国使用的喷火式战斗机的驾驶舱很狭小。原本完全可以做几个一比一的模型，因为模型飞机是可以拆卸的，那样就不会影响大型摄影机在驾驶舱中取镜。可诺兰反对这样的做法，在造型诉求上，他追求真实感，所以不愿意用道具飞机来拍摄。那可怎么办？霍特玛想出一招，他和影片的技术保障公司的工程师商量，是不是可以做一个可以转弯的镜头，这样就能把摄影机留在机舱外，将镜头伸进去拍摄。后来他们真的做出来了，这个镜头被称为探针镜头。探针镜头的原理有点像我们小时候玩的硬纸板的潜望镜，利用棱镜结构把图像传递过来，可通过棱镜的折射，最后落在胶片上的图像是倒的。本来这个问题好解决，只要在印片机上把胶片翻转过来就行了。偏偏IMAX 65毫米胶片在印片机上不能翻转，因为它是15片孔的，其他可翻转的65毫米胶片都是5片孔的。最后霍特玛提出，咱干脆把摄影机翻过来拍得了。

3

海上叙事线的拍摄同样有问题。为了追求真实的情境，诺兰把摄制组带到了英吉利海峡。英吉利海峡风大浪高、天气变幻莫测，摄影船跟拍影片中的那些船只时，跟焦成了大问题。有朋友说这不难呀，只要把景深放大了不就行了吗？那是你没玩过大画幅的胶片摄影机。这种机器比一般的变形宽银幕35毫米胶片摄影机的景深本来就浅三个档位，也就是说，我们在普通摄影机上的光圈设置为T8，在大画幅的摄影机上要取得同样的效果，光圈就得开大三档，就是T2.8。景深跟场景的亮度息息相关，英吉利海峡上空阴晴不定，这让光圈损失加大，所以导致在海上跟焦成了个大问题。据说在拍片的时候，海上有七级风浪，还下着雨，更要命的是摄影团队所用的测距仪失灵了。霍特玛最后只能让工

《敦刻尔克》剧照

霍伊特·范·霍特玛

作人员把他绑在桅杆上，凭眼力来进行跟焦指挥，尽显一个摄影师的勇气和扎实的功底。

影片里有一些沉船的场面，由于诺兰非常排斥CG（计算机动画），所以就需要制作模型。海上的沉船和士兵落入海中的场面绝大部分是在华纳兄弟公司的16号摄影棚以及环球影城露天片场的秋日湖里拍摄的。加州艳阳高照，英吉利海峡却阴霾沉沉，为了使两地的光照形成统一，摄影师巧妙地在湖面上架起了巨大的遮阳板。这还不算难题。影片中有一个场面，士兵们落入大海，德军飞机的坠毁又引燃了海上漂浮的油污带，士兵们纷纷潜入水下逃避火势。为了自水面下方拍摄海面起火、燃烧的情景，而且又不能让演员有任何危险，霍特玛又出奇招。他紧贴水面支起几块巨大的LED（发光二极管）屏，在屏上播放熊熊燃烧的火焰，当摄影机在水下拍摄时，看上去还真像那么回事。

布光问题常常是普通观众意识不到的。诺兰拒绝在摄影棚里搭建船舱内部的场景，他要了一些真实的船只，摄制组只能在真实船只的内舱中进行重新布光，以适应电影拍摄的照明要求。这些布光工作都要在摄影师的指导下进行。为了选择灯具，霍特玛也是颇费了一番周章，他从不同地方采购、订制了各种特殊的灯具，甚至还要对船只进行电力、电路改造。你还记得影片开始不久，那个挤满了士兵的驱逐舰内舱吗？场景中那黄黄的色调正是通过灯具发出来的，它准确地呈现了一种幽闭的压迫感，又传递出年代感。

摄影师是把导演头脑中的画面真正具象到银幕上的工程师，

他对拍摄中每一个细节的规划都会影响未来影片视觉上的质感,所以我们会在影片的工作照里经常看到胖胖的霍特玛事必躬亲。一部《敦刻尔克》再一次证明他既拍得商业大片,又拍得文艺小片。虽然到目前为止还没有得到奖项上的肯定,但他的才华已经征服了业内众多人士。我相信今后几年他会接拍越来越多重要的影片,我们也期待这位敬业的摄影师能带来更多美妙的画面。

霍伊特·范·霍特玛 Hoyte Van Hoytema

1971 年 10 月出生于瑞士。瑞士摄影师、导演、剪辑师。

2012 年,因掌镜《锅匠,裁缝,士兵,间谍》获第 25 届欧洲电影奖、第 65 届英国电影学院奖最佳摄影奖提名。

2015 年,因掌镜《星际穿越》获第 68 届英国电影学院奖最佳摄影奖提名。

2018 年,因掌镜《敦刻尔克》获第 90 届奥斯卡最佳摄影奖提名。

阿尔·帕西诺
二十六岁还在做保安,五年后他被提名奥斯卡

Al Pacino

有一位演员,9岁抽烟,10岁嚼烟草,12岁抽烟斗,所以就有了著名的烟嗓。相信关于他,大家一定不会陌生,他就是美国著名男演员——阿尔·帕西诺。

1

每次读阿尔·帕西诺的名字,我都想念出意大利西西里岛那味儿,不仅因为他曾经塑造过一个经典的银幕形象,就是《教父》中祖籍西西里的麦克·柯里昂,更是因为他本人的籍贯就是意大利的西西里岛。

作为一个西西里岛的后裔,阿尔·帕西诺的出生地却是在纽约的布鲁克斯,就是位于纽约市最北端的那个地区。生活在那里的大多是一些中下层的市民,那里治安不太好,连在学校中读书的孩子们也崇尚暴力。帕西诺说,那个时候去学校不是一件令人高兴的事儿,你随时都有可能挨揍。他说自己是个粗鲁的人,因为从小练过摔跤和防身术,当有人攻击他的时候,帕西诺就会把对方拎起来,然后撂倒在地。他说在这样的环境中,你必须懂得怎么保护自己。所以阿尔·帕西诺从小就是从街头打架打出来的。

别看他身高不足一米七，个子小却身手好。日后演起黑帮人物，那凶狠的眼神估计在他很小的时候就已经开始在眼中闪烁了。

当阿尔·帕西诺还是个婴儿的时候，他的父亲就离家出走了，帕西诺是由祖父母和母亲抚养长大的。在1979年那部《伸张正义》中有一场戏，阿尔·帕西诺饰演的人物去看望戏中的祖父，有一句台词是他对祖父说的，"你关心我，你爱我，可你看看你儿子，就是一堆狗屎"。这句台词确实跟他真实的生活经历特别接近。于是当初有好事的记者问他："你是不是想借这句台词来骂你的父亲呢？"帕西诺回应说，那不过是剧本而已。他进一步为父亲辩解："我跟父亲的关系确实不亲密，可他一直会来看我，在我年轻的时候曾经跟他待过一段日子。当然，绝大部分的时间里，我们基本是四到五年见一次面，但他总是努力保持着与我的关系。"你听，这段回答说明帕西诺不想诋毁父亲，反倒愿意维护父亲。可能他觉得在公众面前，一个相对正常的原生家庭更有利于自身健康的形象。

相比于父亲，母亲和祖父才是真正影响了帕西诺的人。他的母亲严格遵循作息制度，从童年开始帕西诺就按时上床睡觉。他非常依赖母亲，他说是母亲给了自己对与错的判断力和家庭的安全感。而且从小母亲就带着他去看电影，那是他表演的启蒙。祖父是一个不太愿意流露感情的男人，据说从来不伸手抚摸他，也很少说话。而小帕西诺总是缠着他，有时也会亲吻他，小帕西诺最开心的就是听祖父讲那些20世纪初纽约东部黑人聚居区的故事，爷俩常常整整一个晚上坐在屋顶上讲述那些传奇故事。祖父还喜欢跟他讲自己移民的经历,当祖父四岁的时候,祖父的母亲就去世了,祖父不得不辍学,九岁就开始干拉煤这样的粗活。这使小帕西诺惊叹不已,他从小就觉得祖父是自己的榜样。祖父面对任何工作都是快乐的,这对帕西诺影响至深,日后他对工作也总是怀着一种特别的热忱。

2

也许你有所不知,阿尔·帕西诺直到26岁时,还曾经做过一幢大楼的保安。有一天,他的一个朋友给他介绍了一份工作,这份工作可以提供免费的宿舍,每周还有14美元的酬劳。帕西诺高兴坏了,他之所以兴奋,不光是因为终于有了一份工作,更重要的是长那么大,他第一次有了可以一个人住的单间。小的时候家里九口人住三间房,平均每间房要住三个人。长大后经济状况不好,他又不得不和别人合租一间房。所以帕西诺想都没想就接下了这份工作,他感叹说:"我终于可以在这间属于我的屋子里住上11个月了,这感觉真是太棒了!"那一段时间是帕西诺收获最多的日子,也是他这辈子处境最糟糕的时光。他每天都得微笑着站在大楼的门口,从早上八点一直站到晚上十点。

有一天,他正站在门口,看到一个女人走进了大楼,他简直不敢相信这世上竟然有那么美丽的女人。看着这个女人走上了楼,他再也没有心思工作了,脑子里翻来覆去只有一个念头,就是想认识她。帕西诺突然想到了一个办法,就是让这个女人的房间断电,当她下楼查看保险丝的时候,自己不就有了接触她的机会了吗?于是他就来到这幢大楼的地下室,因为地下室里有各个楼层的电表,他打算找到姑娘家的保险丝盒。可是虽然已经做了这幢大楼六个月的保安,但他连保险丝盒在哪儿都不知道。后来终于找到了,他又无法断定哪个保险丝盒是控制姑娘家的电路的。他只能拔一个就跑出去看一下,看看到底是不是姑娘家的窗口熄了灯。可惜的是他总是拔错,当他终于看到姑娘家的灯熄灭了,帕西诺说自己当时已经精疲力竭了。

《教父2》剧照

每周挣 14 美元就曾经让帕西诺非常满意,那你知道他第一次挣大钱是在什么时候吗?有朋友会说,那一定是在拍《教父》的时候,因为这部影片使他被提名了奥斯卡的最佳男配角奖。可你要知道，拍《教父》时，帕西诺还只是个新人，最终他因出演麦克·柯里昂赚了15万美元。相比于每周14块美元，15万美元已经是个天文数字，而且20世纪70年代初期，15万美元还是相当值钱的。两年之后他又演了《教父2》，那时候帕西诺的身价已经是水涨船高了，所以他人生第一次挣大钱一定是在拍《教父2》的时候。那他到底挣了多少钱呢？

据帕西诺说，当年我本不打算出演《教父2》，是科波拉反复在劝说我。派拉蒙公司原先准备给我10万美元片酬，我没有答应。他们改口说15万美元，我还是拒绝了。于是他们就把价码提高到了20万美元，我依然拒绝。他们竟然就一路把价格飙升到了35万美元，我咬了咬牙，还是说了"NO"。我就想看看他们到底会为我出多少钱。结果他们居然报出了45万美元，我还是拒绝了。之后，他们就邀请我到纽约的办公室继续谈，我们一边喝着酒一边说笑，制片人拉开他的抽屉，打开一个盒子，我就坐在他对面，他将盒子的开口慢慢转过来对着我说，如果我告诉你这里有100万美元的现金，你答不答应？我说那不意味着什么，不过是个抽象概念。说实话，我对于最终没有拿这100万美元，还是想对那位制片人说一声"不好意思"。因为事情的结局是我拒绝了100万美元，最终得到了600万美元，也就是影片票房的十分之一。我最终答应出演，是因为他们答应给我票房分成。

同志们啊，20世纪70年代中期的600万美元，我想至少等于现在的6000万美元吧。他出演一部电影就挣了相当于现在的几亿人民币。

3

说起《教父》，我又想起阿尔·帕西诺曾经几次谈到在表演上马龙·白兰度对他的意义。他说每回当他注视马龙·白兰度的时候，都会意识到自己正在观察一位伟大的演员，无论他是不是在表演。帕西诺清楚地记得第一次观看《码头风云》时，当影片结束，自己呆立在那里无法离开电影院，他想有必要再看一遍。帕西诺喜欢回味他和马龙·白兰度第一次见面的情景，当时他和戴安·基顿，就是在《教父》中演他妻子的那位女演员坐在一起，他们坐在桌子的一边，另一边坐着的就是白兰度。他们都尽力想把他当作一名普通的演员，但还是非常紧张，马龙·白兰度向两人问好，基顿回答说"我很好"，语气就好像她不敢相信眼前发生的事情。果然她终于憋不住了，她对帕西诺悄悄说："我不敢相信这是真的！"基顿是个很放得开的女演员，能够说出自己的真实感受，而帕西诺坐在一边从头到尾都紧张得不行。有一次马龙·白兰度来到现场看帕西诺演戏，那次正在拍《教父》中他和基顿的第一场戏。马龙·白兰度没有通告，但他来到了排练场，径直走到了摄影机边上，开始观看他们演戏。在拍摄过程中有一片树叶落在了帕西诺的肩上，他拿下扔掉了。过了一会儿，马龙·白兰度走了过来，对他说："我很喜欢那片树叶落在你肩上时，你做的那个动作。"很显然出演《教父》使帕西诺得以近距离观看马龙·白

阿尔·帕西诺

《教父》剧照

兰度那著名的方法派表演。白兰度敢于将自己的缺点演绎成人物的特点，这一招真正启蒙了帕西诺的表演观念。别的不说，他自此不再为自己的烟嗓而烦恼了，反而强化了这个缺点，将它当作塑造人物的法宝。

从1973年开始，阿尔·帕西诺凭借《教父》《冲突》《教父2》和《热天午后》四部影片，连续四年赢得奥斯卡最佳男配角奖和最佳男主角奖的提名，30多岁就攀上了人生和事业的第一个巅峰。可是他对参加奥斯卡颁奖典礼一直心有余悸。1975年，因为在《教父2》中的出色表演，帕西诺被提名第47届奥斯卡奖最佳男主角，那是他第二次去参加奥斯卡的颁奖典礼，前一年因为演了《冲突》去过一次。这一次他坐在了第三排,和戴安·基顿坐在一起。那天有人帮他做了个新发型,他说看上去就像头上顶了一个鸟巢,真是很糟糕。其实倒不是因为发型,而是因为他实在太紧张了,于是就努力摆出一副满不在乎或者很酷的表情。典礼进行的时候,他转过头去对一个朋友说:"嗨,好像今天看上去没时间颁发最佳男主角了。"那位朋友很奇怪地看着他说:"真的吗?可是颁奖典礼还有三个小时呢。"帕西诺说他一紧张就想去上厕所,为了缓解一下,他在厕所里偷偷吃了一片镇静剂,而且像吃糖果一样嚼碎了吃。我们知道药片一嚼碎,药效就特别快。所以当真的要颁发最佳男主角奖的时候,帕西诺整个人已经瘫软在座位上,根本走不上舞台了。他在心里祈祷:"请不要让我当选,拜托了,上帝。"然后他就听到了获奖者是阿尔特·卡尼,他从心底里高兴,因为当时他已经完全站不起来了。真不敢想象,如果

《闻香识女人》剧照

获奖的是他,该怎么收场呢?

　　阿尔·帕西诺终于获得奥斯卡最佳男主角奖是在将近20年后,在影片《闻香识女人》里他饰演了一位暴脾气的失明退休军官。说实话,他对这个角色的拿捏已经达到了炉火纯青的境界。那种中年男人散发出的性感,别说女观众抵挡不住,连我也抵挡不住。

　　这又让我想起帕西诺说过的一件事情。他说有一个阶段他经常去游泳,在泳池边总会有女孩向他暗送秋波。有一次他和朋友在一起,他看到一个女孩对他"放电",心想又有人认出他了,可事实上对方根本就不知道他是谁,他也没有上前去攀谈,没有用什么方式去和她认识,只是坐在那里,但是那种感觉真是太棒了。有人听到他这么说,就问他:"你是怎么知道她不知道你是谁的呢?"帕西诺说:"有一次我们又见面了,对方开口和我说话,我才知道她根本不知道我是谁。"别人又问:"那你为什么不告诉她你是谁呢?"帕西诺说:"我告诉了呀,我给了她一张我的照片,还签了名,不过我签的是'罗伯特·雷德福'。"罗伯特·雷德福就是出演《走出非洲》和《马语者》的好莱坞大帅哥,也是著名的圣丹斯电影节的创始人。这件事不管是真是假,我们都可以看出一个明星或者干脆说一个男人要保持活力,就一定不要失去在异性面前调侃自己的能力。

阿尔·帕西诺 Al Pacino

1940 年 4 月 25 日出生于美国纽约市。美国著名演员。

1971 年，他出演了成名作《教父》。之后连续四年获得奥斯卡最佳男配角、最佳男主角提名。

1974 年，凭借在电影《冲突》中的表演获第 31 届美国金球奖电影剧情类最佳男主角奖、第 18 届意大利大卫奖最佳外国男演员奖。

1976 年，凭借在电影《教父 2》《热天午后》中的表演获第 29 届英国电影学院奖最佳男主角奖。

1993 年，凭借在电影《闻香识女人》中的表演获第 65 届奥斯卡金像奖最佳男主角奖、第 50 届金球奖电影剧情类最佳男主角奖。

1994 年，获第 51 届威尼斯国际电影节终身成就金狮奖。

2004 年，凭借在电视电影《天使在美国》中的表演获第 61 届美国金球奖电视电影最佳男主角奖。

2007 年，获美国电影学会颁发的终身成就金狮奖。

2011 年，凭借在电视电影《死亡医生》中的表演获第 68 届美国金球奖最佳电视电影男演员奖。

2012 年，被授予美国国家艺术勋章。

克劳斯·金斯基
他是银幕上的魔鬼,也是生活中的魔鬼

Klaus Kinski

2018年4月,上海举办了新德国电影四杰之一——维尔纳·赫尔措格的电影回顾展。这次来的片子全都是胶片版本,我当时是好生兴奋,因为终于可以有机会在大银幕上得见胶片版本的《陆上行舟》。

克劳斯·金斯基

1

《陆上行舟》这部影片很早就进了我那个"葛颖片单",是我要求本科学生在四年的专业学习中必须熟读的一部影片。我是赫尔措格的忠实影迷。记得以前看中国台湾学者的文章,他们屡屡提到一个德国的大导演叫荷索,我心里总是犯嘀咕,那么出名的一个德国导演我居然闻所未闻,后来才闹明白,原来是两岸在人名翻译上的不同造成的。荷索就是赫尔措格,还有楚浮就是特吕弗,高达就是戈达尔,高达,哈哈,我也真是服了。

说起《陆上行舟》,我不知看了多少遍。《陆上行舟》是意译的片名,原片名是《菲茨卡拉多》,菲茨卡拉多是影片中男主人公的外号。到今天我还记得第一次看这部影片时,一下就被男主人公深深震撼,他简直就是一门小钢炮,人长得小,却充满了斗志和能量。他长相凶悍,一头金毛,尤其还常常瞪起一双眼睛,就像一头炸毛的日耳曼雄狮,对人颇具攻击性。这个银幕形象的创造者就是德国著名的演员克劳斯·金斯基。

如果你是个60后,50后就更不用说了,你一定记得20世纪80年代在国内公映过一部影片叫《苔丝》,电影里那位金发美女使娜塔莎·金斯基这个名字家喻户晓。那时候在中国观众的心目中,美国第一美女是波姬·小丝,欧洲第一美女就是娜塔莎·金斯基,她正是克劳斯·金斯基的女儿。后来当我得知他们原来是父女关系,又是被震撼了一下,没想到长得这么凶悍的男人居然能生出这么漂亮的女儿。娜塔莎年轻时可真是漂亮,现在老了,脸上就有了更多克劳斯的影子。

其实克劳斯·金斯基可比他女儿出名多了,塑造过的重要角色、合作过的重要导演也比他女儿多得多。他跟赫尔措格一共合作了五部影片,都是赫尔措格非常重要的作品。我喜欢赫尔措格

《苔丝》中的娜塔莎·金斯基

是因为他简直就是一个疯子，敢拍别人不敢拍的，能拍别人拍不出的。他声称自己三岁就遇见过上帝，是一位敏锐的拥有上帝恩赐的先知，我特别中意那些有才华的狂人。原来我还以为作为演员的克劳斯·金斯基是在膜拜赫尔措格的疯狂，后来才知道克劳斯是赫尔措格的偶像，赫尔措格打小就看样学样，甚至可以说，赫尔措格的疯狂是克劳斯一步一步教出来的。

2

赫尔措格 13 岁的时候认识了克劳斯。1955 年，年幼的赫尔措格随母亲和两个哥哥从巴伐利亚搬到了陌生的慕尼黑，住在一间公寓里，他们的邻居就是克劳斯。克劳斯比他大 16 岁，在少年赫尔措格的眼中，克劳斯就是一个怪物。他曾经把自己反锁进厕所，用整整 48 个小时，把马桶、水箱、玻璃都砸成碎片，最终口吐白沫，被警察带走。他还一丝不挂地在附近的树林里行走，甚至因为衬衫的衣领没有烫平就对着房东怒吼数小时。

当赫尔措格成长为一名导演之后，他邀请已经是大牌演员的克劳斯出演他的影片，很多角色都像是为克劳斯度身定制的。我们可以想象，在赫尔措格准备剧本的时候，脑子里一定出现了克劳斯的形象。可以说有了克劳斯的加盟，赫尔措格的影片才会有夺目的光彩。克劳斯被公认是最会饰演神经质的演员，简直就是本色出演。你想想，两个神经病搞在一块儿，那些电影别人怎么拍得出呢？

《陆上行舟》剧照

《陆上行舟》拍了整整四年，多位演员因无法忍受南美洲热带丛林的拍片之苦而相继离去，摄制组还不断受到当地印第安人的驱逐和骚扰，可赫尔措格不仅不放弃，还坚持要拍摄真的大船越过山岭的场面,困难之大可想而知。克劳斯·金斯基无怨无悔地站在赫尔措格这一边,全情投入到影片的拍摄当中。可以说,没有克劳斯就没有《陆上行舟》。但两人在拍摄现场的关系却并不和谐,而是常常相互争斗,也许只有相互争斗,才能让这俩疯子觉得有意思,每天都充满了干劲。据说,有很多场面调度,克劳斯不满意,他觉得赫尔措格想偷工减料,非要他根据自己的意思再来一遍。在南美拍摄《天谴》的时候,由于财务紧张、天气恶劣,两人居然用手枪相互威胁要干掉对方。后来,克劳斯面对媒体说赫尔措格根本就没枪,有枪的是自己。克劳斯去世后,赫尔措格回忆往事不禁感慨,说自己的每一根白发都是克劳斯造成的,但克劳斯也是他最想念的魔鬼。

3

由于克劳斯在艺术上取得了巨大的成就,他面对媒体发表一些"魔鬼"的言论,也就被大家认为是艺术家狂野的个性而并不在意,有时还会受到追捧。比如克劳斯在电视节目上鼓吹女孩应该像中东地区一样,11岁就结婚,结果赢得了观众的掌声和笑声。在已出版的自传中,他还描述了想和自己的母亲和姐姐发生性关系,宣称应该彼此相爱。这种过分的说法仍然被一些追捧他的人视为一个天才的乖张,他们崇拜克劳斯·金斯基,喜欢看他咧着嘴笑、瞪起愤怒的双眼、鸡窝一般凌乱的头发,以及歇斯底里地面对镜头的吼叫,这些都成了克劳斯的银幕标签。

正当大家仍在缅怀克劳斯这位银幕狂人的时候,他的大女儿波拉·金斯基在新书中控诉克劳斯曾经多次对自己实施性侵犯,据说这种性侵从她五岁的时候就开始了。虽然她一直遭受着父亲的侵犯,但父亲在世时她却保持了缄默,哪怕在父亲死后的20多年中,她也没有向外界透露半个字。在成为了三个孩子的母亲之后,她终于选择向公众揭露父亲不为人知的兽行,讲述了她被父亲践踏撕毁的童年。妹妹娜塔莎·金斯基结了两次婚,现在也是一个孩子的母亲。她承认小的时候也差点被父亲强暴。她并不知道姐姐身上发生的恐怖事情,这一对姐妹从来都不是朋友关系,没有一起吃过饭、度过假,没有融洽地共同生活过,甚至在20多年的时间里已经失去了联系。但她们都经历过因为父亲所引起的尖叫、噩梦和暴力。她们两人的共同点是,不管在克劳斯生前还是死后,都无法忍受在屏幕上看到他的身影。娜塔莎说克劳斯在家里和电影里一样疯狂。

随着女儿对克劳斯的揭露,越来越多的材料开始显现克劳斯真实的那一面。克劳斯·金斯基的父亲是一个没什么名气的歌剧演员,后来改行做了药剂师,母亲是一名护士,父母都在"二战"快结束的时候去世了。克劳斯从小养尊处优,1943年他应征入伍,加入了德国的国防军,很快就被英军抓获,投降做了一名战俘。他喝自己的小便,吃香烟,希望让自己生病,好早点儿被释放。据早年跟他共过事的人说,克劳斯不尊重任何人。曾经的神话渐渐显出了黑暗的底色,重读克劳斯的自传,当我们再次看到他在书中写道："我渴望和娜塔莎在一张大床上度过激情的一周",可能再也没有一个人会认为这只是一个天才的乖张。在现实中,娜塔莎侥幸逃脱了父亲的侵犯,波拉却没有那么幸运。娜塔莎年轻时的行为,事实上也不能说没有克劳斯带来的阴影。她16岁就和比她大28岁的罗曼·波兰斯基同居了,而且对自己的身体似乎有着一种厌恶。她根本无意于保护身体的隐私,频频接拍裸戏,选择疯狂露点,当然这也为她带来了关注度。但后来娜塔莎自己说,希望有钱能买下这些电影的拷贝,然后烧了它们。由此可见,成年之后的娜塔莎有多后悔当年的行为。曾经被认为是虎父无犬女,而今看来竟是一场反人伦的家庭悲剧。

中国人说相由心生,面目凶狠的克劳斯原来真的是一个畜生。追溯他的罪恶之源也许还是因为"二战",普通德国人的良知和敬畏被摧毁了。虽然战争逝去多年,但只要恶行曾经显现,就如同潘多拉的盒子已经被打开,这个世界不知还有多少逃逸的魔鬼。

克劳斯·金斯基 Klaus Kinski

1926 年 10 月 18 日出生于波兰但泽自由市。德国著名男演员。一生出演了一百多部电影,其重要作品有《陆上行舟》《天谴》《诺斯费拉图》《沃伊采克》《眼镜蛇》《上海异人娼馆》等。

1991 年 11 月 23 日逝世于美国加州。

科恩兄弟
求求他们，千万不要变成姐妹

Coen Brothers

2018年年初，我同声评论了一部我非常喜欢的电影，就是《老无所依》。这部影片我已经记不清看过几遍了，这次为了同评又看一遍，仍然是被深深地震撼，所以忍不住要跟你聊一聊影片的作者科恩兄弟。

1

我很早就开始关注科恩兄弟,记得最早看的他们的电影是《巴顿·芬克》。那时候还是录像机时代,我翻录过三次这部影片,因为磁带在磁头上磨多了,影像质量会有明显的下降,为了让画面永葆鲜艳的色彩,我就想方设法借来另一台同等型号的录像机。《巴顿·芬克》也是我最早给学生推荐的必看片目。说起《巴顿·芬克》,它使科恩兄弟第一次在全球范围被关注,虽然不是他们的处女作,但透着一股初生牛犊的锐气。1991年他们才三十多岁,《巴顿·芬克》就赢得了戛纳国际电影节的金棕榈奖,哥俩还拿到了最佳导演奖,影片的男主演也获得了戛纳的最佳男演员奖。作为影坛新人,这样的结果有如神助。

1991年那届戛纳国际电影节的评委会主席是罗曼·波兰斯基。20世纪90年代初期的波兰斯基可是享誉世界的电影大师,当时电影节的选片总监吉尔斯·雅各布为能邀请到他担任评委会主席而备感荣幸，没成想波兰斯基却给他制造了麻烦。雅各布退休之后写过一本自传叫《公民戛纳》，其中特别提到了1991年那届电影节上发生的评审内幕。当初波兰斯基根本不认识什么科恩兄弟，他们属于八竿子打不着的关系。可他打一开始就想全面操控主竞赛单元的获奖影片，于是从评委会的组成人选上就横加干涉。据雅各布在回忆录中描述，凡是有人在评审的时候提出某一部候选影片不错，而波兰斯基如果不喜欢的话，他就会立刻打断别人，把别人的意见否了。评审到了第三天，波兰斯基亲自给雅各布打了个电话，说能看得上的片子太少了，意思就是对那届入围金棕榈的影片的总体质量表示不满。其实那一年的好片子还真不少，经过时间的淘洗，当年很多入围的影片今天都成了经典。比如雅克·里维特的《不羁的美女》，拉斯·冯·提尔的《欧罗巴》，基耶斯洛夫斯基的《薇洛妮卡的双面生活》，安哲罗普洛斯的《鹳鸟的踟躇》，皮亚拉的《梵·高》，斯派克·李的《丛林热》。但这些影片要么不入波兰斯基的法眼，要么因为某一位创作者曾经跟某一名评委有过节，反正是为了私人情感被拒。不过话说回来，世界上再顶级的电影竞赛，也都是由人来评的，人都是有情感的，所以咱冯小刚导演说任何评奖都是关系，言下之意，考量一部电影的质量还不如看票房，因为票房是观众真金白银堆出来的。那一年有评委居然说出了这样一句话："我们一定要选出一个金棕榈吗？"奇迹发生在倒数第二天，那天放的影片是《巴顿·芬克》《鹳鸟的踟躇》和《梵·高》。据说看《巴顿·芬克》时，波兰斯基全程都笑盈盈的,看完他走过来对雅各布说:"这部还不错吧?"其实雅各布心里更喜欢《梵·高》,他提醒波兰斯基:"你注意到了吗,这部片子完全是对你的致敬。里面有《冷血惊魂》《死胡同》《怪房客》《罗丝玛丽的婴儿》……"雅各布本来是想让波兰斯基注意到《梵·高》更有原创力,没想到波兰斯基一听,脸上立刻就发光了,他总算找到了他的金棕榈,而且这对儿兄弟够年轻,还来不及跟那些评委们产生过节。提这段陈年旧事不是说科恩兄弟没实力,能入围戛纳主竞赛单元的都是好片,但显然他们更有运气,八竿子打不着的波兰斯基成了哥俩的上帝。至此他们就从"圣丹斯系"毕业,升学到了"戛纳系"。

2

所谓"圣丹斯系"指的是美国一个专门鼓励独立电影创作,并且旨在发现和扶植那些和好莱坞趣味完全不同的美国电影人的电影节,电影节的主办方是圣丹斯学院,我们常常把那些由某个电影节推出的导演视为该电影节的嫡系。1985 年,凭借处女作《血迷宫》,科恩兄弟夺得了圣丹斯电影节的评审团大奖。而自从《巴顿·芬克》拿到了金棕榈奖,他们就变成了"戛纳系"的红人,戛纳的平台可比圣丹斯大多了,之后哥俩几乎每一部新片都会入围戛纳。这个重要的艺术电影平台,为他们的独立制作提供了非常好的保障。钱不钱咱先不说,你知道戛纳的主竞赛单元每年都

《巴顿·芬克》剧照

是国际媒体报道的热点,只要入围就会变成世界关注的红人。仅凭这一点,科恩兄弟的电影创作就始终凝聚着公众的注意力。

《巴顿·芬克》的故事其实挺简单,讲一个在百老汇刚冒头的小编剧巴顿·芬克被好莱坞大佬招去写类型片,而且是比较冷门怪癖的类型——摔跤片,就是专门描写摔跤手的故事。为名利驱使,小编剧真就去了好莱坞,可是他写不出来,可想而知他有多痛苦。这种状态是当年让我深刻迷恋这部电影的重要原因,因为我曾在大制片厂待过,体会过写不出来的滋味。男主人公写不出来是因为他不愿意向那些低级的类型片原则妥协,可写不出来在好莱坞就成了废物,原本把他待若上宾的老板渐渐对他失去了耐心,巴顿·芬克的日子越来越难过,更重要的是他觉得自己的自尊渐渐丧失了。他住的旅馆房间隔壁住着一个胖子,看上去像个摔跤手,其实是个卖保险的,原本被巴顿·芬克认为是没文化的粗人,而且天天打扰他,后来他却渐渐对这个胖子产生了好感,甚至依赖。影片进入了高潮,一名好莱坞大编剧的女助理莫名其妙死在了巴顿·芬克的床上,所有知识分子的脆弱、胆小开始集中爆发,巴顿·芬克平时气宇轩昂,真遇到事却只会像一个小女人一样缩在卫生间里哭,胖子帮了他。巴顿·芬克没有想到的是,警察的到来不是为了这宗杀人案,而是拿着一张照片,问他有没有见过这个杀人犯,原来胖子是个连环杀手。令我们啼笑皆非的是,只有一个匪徒才能把这个小编剧解放出来,不仅让他从杀人的麻烦中抽身,更触动了他的创作冲动。这部影片是当年科恩兄弟真实创作心态的一种投射,他们从骨子里看不上好莱坞的类型片,就像巴顿·芬克瞧不起摔跤片,可正是一个"摔跤手"拯救了巴顿·芬克。《巴顿·芬克》可以说是科恩兄弟的一次反省,那些独立电影的创作者们以捣毁好莱坞的类型片为能事,可他们的真正出路却非常黑色幽默地在于被好莱坞的类型所拯救,这对兄弟之后的创作道路始终没有偏离对类型叙事的改造。

3

科恩兄弟,哥哥叫乔尔·科恩,1954 年出生,三年之后弟弟伊桑·科恩出生,两人总是联合起来共同完成一部电影。另一部我极喜欢的他们的作品是 1996 年出品的《冰血暴》,英语片名 *Fargo*,Fargo 是美国北达科他州一个小镇的名字。香港翻译的片名特别有意思,叫《雪花高离奇命案》,翻成"雪花高"是因为影片从始至终都在北达科他州的冬天,外景中的雪特别厚,所以既有"花高"与"Fargo"的音同,又有影片环境的提示。这部片子和科恩兄弟一系列电影所要表达的东西差不多——和人的贪欲有关,随着恶渐渐释放出来,原本简单的世界就像滚雪球一样,灾难越来越深重。整个影片是多线索发展,编剧思维非常缜密。我喜欢这部电影还有另一个原因,就是我特别欣赏片中那个大肚子的女警形象。女警这条线既与主线关系紧密,又不时游离出主线,非常具有科恩兄弟式的叙事特点。演女警的弗兰西斯·麦克多蒙德是我很欣赏的一个美国女演员,长得绝对不漂亮,人家也不走脸蛋路线。她把一个乡下的女警刻画得入木三分,传神的是还挺着大肚子,她不是什么神探,只是一个带着农村妇女的淳朴,

《冰血暴》剧照

而且头脑也挺简单的警察,这绝对为世界电影的警察形象之林添了一个独特的角色。麦克多蒙德是乔尔·科恩的妻子,1997 年 3 月 24 日的晚上,第 69 届奥斯卡金像奖颁奖,那一年最佳女主演的争夺异常激烈,候选女演员中有我喜欢的艾米莉·沃森,她凭借拉斯·冯·提尔的《破浪》被提名,还有克里斯汀·斯科特·托马斯、黛安·基顿等,最后麦克多蒙德胜出。那天晚上,她依偎在丈夫乔尔·科恩的怀里,就像一个小女孩,他们都是搞电影的,没有比这种嘉赏更能体现夫妻之间的心心相印了。

4

《老无所依》是我最喜欢的科恩兄弟的作品,我觉得随着时间的推移,这部影片会愈发显现它的价值。我喜欢《老无所依》,

《老无所依》中的杀手

《老无所依》中的警长

《老无所依》中的猎人

很重要的一点是因为全片充斥着男性荷尔蒙。影片主要展现的三个男人都极其厉害,汤米·里·琼斯这个老戏骨演了经验老到的警长,贾维尔·巴登演了变态杀手,这又是一个经典人物形象,乔什·布洛林演了贪财的猎人。原本片子完全可以做成一部两个男人相互追杀的电影,事实上影片的前三分之二确实做到了,杀手和猎人的相互追杀扣人心弦、高潮迭起。但猎人突然死了,退出了博弈的舞台。老警长的戏份随之凸显、越来越重要。这种不规整的结构，就是科恩兄弟的标签，但影片中到处弥漫着好莱坞类型片的气息。某种程度来讲，他们的电影从来就不排斥好莱坞的类型元素，他们追求的是为好莱坞的经典叙事增加更多的可能性，让已经为观众所熟识的元素重新产生陌生感。

据说，变态杀手的发型来自科恩兄弟看到的一张老照片，上面有一个妓院的老鸨，她的发型被直接用到了贾维尔·巴登的形象创作当中。巴登演过各种各样的角色，从孔武有力的猛男到文弱的风流艺术家，可就是从来没演过变态杀手，科恩兄弟不啻是送了一份大礼，巴登凭此角色拿到了奥斯卡的最佳男配角奖。除了发型，杀手的武器也特别重要，如果枪只是枪，就不能给观众带来惊喜，只有换成不是枪的枪，才会饶有新意。变态杀手这个人物最有趣的设计是科恩兄弟赋予他的行事逻辑，也就是变态之处，他不光对生命没有起码的尊重，更反常的是他没有正常人的情感，因为没有情感，所以刀枪不入。相形之下，无论老警长还是猎人都存在正常人的情感，因而无法战胜杀手，这是影片揭晓的一个残酷法则。杀手畅行无阻，最后却被一辆不遵守交通规则的汽车撞成了重伤，科恩兄弟的黑色幽默至此达到顶峰。变态杀手从来不遵循人世间的规则，唯有一次便立刻沦为了受害者，影片完全是一部末世箴言。

我常常问自己为什么那么喜欢这对兄弟，最终发现是因为他们代言了一群有高等教育背景，在自我想象中觉得自己有才，却混得并不怎么样的中年男人。我对他们有两个希望：一是希望他们继续高频率地出作品；二是希望他们千万不要变性，人家兄弟变成了姐妹是因为擅长拍酷儿电影,而科恩兄弟持续在探索的是男性荷尔蒙在这个时代的境遇。如果有机会碰到他们,我一定会对他们大喊:兄弟们,可千万别变性!

科恩兄弟 Coen Brothers

美国电影导演、制片人组合。哥哥乔尔·科恩生于 1954 年,弟弟伊桑·科恩生于 1957 年。

1985 年,联合编导影片《血迷宫》,获第 1 届美国圣丹斯电影节评审团大奖。

1991 年,联合编导影片《巴顿·芬克》,获第 44 届戛纳国际电影节金棕榈奖、最佳导演奖。

1996 年,联合编导影片《冰血暴》,获第 49 届戛纳国际电影节最佳导演奖;次年,本片荣获第 69 届奥斯卡金像奖最佳原创剧本奖。

2001 年,联合编导影片《缺席的人》,获第 54 届戛纳国际电影节最佳导演奖。

2008 年,联合编导影片《老无所依》,获第 80 届奥斯卡金像奖最佳影片奖、最佳导演奖、最佳改编剧本奖。

2013 年,联合编导影片《醉乡民谣》,获第 66 届戛纳国际电影节评委会大奖。

2015 年,联合担任第 68 届戛纳国际电影节评委会主席。

2018 年,联合编导影片《巴斯特·斯克鲁格斯的歌谣》,获第 75 届威尼斯国际电影节最佳编剧奖。

冯小刚
这回他是在演戏吗

Xiaogang Feng

影视圈天天都不消停，你方唱罢我登场，2017年搅得满城风雨的就是《芳华》撤档的事情。原本一部新片临时决定撤挡也没什么，现如今电影已经是一个商品了，商家决定停止发售新品，也就是一个纯粹的市场行为。可这次《芳华》撤挡，真的有点与众不同，冯小刚扮演了一个悲情角色，他的戏现在是越来越好了，好得让人真假难辨。

1

我算是比较早地看了《芳华》，据说冯小刚在听了各路的意见之后，由赵薇陪着又剪了一版，说明他确实觉得《芳华》离年轻观众有点远了，得有一个年轻一点儿的导演给他出出主意，可问题是赵薇也不年轻了。新版本跟我看的差了十来分钟，剪掉了一些东西，大体意思都还在吧。

我看完《芳华》直接的反应就是挺担心这个片子的市场表现，现在中国电影主体观众群的年龄非常低，换句话说，要想票房好，就得年轻人喜欢。可《芳华》的题材是年轻人不熟悉的。当然，不是只有熟悉的题材才会有票房，我在课堂上也常常谈这个问题——电影如何表现历史事件。我常拿一个美国片子作为范例，就是凯文·科斯特纳的《与狼共舞》。这部电影表现的是美国拓殖时代的故事，所有坐在电影院里的观众，哪怕有100岁高龄，都没有亲历过那个时代。可好的电影导演就是要有招儿、有能力把观众引进特定的历史语境中。《与狼共舞》真是感动了无数观众。要在电影中处理好历史事件的表现，必须梳理具体故事中的"同"与"不同"。一要注意历史和现在的不同，只有让观众理解那些不同的东西才会不困惑；二要在不同中找到同，我看最重要的就是人性，其实在不同的历史阶段，人性都没有太大的不同，先人也有七情六欲，也要吃喝拉撒。只有非常聪明又谨慎地处理好同与不同，才有可能把观众带进故事的情境，让他们感同身受，被影片打动。

怎么让年轻观众理解20世纪70年代末人与人之间的关系，我觉得冯小刚还是想简单了，毕竟于今而言，两个时代的人在价值观上已经有了太大的不同。我小时候的理想就是当一名解放军战士，《芳华》表现的是部队里的文艺兵，文艺兵可不是想当就

《芳华》剧照

能当的，非得是长得漂亮的少男少女们才有资格做这个梦。你看，一进文工团那是双重的满足，既满足了男孩女孩们想参军的愿望，又没有泯灭他们的艺术追求。文工团就是部队中的梦幻舞台，穿着人人羡慕的军装唱唱跳跳，可谓天之骄子，不亚于现在考取北大清华。这群人从万千人中脱颖而出，这份荣誉感和自豪感是时代特征，也是故事基础，影片应该着力去交代，争取在开头就实现与主体观众群的价值认同，而仅仅表现一桩偷穿军装拍照的事件肯定是不够的。影片中对越自卫反击战到底是一场怎么样的战争也交代得不清楚，事实上它的特殊性是导致参与者的战后命运不同于之前其他重大战争参与者的根本原因。既然触及了，就不要为语焉不详找什么借口，这里正是考验创作者有没有智慧的地方。否则参战的极个别人为什么会陷入生活困难、女主人公为什么发疯，就会显得做作、缺乏力度，对年轻人而言则是云里雾里。好好的时代大剧被削成了一出苦情戏。

  除了主体观众群，我也担心像我这个年龄的观众是否会被影片打动。对越自卫反击战发生在我十岁的时候，我对这场战争是有印象的，在我身边也有参加过这场战争的战士，他们曾经跟我说过很多战场上的事情，所以我肯定不会像年轻人那样觉得无法理解。我能理解，但影片依然没有打动我。为什么？因为我是一个旁观者，我没有文工团的经历，也没有对越自卫反击战的经历。我相信亲历过文工团和对越自卫反击战的观众，一看到影片中熟悉的场面，就会调动起内心的情感记忆。这种情感共鸣是旁观者没有的，不在创作上想办法构建情感认同，共鸣是不可能自动生成的。假如对历史题材的处理都得依靠亲历者的切身感受去填补叙事上的不足,这样的作品在观众心目中是留不下来的。对付像我这样的旁观者,也许就得在生活经验上做文章,也就是寻找到人性的共通之处。《芳华》安排了很多女孩们的互相伤害戏,却不太见到姐妹情深的戏。你想想,一群姑娘在舞台上能跳出配合如此默契的舞蹈,如果在生活中没有一点情谊是不太可能的。我们都是过来人,这种戏其实是省不掉的,要让观众既看到姐妹情深又看到互相伤害,才能确立人物情感的复杂度,相当于在一碗扎实的阳春面上添了浇头。这样待到喝分手酒,也就不会出现银幕上哭得稀里哗啦,观众席一片漠然的情况。我知道一个人在看别人作品时常常很清醒,一旦自己动手就会犯迷糊。可小刚导演不是一般的创作者,他的身边也不会少了谋士,这些低级失误的出现让人匪夷所思。

2

主体观众群似与影片有隔膜,像我这种边缘观众又难以被打动。《芳华》大概只能指着那些曾经的文工团员和越南战场上的老兵们来喝彩了。听闻影片的预售情况不好,才几百万。之前还看到一个帖子说冯小刚签了票房对赌协议,帖子的真实性待考,但票房对冯导形成的压力是显而易见的,再说他本就是个十分在意票房的导演。票房前景堪忧,所以临时撤挡,虽然损失难以避免，但合乎逻辑。咱别眼瞅着要死，硬往上撞呀，换一个档期，再修修改改，说不定会有转机。后来传闻越来越多，我们更是难辨真假。

冯小刚曾经说过："有人说我是公众人物，说话要注意影响，我想说我首先是一个人，我得说人话，别拿公众人物跟我说事儿，我就是不想骗人。……我不怕别的，就怕我女儿看不起我，怕孩子说，爸你可真假。"冯小刚是我非常欣赏的中国导演，虽然他无派无代，但我认为他的作品挑起了中国电影的一种风格。早几年我写过一篇文章，说他接上了老百姓审美的地气。他确实是一个特接地气的导演，而且有着民间智慧，不论拍喜剧还是悲剧，总能让我们感受到他的真诚。我也非常喜欢他在《老炮儿》中演的六爷，我敬这个角色三分，真的希望他永远记得曾经说过的那番话。

电影《老炮儿》中的冯小刚

冯小刚 Xiaogang Feng

1958 年出生于北京。祖籍湖南省湘潭市,中国著名导演、编剧、演员。

1994 年,执导个人首部电视剧《北京人在纽约》,获第 12 届中国电视金鹰奖优秀长篇连续剧奖。

1997 年,执导中国内地首部贺岁电影《甲方乙方》。

1998 年,执导电影《不见不散》,夺得当年中国内地电影年度票房冠军。

2001 年,执导影片《大腕》,获第 25 届大众电影百花奖最佳故事奖。

2003 年,执导影片《手机》,夺得当年中国内地电影年度票房冠军。

2005 年,编导影片《天下无贼》,获第 42 届中国台湾电影金马奖最佳改编剧本奖。

2008 年,执导影片《非诚勿扰》,该片打破华语电影在中国内地的票房纪录。

2015 年,被法国文化部授予"艺术与文学骑士勋章"。同年凭借在影片《老炮儿》中的表演,获第 52 届中国台湾电影金马奖最佳男主角奖。

2016 年,执导影片《我不是潘金莲》,获第 64 届圣塞巴斯蒂安国际电影节最佳影片金贝壳奖,其个人则凭借该片获第 53 届中国台湾电影金马奖最佳导演奖;次年,凭该片获第 31 届中国电影金鸡奖最佳导演奖。

让-吕克·戈达尔

电影史因他分成了上下两册

Jean-Luc Godard

2017年5月的戛纳国际电影节的主竞赛单元中,有一部片子叫《敬畏》,导演是法国的米歇尔·哈扎纳维希乌斯。他曾经拍过《艺术家》,该片不仅在欧洲,在美国也摘得了包括最佳影片、最佳导演等非常重要的奥斯卡奖项。

让-吕克·戈达尔

1

　　这位导演喜欢拍电影幕后的故事,《艺术家》讲的是从默片进入有声片时代,发生在好莱坞的幕后故事。这部《敬畏》又一次把摄影机对准了幕后,他拍的是法国新浪潮的代表导演让-吕克·戈达尔的故事。影片在戛纳一经放映就引起了轰动,这个题材实在太讨巧了,因为戈达尔简直就是电影界的一块活化石,而且又向来不跟媒体合作,所以我们对他仰之弥高却知之甚少。

　　《敬畏》展现了1968年戈达尔的一段往事。我们知道1968年法国发生了著名的"五月风暴",当时法国经济萧条,失业率增高,社会矛盾开始尖锐。3月份以学生为主体,尤其是大学生,要求改革教育制度,紧接着5月份法国工人举行了大罢工,要求实行每周40个小时的工作制。学生占领学校,工人占领工厂,水、陆、空交通停顿,商店关门,整个巴黎陷于瘫痪之中。不仅是巴黎,"五月风暴"还波及法国90多个省份,农民也要求提高农产品的收购价、降低税收,一直闹到10月,戴高乐政府才把局面稳下来。

法国的"五月风暴"其实有非常浓重的中国影子,1966年中国发生了"文化大革命",它的影响力远播欧洲。1967年甚至可

《敬畏》剧照

以被称为法国的"中国年",那时候巴黎到处充斥着中国"文化大革命"的符号。当时作为世界时尚之都的巴黎最流行的就是毛式领的套装,年轻人几乎人手一套,搞得巴黎最时髦的16区的服装店应接不暇,制衣工人加班加点都跟不上需求。巴黎左岸的那些书店中,持续脱销的书籍就是"红宝书"。

就在1967年,戈达尔拍出了一部重要作品《中国姑娘》,虽然这部影片在西方评论界颇不受待见,但我觉得它依然散发着戈达尔闪光的才华和"左派"的激情。这部《中国姑娘》无疑对第二年的"五月风暴"起到了推波助澜的作用,无数青年学生看后热血沸腾。其实影片剧情并不复杂,像一部室内剧。它讲了银行家的女儿维络尼卡,在20世纪60年代的某一天,和朋友们秘密召开了一次马列主义共产党支部会议。开会的那间屋子里堆着好大一堆"红宝书",墙上挂着中国那个时期的照片。来开会的人轮番出场,面对镜头现身说法。其中一个是演员,他大谈和中国学生在莫斯科大街上散发传单受阻的情况。一个女用说自己从农村来到城市谋生,做了用人可养不活自己,业余时间还得去做妓女,等于是在控诉资本主义制度。维络尼卡则在镜头面前号召大家把巴黎的大学、卢浮宫、法兰西剧院全部炸掉,因为这些东西都是腐朽的产物。她在镜头面前深深地懊悔自己出身于资产阶级的家庭,决心要跟家庭划清界限。这种语言方式是标准的"文化大革命"话语,对我们而言实在是太熟悉了。影片结尾非常有意思,支部会议已经结束,他们撤离了开会的房间,房间的主人回来了,他直接从墙上取下了革命标语,就在此时传来了维络尼卡的画外音，她说："这只是万里长征的第一步。"意思就是不要为民众的麻木不仁悲观，星星之火，可以燎原。

很多人都不喜欢《中国姑娘》，觉得很枯燥，而且如果不了解"文化大革命"的背景确实也有点看不懂，连资深的"戈达尔迷"都不太谈论这部影片。作为戈达尔创作前后期的一个分水岭，自这部影片之后戈达尔就走向了所谓的左派电影，他一直宣称：不再为资产阶级拍电影，要为劳苦大众拍电影。《中国姑娘》显然是从戏剧家布莱希特的说教剧中得到了某些启发，戈达尔完全蔑视了传统故事片的叙事方法，虽然他在新浪潮时期也有很多革命性的叙事策略，但都不如这部影片如此彻底。戈达尔不想再为观众讲故事了，他要把观众从电影的娱乐中召唤出来，他要让电影变成一个宣传世界革命的工具，一个与资产阶级战斗的工具。饰演中国姑娘维洛尼卡的演员就是当时戈达尔的妻子维亚泽姆斯基，她是戈达尔的第二任妻子。第一任妻子是成就了戈达尔在新浪潮时期诸多名作的安娜·卡里娜。

2

戈达尔出生于1930年，今天他还健在，我一直想用飞机把他从法国请到中国，可惜他宣布自己不坐飞机。我没开玩笑，确实曾经有机会可以把他请来，但最终没有实现。戈达尔生在一个大富大贵之家，父亲一系拥有法国的贵族血统，母亲一系是瑞士的银行世家,据说戈达尔的外公是巴黎银行和荷兰银行的创始人,所以戈达尔从小就在法国和瑞士之间来来往往。戈达尔生在一个不缺钱的家,却养成了偷窃的癖好,而且屡次被抓。他不仅偷家里的钱,还在外头偷。22岁那年因为偷了瑞士电视传媒公司的东西,被送进了苏黎世的监狱,他的父亲把他保释出来之后,直接把他送进了精神病院。据说正是因为这一段经历,戈达尔才下定决心要和他的父母、要和资产阶级家庭划清界限。就像中国早期的很多革命者都是地主家庭出身,他们恰恰是起来把地主阶级消灭掉的一群人。戈达尔也一样,自从跟他那个资产阶级家庭划清界限之后,就开始了一生跟资产阶级的战斗。"二战"之后戈达尔回到瑞士,变成了一个真正的无产阶级工人。他在一个水坝找了一份体力活,用挣来的钱买了一架16毫米的摄影机,在大坝上一边干活一边拍了自己的短片处女作,名字叫《混凝土作业》。1954年戈达尔的母亲因为车祸去世,他没有出席葬礼,可见他真的和他的家庭决裂了。

20世纪50年代中期,戈达尔回到了巴黎,进了《电影手册》编辑部,开始了他的影评写作。三年之后戈达尔就带着摄影机走上了巴黎的街头,拍摄了新浪潮的重要作品《精疲力竭》。据说在拍摄期间,戈达尔看到一则肥皂广告上有个丹麦女孩特别可爱,他决定要让她在《精疲力竭》里饰演一个小角色,这个女孩就是安娜·卡里娜。他对女孩说:"你演我的片子得把衣服脱了。"结果把人家吓坏了。三个月之后戈达尔又给卡里娜拍了电报,邀请她主演自己的政治电影《小兵》。卡里娜问:"这回要脱衣服吗?"

《女人就是女人》中的安娜·卡里娜

戈达尔说:"不用",他还对卡里娜讲,"这一次你不是演个小角色,而是演这个片子的主角"。《小兵》成了他俩电影合作的开始。

但凡有才华的男导演往往会爱上他的女主演,戈达尔在新浪潮时期拍过一部不太戈达尔的影片叫《女人就是女人》,影片里的卡里娜真是太有魅力了。戈达尔明显是用胶片传达着他的爱意,《女人就是女人》就像是他写给卡里娜的一封情书。相比于我们整个生命,爱情总是短暂的,戈达尔和卡里娜结婚没有几年就分手了。1966年,法国导演布列松的影片《驴子巴特萨》上映,戈达尔被影片的女主演安妮·维亚泽姆斯基深深吸引,他千方百计找到了她,当时的维亚泽姆斯基对戈达尔崇拜已久,很快就成为戈达尔的学生兼妻子,她连续主演了20世纪60年代中后期戈达尔两部最有名的作品,一部是《周末》,一部就是《中国姑娘》。可以说他俩有着一致的革命性世界观,维亚泽姆斯基在影片中愿

让-吕克·戈达尔

《女人就是女人》剧照

意服从戈达尔的一切指令,她为这些角色注入了戈达尔所谓向资产阶级开火的战士所应该有的精气神。他们两人真的可以被称为爱人同志。

我很希望能在短时间内看到《敬畏》,影片一定提供了那个时期戈达尔丰富的生活细节,像我这样的崇拜者,会为能看到一个立体的偶像而欣喜若狂。如果你到现在还不能了解戈达尔是何方神圣,请容我最后说一件特别有意思的真事。我们知道对电影史家而言,一大难点就是如何分期,各家有各家的分法,可有一位史家居然把这一百多年只分为两个时期,一个叫"没有戈达尔的世界电影",另一个叫"有了戈达尔的世界电影"。现在你该明白戈达尔的分量了吧。

让-吕克·戈达尔 Jean-Luc Godard

1930 年 12 月 3 日出生于法国巴黎。法国著名导演、编剧、制作人。

1960 年,执导个人第一部电影《精疲力竭》,获第 10 届柏林国际电影节最佳导演银熊奖。

1961 年,影片《女人就是女人》获第 11 届柏林国际电影节评委会特别奖。

1962 年,影片《随心所欲》获第 27 届威尼斯国际电影节评审团特别奖。

1965 年,影片《阿尔法城》获第 15 届柏林国际电影节金熊奖。

1967 年,影片《中国姑娘》获第 32 届威尼斯国际电影节评审团特别奖。

1982 年,获第 39 届威尼斯国际电影节终身成就金狮奖。

1983 年,影片《芳名卡门》获第 40 届威尼斯国际电影节金狮奖。

2014 年,影片《再见语言》获第 67 届戛纳国际电影节评审团奖。

2018 年,影片《影像之书》获第 71 届戛纳国际电影节特别金棕榈。让-吕克·戈达尔是目前仍在世的世界级电影大师。

艾曼努尔·卢贝兹基
他用镜头玩死影迷

Emmanuel Lubezki

你知道当今世界上最厉害的电影摄影师是谁吗？他是个墨西哥人，这几年墨西哥真是不得了，连续几届奥斯卡墨西哥人都是大赢家。除了"三剑客"，墨西哥还拥有一个在好莱坞身价千万的顶级摄影师，他的名字叫卢贝兹基。

1

我们知道世界影坛有"墨西哥三剑客":伊纳里图是一个,《鸟人》《荒野猎人》让他蝉联了奥斯卡的最佳导演奖,他还凭借《巴别塔》拿过戛纳的最佳导演奖;阿方索也是其中之一,《地心引力》让他拿了奥斯卡最佳导演奖;还有一个就是德尔·托罗,《水形物语》让这个胖子成了新晋的奥斯卡最佳导演。

摄影师卢贝兹基跟"三剑客"很熟,毕竟都是老乡。而且他跟阿方索原来就是同学,阿方索早期的电影都是由卢贝兹基来掌镜的。他还跟我心中的偶像泰伦斯·马力克合作了多部影片,那部《生命之树》是我试机的固定片目之一。我这个人对电脑只有一个要求,就是能看电影,液晶屏显示的颜色、影像的质感一定要达到我的要求,《生命之树》无疑就是那块试金石。

卢贝兹基创造过一个奥斯卡纪录,2013 年他因掌镜阿方索的

《地心引力》获得奥斯卡最佳摄影奖；第二年，2014年的奥斯卡最佳摄影奖再度颁授给他，他掌镜的伊纳里图导演的《鸟人》在运镜方面可谓鬼斧神工；2015年又是伊纳里图导演的一部神片《荒野猎人》，让他连续三年夺得奥斯卡最佳摄影奖。我想跟大家分享一些我看卢贝兹基作品的简单感受。

卢贝兹基跟泰伦斯·马力克属于一拍即合，马力克之前看了一些卢贝兹基掌镜的作品，尤其欣赏他跟阿方索合作的《人类之子》。马力克是那种在摄影上特别有要求、有想法的导演，他的影像风格之一就是善用、妙用自然光照明，这一点可以说跟卢贝兹基心心相印。我们都知道自然光和人工光的区别吧，用电或用火发出的都属于人工光，自然光说白了就是太阳光，月光也是太阳光的反射光。自然光相比人工光有太多的好处，不过特别难控制，因为太阳光不听任何人的指挥。无数摄影师因此望而却步，

《生命之树》剧照

但真正有质感的光线,而且能实现大范围照明,常常又会带来意想不到的效果的还是自然光。《生命之树》大量采用自然光拍摄,堪称妙用自然光造型的教科书,你完全可以把声音关掉观片,每一个镜头都充满了自然馈赠的戏剧魅力。《荒野猎人》的视觉震撼力来源于人与宏大景观的对比,为了凸显真实的天地之大,伊纳里图弃用摄影棚,执意把全组带进了加拿大的荒原,自然光成了唯一可用的照明。卢贝兹基每天都在追着太阳跑,他要确保不仅拍到还要拍好。低温严重影响表演,也同时考验着机器设备和幕后人员,很多镜头基本上没有重来的可能,难度可想而知。

2

我第一次看完《地心引力》,走出影院时感觉像是云中漫步,沉浸式观影带来的兴奋久久无法平复。有一场戏,桑德拉·布洛克饰演的宇航员在检修时突然与太空站分离,被抛掷出去,有一个跟拍她的镜头表现宇航员在太空中不断做着无重力翻滚。你知道在太空由于失重,那种翻滚是没有固定中心点的。你会发现桑德拉·布洛克的翻滚动作,有时候是以腰为中心进行旋转,有时候又改变成以脚为中心,旋转半径不断在变化。所谓内行看门道,这就是个看点,因为它模拟出了失重翻滚的特征。可问题是怎么拍呢?吊威亚显然不行,因为它的旋转中心是固定的。更绝的是这个跟拍镜头居然还追上了布洛克,进入了她的头盔,然后180

度调转方向，变成了她的主观视点。有朋友说：现在有什么调度是电脑虚拟不出来的。这说法理论上对，但实际操作不可能不顾及成本，所以摄影师的巧妙设计会比电脑更有效率，甚至更神奇，卢贝兹基一向乐此不疲。在已经解密的一些现场调度案例中，他的很多做法让我叹为观止。

《人类之子》中有不少了不起的调度设计，这部片子是当年阿方索和卢贝兹基发神经做出来的炫技之作，在拍摄期间他们天天像嗑药一样兴奋于那些镜头的设计创意。

给你介绍一个貌似平常实则玄机深藏的镜头。这个镜头共四分钟左右，是在一辆行驶的车中。车本身不大，大概也就是Polo级别，可车里却塞了五个成年人，而且都比较胖，尤其后座中间位置上的中年妇女一定是要很胖的那种，让他们在狭小的车厢内部没有可供盘桓的余地。你会发现镜头不是来自五个座位上某一

《地心引力》剧照

艾曼努尔·卢贝兹基

个人的手持拍摄,而是居中。有人会说:这不稀奇,把摄影机粘在汽车前盖上不就行了吗?可问题是摄影机能在车厢内部进行移动拍摄,最关键的是摄影机还可以180度调转拍摄方向,它到底放在什么地方?由谁来控制?有朋友说:把前挡玻璃拆掉,让摄影机伸进车内。但你发现在镜头中,前座那些演员的头发没有被风吹起来。或许有人干脆提出一个方案,说整场戏可以在棚内拍,车顶都可以不要,车窗玻璃完全是绿幕,合成时把窗外景扣像贴上去。估计当年卢贝兹基他们就料到有人会这么猜,所以设计了车外戏,让它和车内戏产生非常严密的互动关系,那些在车外追打他们的人以及摩托车,都说明这辆车是在公路上实拍的。而且在镜头的尾声,摄影机还从车内移出,让我们看到那是一辆正常的小汽车渐渐驶离。当初我看到这个镜头时被惊得无语,百思不得其解。卢贝兹基和阿方索天天在琢磨观众的心理,尤其是像我

《人类之子》剧照

这样的人，老是想要破解这些镜头的奥秘，他们就想玩死像我这样的人啊。

　　整整十年之后，这些神级镜头的制作花絮被公开，我们得以亲眼目睹曾经震撼我们的镜头在摄制现场的出炉过程。说实话，我又一次被那些奇思妙想深深震撼。可以说，这个墨西哥人是整个电影工业之幸，也是全体观众之幸。他的个人能力至少使电影的技术水准超前了十年。虽然我早已把他的名字和"皆有可能"画上了等号，但每当看到那些绝妙的镜头，我还是会下意识地感叹：操作摄影机的莫非是上帝！

艾曼努尔·卢贝兹基 Emmanuel Lubezki

1964 年出生于墨西哥。著名摄影师。

1992 年，掌镜影片《情迷巧克力》，获第 5 届东京国际电影节最佳艺术贡献奖。

2006 年，掌镜影片《人类之子》，获第 63 届威尼斯国际电影节最佳摄影奖；次年该片获第 60 届英国电影学院奖最佳摄影奖。

2011 年，掌镜影片《生命之树》，获第 26 届美国电影摄影师协会最佳摄影奖。

2014 年，掌镜影片《地心引力》，获第 86 届奥斯卡金像奖最佳摄影奖。

2015 年，掌镜影片《鸟人》，获第 87 届奥斯卡金像奖最佳摄影奖、第 68 届英国电影学院奖最佳摄影奖。

2016 年，掌镜影片《荒野猎人》，获第 88 届奥斯卡金像奖最佳摄影奖、第 69 届英国电影学院奖最佳摄影奖。

英格玛·伯格曼
他总能把痛恨他的女人拉回来拍电影

Ingmar Bergman

这个导演是导演中的"神中之神",说他是"神中之神"有三个原因:一是他的艺术地位特别高;二是他的影片题材常常和神有关;三是他跟很多女人包括他的演员发生过关系,但很少有导演能把曾经发生过关系和正在发生关系的女人拢在一块儿拍摄电影。此人是孤独岛主,常年住在一个岛上,这个岛位于瑞典,叫法罗岛。看到这里你大概已经猜出来了,他就是英格玛·伯格曼。

1

生于 1918 年的伯格曼，父亲是路德会丹麦派的牧师，后来成了瑞典皇家的专属牧师。父亲虔诚而保守，不苟言笑，却喜欢说教。他对伯格曼的管束已经到了残忍的地步，伯格曼小时候经常尿床，父亲就会把他锁在一个黑暗的衣橱里进行惩罚。父亲经常用自行车载着他去乡村教堂布道，每当父亲开始工作，伯格曼就沉浸在教堂的宗教世界当中，难怪他日后的电影有那么多的宗教气氛。由于父亲太过严厉，小伯格曼希望母亲能够关爱他，可偏偏母爱也缺失。我们知道一个人的童年经历对其一生的影响，伯格曼能拍出如此冷峻的电影，他和那么多的女性发生关系，又被那些女人诟病，我想都跟他童年缺爱有着很深的关系。

1937 年，伯格曼进入斯德哥尔摩大学攻读文学和艺术史，但是第一年他就打算退学。伯格曼回到家中跟父亲一说，父亲一记

《芬尼与亚历山大》中的主教形象

耳光教训了他。没想到19岁的伯格曼已经不再是一个只会忍受和沉默的孩子,他一拳击倒了父亲,又赏了赶来劝架的母亲一个耳光,从此跟父母断绝了关系。后来在伯格曼的电影中,我们看到了很多父亲的形象,这些父亲在影片里都不咋地,都是伯格曼用来鞭挞的人物。《芬尼与亚历山大》中有一个主教的形象,也是以伯格曼的父亲为原型。这个主教被刻画成了一个道貌岸然的伪君子,是一切罪恶与不幸的来源,可见伯格曼的童年阴影之深。直到他父亲去世前,两人才敞开心扉,化解了心结,成为了朋友,伯格曼也由此停止了在银幕上对所谓父亲形象的攻击。

伯格曼一生有过五次婚姻,这五任妻子好像都不是他最重要的女人。我们知道,有三个女人对伯格曼很重要,这三人都是他的女演员,分别成就了伯格曼的银幕杰作。第一个就是哈里特·安

《芬尼与亚历山大》剧照

德森,年轻时代的哈里特抽烟、喝酒、唱歌、跳舞,把伯格曼迷得神魂颠倒,当时伯格曼跟第三任妻子才刚结婚一年。他们俩的第一次合作就成就了一部经典《不良少女莫妮卡》,哈里特在片中释放出了精灵般的魔力。很快他们又合作了《小丑之夜》,据说伯格曼在写剧本的时候,请哈里特谈谈她丰富的性经历,她就讲了那些跟她上床的男人们以及种种细节,嫉妒之火煎熬着伯格曼,但这也变成了剧本强大的情感来源。第二个女人就是著名的毕比·安德森,她成就了伯格曼几部最具标志意义的影片,比如《第七封印》《野草莓》,可以说毕比就是伯格曼的银幕女神,哈里特自然而然被她取代了。伯格曼还没离婚就和毕比同居了,毕比也是有夫之妇,没办法,这就是人性,况且搞艺术的又是一群情感特别丰沛的人。他和毕比的情感足足持续了十年。

2

  1965年，伯格曼看到了一个女演员的照片，她叫丽芙·乌曼，又是一位大名鼎鼎的伯女郎。那时候伯格曼正在筹备新片《假面》，于是就把乌曼叫来试镜。很多年后乌曼回忆道：当我乘船渡过哥特兰岛和法罗岛之间的海峡时，都没有意识到命运即将改变。1965年的夏天，《假面》开拍，就在十年前的那个夏天，伯格曼和毕比坠入了情网。再往前推三年，十三年前的那个夏天，则是伯格曼和哈里特一见钟情。人的一生啊，一个一个跟你曾经走过一段的人，就如同一个一个角色粉墨登场，一会儿又悄悄下台。有意思的是，毕比也是《假面》的女演员，她不止一次提醒乌曼要当心这个男人，可乌曼根本听不进去。作为一个有激情的女演员，即便这个男人是危险的，她也要跟他共同绽放一次，而不是安全而平庸地过一辈子，谁让他是伯格曼呢。当时伯格曼已经开始了第四段婚姻，而且他跟第四任妻子生的孩子才三岁，乌曼也是一个已婚女人，伯格曼确实想过要跟乌曼好好走下去，但一个男人一旦度过了最初对一个女人疯狂的爱恋之后，渐渐又会露出他自私的本性。伯格曼每天定时写作、听音乐，不想被打扰，尤其在他工作的时候，就连乌曼也最好即刻消失。当然，工作一结束，伯格曼需要女人温暖的时候，他又希望乌曼立即出现。那一段日子乌曼觉得非常孤独，常常一个人哭。她痛恨这个男人怎么能自私到把她当成工具,好在这一年两人的女儿出生了,这在一定程度上缓解了乌曼的孤寂,也增加了她的安全感。但是伯格曼的自私依然故我,甚至常常对乌曼动手,法罗岛的家留下了乌曼太多的伤心。每次两人厮打后,就会进入长时间的冷战,双方都以沉默来折磨对方。难怪伯格曼在电影中描述家庭关系、夫妻关系时总是那么冷峻,原来他在真实生活中也时常操演这样的段落。

　　伯格曼自己也很清楚,所以当他意识到乌曼可能要离开他的

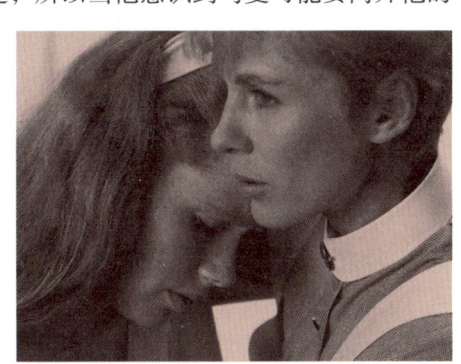

《假面》剧照

《假面》剧照

时候,他就想方设法用拍戏来折磨她。1968年的冬天,法罗岛上一片刺骨的冰寒,影片《羞耻》在岛上开拍。有一场戏是伯格曼的御用男演员马

克斯·冯·西多和衣着单薄的乌曼一起躺在一条小船上，在海面上进行长时间的漂流。伯格曼自己裹得严严实实，他命令小船一直在海上飘，不得靠岸，其实就是为了折磨乌曼，乌曼的恨在那一天达到了顶峰。没过多久，乌曼就带着女儿离开了这个黑暗天使。但有意思的是，两人都没点破，都没说关系结束了，相当于签了一纸停战协议，而这场战争并没有结束。当时伯格曼已经是具有世界威望的电影大师，丽芙·乌曼也因为出演伯格曼的影片而名声大噪，她跟伯格曼的情变就成了媒体追逐的重要新闻。当乌曼坐着飞机回到瑞典的时候，她的朋友和同事已经在机场等候，其中还有两个女人，就是哈里特·安德森和毕比·安德森。好了，三个曾经被伯格曼爱过也伤过的女人终于聚首了，她们可以一起喝酒、聊天、骂男人了。

3

伯格曼曾经对丽芙·乌曼说过一句非常好听的话，他说："你就是我的斯特拉迪瓦里。"什么是斯特拉迪瓦里？小提琴中的贵族。影片《红色小提琴》中的那把红色小提琴其实就是一把斯特拉迪瓦里琴。所以影片《呼喊与耳语》《面对面》《婚姻生活》《秋天奏鸣曲》，都是伯格曼用斯特拉迪瓦里奏出的不朽乐章，而那把斯特拉迪瓦里就是乌曼。从某种程度上讲，乌曼是幸运的，因为伯格曼正在步入老年，一个男人的火气在渐渐消退，温柔和爱意在渐渐上升。后来乌曼去了好莱坞发展,出演了几部影片,大家都希望她能够成为下一个葛丽泰·嘉宝,可没想到,两家电影公司因她而倒闭了。于是她又转战百老汇,当她的第一部百老汇剧目《玩偶之家》上演的时候,一向不喜欢坐飞机的伯格曼居然飞到美国前来助阵。当乌曼走上导演之路后,伯格曼又成了她的编剧,他一直非常欣赏乌曼的才华。伯格曼说:她缓解了我的内心挣扎,在她的故事里,我感觉我儿时对父母所抱的怨恨逐渐消散了。

2007年7月29日清晨,乌曼在挪威醒来,突然预感到会有事情发生在伯格曼身上。于是她马上租了一架飞机飞到了瑞典哥特兰,然后乘坐渡轮穿过哥特兰岛和法罗岛之间的海峡。这片海峡她曾经在42年之前穿越,那一年她没有想到会遇上改变她一

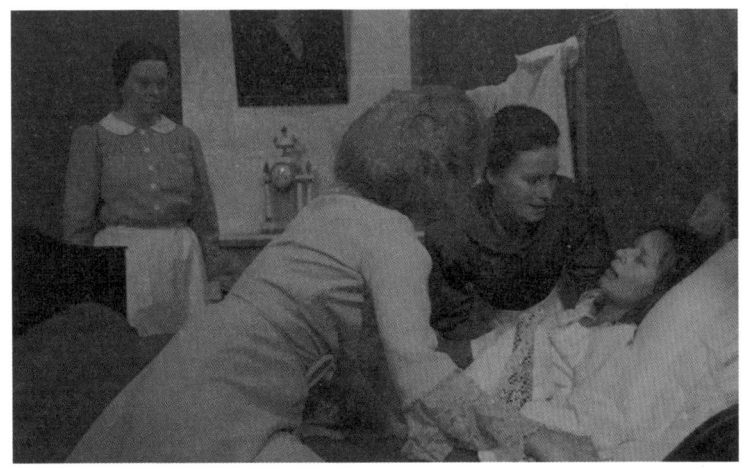

《呼喊与耳语》剧照

生的男人。今天再次穿越是为了去见这个男人最后一面。2007年8月18日，伯格曼的葬礼在白色的法罗大教堂中举行，乌曼和毕比前来为他送行。

  我想伯格曼是幸运的，在他生命的最后阶段，他曾经伤害过的女人们都赶来为他送行，说明这个男人仍有可爱之处。正像乌曼所说，1966年伯格曼的母亲离开的那一天，伯格曼抱着她说，今天妈妈去世了，我没有亲人了。乌曼说伯格曼在讲这句话的时候，完全就是一个孩子，这激起了她心中强大的母爱。伯格曼是位伟大的导演，他为世界奉献了经典之中的经典，但在内心世界，他仍是一个没有长大的孩子，一个经历过悲惨童年的黑天使。我想人类世界常常由二元分割，在伯格曼的内心深处，善与恶、幸福与悲惨可能常常在一瞬间相互转化。

英格玛·伯格曼 Ingmar Bergman

1918 年 7 月 14 日出生于瑞典乌普萨拉。瑞典电影大师。

1957 年,影片《第七封印》获第 10 届戛纳国际电影节评审团特别奖。

1958 年,影片《野草莓》获第 8 届西柏林国际电影节金熊奖。同年,影片《生命的门槛》获第 11 届戛纳国际电影节最佳导演奖。

1961 年,影片《处女泉》获第 33 届奥斯卡金像奖最佳外语片奖。

1962 年,影片《犹在镜中》获第 34 届奥斯卡金像奖最佳外语片奖、第 12 届西柏林国际电影节天主教人道精神奖。

1971 年,英格玛·伯格曼获第 35 届威尼斯电影节终身成就金狮奖。

1973 年,影片《呼喊与耳语》获第 26 届戛纳国际电影节技术大奖。

1984 年,影片《芬妮与亚历山大》获第 56 届奥斯卡金像奖最佳外语片奖。

1997 年,英格玛·伯格曼获第 50 届戛纳国际电影节金棕榈大师奖。

2007 年 7 月 30 日,在睡梦中于法罗岛的家中安详过世,享年 89 岁。

李翰祥

他庄可为历史存照，谐可作风月宝鉴

Han Hsiang Li

1978年中国内地刚刚开始改革开放，那时候的香港在内地人眼中就是一个资本主义的花花世界，还很少有香港人能来内地，哪怕是旅游。有一个香港大导演来到内地，遍游祖国的大好河山，黄河上下、长城内外、大江南北都留下了他的足迹。

1

他每到一地都会受到热烈的欢迎，尤其在北京和上海，许多内地电影界的同行、老前辈、旧相识和新朋友都纷纷跟他见面，比如北影厂当时的厂长汪洋，以及谢添、谢铁骊、成荫、水华、凌子风、黄宗江；上影厂当时的厂长徐桑楚、副厂长齐闻韶，还有白杨、沈浮、赵丹、韩非、舒适、刘琼等等；其他的艺术名家，比如画家程十发、刘旦宅，诗人白桦，作家李准也跟他见面神聊。在与各界的朋友交谈时，大家有一个共同的话题，都盛赞这个导演的一部作品——《倾国倾城》。大家一致认为，在香港的片场搭出紫禁城的布景，拍出这样一流的清宫片，很了不起！这位导演听了十分诧异，为什么每到一处大家都在谈论《倾国倾城》？原来是不久前，北京、上海刚刚在内部放映过这部影片，影片给大家留下了十分深刻的印象。这个大导演就是李翰祥。

提起1978年李翰祥来内地,其实背后有一个原因是他有冠心病。1975年发作过一次,险些要了他的命,为了根治,他准备去美国做手术,约了洛杉矶的一家医院,手术时间排在了1978年的年底。像这样大的手术,一刀下去真的很难说。李翰祥离乡背井30年,心中一直记挂着内地的名胜古迹和亲朋师友。此去美国,生死未卜,所以他打算在挨这一刀之前一定要了了自己回内地的心愿。内地方面得知李翰祥要回来,觉得是一个统战的好机会,当时的全国人大常委会副委员长廖承志专门接见了李翰祥,希望他回内地拍电影。李翰祥那时候是邵氏公司的台柱,是中国香港、台湾,乃至东南亚地区电影界呼风唤雨的人物。这一年他与邵氏的合同只剩下了两部片子,廖承志的一番话使他这次内地之行突然被赋予了新的意义,他暗暗下决心准备不与邵氏续约。李翰祥对朋友说,如果这一次去美国做心脏手术能够成功,等于是身体上来了个除旧更新,那在艺术上也要来个除旧更新。意思就是他准备在内地开创一番新的事业。

李翰祥是个急性子,还在内地旅游的时候,有一天在报纸上看到中央平反"天安门事件"的报道。他大谈对周恩来总理的崇拜,觉得周总理是位崇高伟大的领袖,他很想拍一部有关他的电影。11月底,他从上海飞东京转机去洛杉矶,在上海虹桥机场,他还在跟朋友畅谈周总理以及如何将天安门事件改写成剧本。大家是越说越兴奋、越说越来劲,登机之前李翰祥委托他的朋友把这个意思向有关方面转达。1979年1月,李翰祥从美国洛杉矶打来电话,告知朋友自己的手术已经做完,情况良好,正在休养。他说已经同美国的某制片商及某著名演员谈了拍片的设想,叮嘱朋友赶紧找上影厂接洽。还说第二天下午3点钟他会打电话到上影厂,听候回音。老李真是幼稚得可爱啊,拍有关周总理的电影属于重大革命历史题材,别说当时的政治环境,即便在今天,送报过审没有几个月怎么下得来,况且这么重大的题材不是上影厂说拍就能拍的,那得上报中央重大题材领导小组。不过当时上海的领导非常重视这件事情,第二天就给出了一个意向性的意见,他们表示很欢迎,赞成上影厂与李翰祥合作。当天晚上李翰祥兴奋地又给在上海的朋友打了个长途电话,反反复复表明自己是听从了廖承志的嘱咐,真心实意想回来拍一些好片子。他激动地说:"我爱故乡,我爱国家,我爱同胞,我爱电影艺术,我愿意为国产电影进军世界影坛尽绵薄之力。"其实这番话跟朋友说有什么太大的意义呢,当然你不让他说,估计他是睡不着觉的。李翰祥的心脏还在康复的阶段,这么激情澎湃需要多少供血量啊,看来美国的手术做得是真成功。这个越洋长途电话足足打了45分钟,打掉了450元人民币。1979年上海一个职员的月收入也就45块钱,这一个电话打掉了十个职员一个月的收入。据说类似的越洋长途李翰祥后来又打过多次,可见他求成心切。

  李翰祥从美国飞回了中国香港,报纸争相报道,媒体的焦点都在于李导在洛杉矶的手术,现在安然无恙。谁都不知道,对外声称静养的李翰祥其实正在进行一个秘密的活动。两个月后,北京传来了消息,说有关周总理和天安门事件的题材,国内已有制片厂列入了选题计划,建议李翰祥放弃这个设想,并邀请他拨冗北上，当面洽商，另选其他题材。我大胆猜测一下，说有制片厂已将周总理的选题列入计划可能是句托词，主要还是觉得把这么重大的题材交给一个香港导演有点不放心。李翰祥又奔赴北京，北京的领导在百忙之中亲自陪同他观看了北京人民艺术剧院的话剧《茶馆》，看完后又安排李翰祥和著名演员于是之、蓝天野交谈，目的就是想让他把《茶馆》搬上银幕。李翰祥虽然出生在辽宁省，可算得上是半个北京人，想来老北京的风物定然常常出现在香港的梦中。在了解了北京方面的意思之后，他根据少年时代的记忆，在北京开始寻找那些旧式的街道，还真就让他在鼓楼与钟楼之间找到了这么个地方，可没过多久他自己放弃了。一是因为他跟各地的片商谈了这个项目之后，很多片商都不看好，认为《茶馆》地方色彩太浓，对白多，动作少，有较大的局限性，很难吸引中外观众的兴趣。二是因为李翰祥对自己的要求，你别看他

《垂帘听政》剧照

一说就干，好像非常冲动，其实他对回内地拍片有非常高的要求，只许一炮打响，绝对不能失败，他一定要拍出一部既叫好又叫座的片子。

不久之后，李翰祥提出他要拍溥仪的《我的前半生》，上影厂听说后立刻表示愿意积极合作，希望上面能把这次合拍任务交给上影厂，并立刻选派了厂里的一位编剧，开始着手投入改编电

《火烧圆明园》剧照

影剧本的准备工作。可是天不遂人愿，上级单位表示说，《我的前半生》中出现的某些人还在世，会使影片不易准确处理，所以建议暂时不考虑《我的前半生》，希望李翰祥能够再选题材。假如当年李翰祥真的拍了《我的前半生》，可能就没有贝尔特鲁奇的《末代皇帝》了。

该拍什么呢？李翰祥苦苦思索，终于他把目光对准了西太后慈禧，这便有了日后声名赫赫的《火烧圆明园》和《垂帘听政》这两

部经典电影。直到今天,这两部影片都仍是中国清宫题材电影的翘楚之作,编、导、演、摄、录、美、化、服、道都堪称一流,更别说整个影片就是在故宫、颐和园和避暑山庄拍摄的。有过这样待遇的导演也就两个,另一个就是拍《末代皇帝》的贝尔特鲁奇。当年还是少年的我真是看得如痴如醉,这两部电影不知看了几遍,而关于这一段历史的最初认知,也是得自这两部电影。在李翰祥精致的镜头中,观众们犹如走进了历史,亲眼目睹了那些宫闱秘事。由今天看来,李翰祥结构故事的能力是超越那个时代的,他建构场面、调度场面的才华也卓尔不群,无论是几千人的大型群众场面,还是精微的特写处理,对质感的追求都巨细靡遗,称得上是中国20世纪80年代难得的佳作,真正做到了让帝王将相有了人间的烟火气。

2

要做到这些太不容易了,首先就要求创作者是个有趣的人。一个人有趣,说明他有智慧,比人高明却不令人望而生畏,更不会敬而远之。20世纪70年代,李翰祥已是叱咤影坛的大导演,当他从台湾回到香港,回归邵氏的时候,居然拍起了风月片。什么是风月片?你一定知道香港有三级片,但分级制度是20世纪80年代中期之后才有的,所以70年代的风月片等于就是三级片。一个已然功成名就的大导演开始拍三级片,倘若他不够有趣,怎么可能?而且李翰祥拍三级片,那是拍出了三级片的新高度,如

《巴黎最后的探戈》剧照

果没有对生活的参悟,没有大智慧,又怎么可能?今天他的《风月奇谭》《北地胭脂》《声色犬马》《金瓶双艳》,仍是邵氏风月片的代表作,全拜李翰祥结构色情故事的能力和调度色情场面的灵巧与精致。

贝尔特鲁奇的《巴黎最后的探戈》是一部著名的情色片,在20世纪70年代,它被许多国家列为禁片,包括在中国香港也禁映这部影片多年。当时很多香港导演都没有看过这部影片,即便看过,也只是把它当成消遣。而李翰祥千方百计搞来这部影片,反反复复地观摩,研究贝尔特鲁奇的调度技巧、马龙·白兰度的表演技巧,愣是从色情中看到了艺术。由此你该明白为什么李翰祥的视野总是远超同侪,拍个三级片都要苦心钻研,他绝不会盲从于人云亦云,而是眼光独到、目力深刻。李翰祥一生参与创作了上百部电影,最后倒在了片场。他既能为历史存照,又能作风月宝鉴,是华语影坛难得的一位善才。

3

李翰祥的一生成就了自己,也成就了很多人。1979年他来北京筹备拍摄溥仪的《我的前半生》,抽空去找了故旧白纪元,因为他知道白纪元的父亲留下不少好东西。李翰祥是个导演,也是个古董玩家,估计在香港几十年,他一直惦记着白家的东西。他想要白纪元手上的东西,所以一进门就把白纪元喊成了老弟。白家好多东西"文化大革命"时被砸了,那时只剩下一个樟木箱的东西。白纪元有个"败家"的儿子叫白明,知道李翰祥有来头,拼命撺掇父亲把东西拿出来。据说当时李翰祥出价一万块外汇券,白明见父亲有些犹豫,生怕父亲不卖。李翰祥一回头,见窗台上有一只雍正年代的青花高足碗,里边种着花,他说:"把这小碗也卖给我吧。"白纪元非常喜欢那株花,一天到晚摆弄,有点舍不得。白明上前二话不说把花拔了,把碗给了李翰祥,还对父亲一通猛劝,要把所有东西都卖了。经过几天的考虑,白纪元终于把这些东西都卖给了李翰祥。白明拿到钱之后,买了冰箱、彩电、录音机三大件,他觉得真是太值了。

1983年的圣诞节,李翰祥从香港给白明寄来一张明信片和一本杂志,当时白明在民族学院上学,看到杂志里有一篇介绍老李收藏古玩的文章,题目叫《大导演李翰祥的小故宫》,还配了很多图片。白明一看,其中20多件藏品就是他们家的东西,下面的标价少则几十万,多则数百万港币,他一下就懵了,觉得好像有人在他背后捅了他一刀。白明说,那天夜里秋风瑟瑟,他站在民族学院学生宿舍楼后面的垃圾箱前,一页一页把这本杂志烧了。他说父亲到死都不知道这件事,只有他在心里默默悔恨自己的无知。从此白明就落下了瓷器情结,毕业之后只要手里有点钱,他就去买瓷器,希望能把像自己家里那样的好东西再买回来。可是他买回来的不是赝品,就是破烂。直到几年之后,他才真正明白,他们家的东西是再也买不回来了。

李翰祥当年用一万块钱夺了人家的宝贝,也算是一种不够厚道的行径,但他绝想不到自己能让一个青年从此走上了研究瓷器的道路。如今白明是北京睦明唐古瓷标本博物馆的馆长,也是京城数得上的收藏家。我讲这段往事就是为了告诉你什么叫作善才。善,就是有用。李翰祥不管拍正剧还是谐剧,都拍出了有用的电影;不管做好事还是歹事,也都成就了自己和别人。从这个意义上讲,李翰祥同志就是一个为人民服务的人。

李翰祥 Han Hsiang Li

1926 年 4 月 18 日出生于奉天省（今辽宁省）。中国香港导演、编剧、制片人。

1962 年，影片《杨贵妃》获第 15 届戛纳国际电影节技术大奖，第 1 届中国台湾电影金马奖优等剧情片奖。

1963 年，影片《梁山伯与祝英台》获第 2 届中国台湾电影金马奖最佳影片奖、最佳导演奖。同年，影片《武则天》获第 2 届中国台湾电影金马奖优等剧情片奖。

1966 年，影片《西施》获第 4 届中国台湾电影金马奖最佳影片奖、最佳导演奖。

1969 年，影片《扬子江风云》获第 7 届中国台湾电影金马奖优等剧情片奖。

1971 年，影片《缇萦》获第 9 届中国台湾电影金马奖最佳剧情片奖、最佳编剧奖。

1975 年，影片《倾国倾城》获第 12 届中国台湾电影金马奖优等剧情片奖。

1977 年，影片《乾隆下江南》获第 14 届中国台湾电影金马奖优等剧情片奖。

1979 年，影片《乾隆下扬州》获第 16 届中国台湾电影金马奖最佳剧情片改编剧本奖。

1996 年 12 月 17 日,李翰祥因病去世,享年 70 岁。

1997 年,李翰祥获第 34 届中国台湾电影金马奖终身成就奖。

李翰祥一生参与创作上百部电影,是华语电影史上的杰出人物。

弗朗西斯·福特·科波拉
早年拿奥斯卡，晚年酿葡萄酒，他一直是我们的榜样

Francis Ford Coppola

20世纪60年代，美国陷入了"冷战"后的一片混乱。有几个著名的社会事件反映了美国左派和右派对资本主义制度的看法，比如黑人民权运动、妇女解放运动、嬉皮士运动、反越战运动等等。

弗朗西斯·福特·科波拉

1

20世纪60年代的美国可谓动荡不安，在文化方面也力求有所改变，由于受到整个社会思潮的冲击，以大制片厂为标志的旧式好莱坞加速衰亡，观众对那些因循守旧的类型片失去了兴趣。有一个名词叫"新好莱坞"，它指的就是20世纪60年代中期至70年代中期，在好莱坞内部发生的一次电影革新运动。旧式好莱坞是一个论资排辈的地方，不坐十年冷板凳，新人很难出头。而年轻人有干劲，他们还会带来新的趣味。为了摆脱持续低迷的市道，好莱坞的一些制片厂尝试启用一批年轻导演，于是类型片的革新之门就此被打开了。20世纪60年代的美国，电影作为专业走进了大学的课堂，很多年轻人在学校中拓展了电影的视野，尤其是对欧洲的电影历史和"二战"之后出现的一些重要电影流派有了系统的了解，新现实主义、新浪潮、真实电影、现代主义运动，这些流派的思想性和表现方式深刻地影响了这一批美国青年,为新好莱坞运动储备了人才。当我们回首那个风起云涌的时代,弗朗西斯·福特·科波拉以及他的《教父》是其中绕不开的话题。

科波拉毕业于美国最好的三所电影学校之一——加州大学洛杉矶分校,他读的是电影制作专业的硕士研究生。在校期间就开始拍短片,他的毕业短片引起了当时一些电影制作商的关注。毕业之后他开始在好莱坞工作,帮一个导演打打杂、写写剧本。年轻的科波拉胸怀鸿鹄之志,成天想着要出人头地,当年的他还不知道自己的运气有多好,竟一头撞上了新好莱坞时期。科波拉有一铁哥们儿就是后来拍了《星球大战》的乔治·卢卡斯。那时候的卢卡斯还是一个醉心于文艺片的"愤青",他跟大哥科波拉一块儿成立了一家小电影公司,想圆了他俩拍欧范儿文艺片的梦。卢卡斯最早那部《THX-1138》就是他和科波拉的小公司举债拍摄的。那家小公司在好莱坞大鳄的挤压下,面临很大的财务危机。可是谁又能想到,正是财务上的麻烦促成了科波拉接拍《教父》。一个人要走运,真是连他自己都挡不掉啊。

马里奥·普佐的《教父》是一本畅销小说,可是当初这个电影改编项目在派拉蒙公司转了一圈,没有一个成熟的导演愿意接拍。大家都觉得故事讲的是黑社会,好像有损所谓的电影道德感;再加上派拉蒙公司的制作预算也特别低,对于一部年代戏而言,这点钱弄不好连个B级片的水准都很难保证。《教父》就像个烫手的山芋,没人敢接。怎么办?情急之下,派拉蒙公司只能抓壮丁了,他们突然发现科波拉挺合适。一是因为科波拉之前与人合写了一个电影剧本,就是《巴顿将军》,影片上映后口碑、票房都不错,后来科波拉因此还拿到了第 43 届奥斯卡的最佳原创剧本奖,属于年轻一辈中的好苗子。二是因为科波拉的小公司欠了钱,法院甚至查封了他的办公室,属于标准的身处危难时刻。派拉蒙公司等于是趁人之危,把《教父》这个项目硬性摊派给了科波拉。科波拉当时非常不愿意拍《教父》,他觉得与自己的艺术理想和创作气质不符。可没有办法,谁让你欠别人钱呢,如果不拍,那是真的不要在好莱坞混了。他的小兄弟卢卡斯在边上也是一通猛劝,毕竟公司还要运行下去。科波拉是硬着头皮接下了《教父》,没想到他的黄金十年就此开始了。

2

一旦真接下了这个项目,科波拉可是一个非常顶真的导演,天下的事,怕就怕"认真"二字。科波拉没有坐等普佐交来剧本,而是亲自参与到编剧工作中,为此还跟普佐闹了很多不开心。普佐认为电影要尊重原作,科波拉觉得完全就着小说拍,这味儿不对,毕竟小说和电影是不一样的。今天我们在看《教父》的时候,仍会惊叹科波拉采用的那些不同于传统黑帮片的拍法。比如影片一开始,科波拉就用了一个反常规的方式来表现老教父的出场。镜头居然长时间地停留在一个次要人物的正面,让他面对镜头大段念白,而主要人物却一直背对镜头,观众只能看到他模糊的轮廓和手势。这种蓄意颠倒主次的处理从一开始便标示了创作者的野心，他要让黑帮片在观众眼中重新陌生化。这部派拉蒙规划的纯粹商业片被科波拉注入了他的艺术理想和艺术气质，被他玩出了新意。我看过一部当年拍的关于制作《教父》的纪录片，科波拉有一本自制的非常大的导演工作台本，在一张张打印的剧本边上密密麻麻写满了他对于这页剧本的看法和对某场戏所做的调度注脚，他还根据关键词在台本上挖出索引用的字母标识，厚厚一大本看上去简直就是一本《辞海》，可见科波拉做事有多用心。

一般我们总觉得一个新导演被一家大制片厂相中，你就乖乖听话吧。可科波拉却向派拉蒙公司提出了一个又一个自己想要的东西，而且不达目的誓不罢休。比如就演员的选择，他和派拉蒙高层就闹起了矛盾，尤其是和公司派来的制片人起了非常大的冲

《教父》剧照

《教父》剧照

突。主要是因为两个角色的人选,一个就是老教父维托·科莱昂,科波拉想用马龙·白兰度。马龙·白兰度当时在好莱坞已经被封杀了,因为他在拍《叛舰喋血记》的时候,各种不靠谱差一点导致米高梅公司破产,所以好莱坞各大公司内部形成共识:弃用马龙·白兰度。另一个就是麦克·科莱昂的人选,科波拉看中了一个小演员,他不仅没名气,人也长得小,此人就是阿尔·帕西诺。在纪录片里我们可以看到他在等待试镜之前,围着一张桌球台表现出局促不安的神情,他总是看着自己的脚尖,不太敢用正眼瞧人,用科波拉的话来讲,帕西诺就是一个没有自信的演员。那为什么科波拉明知他没有自信还极力地推荐呢?这就是科波拉对人物的认识确实有比别人高明的地方。他拼命想要马龙·白兰度,是因为他的表演经历已然奠定了他在好莱坞的"教父"地位,而自我膨胀后被封杀，就像维托一样正在走人生、事业的下坡路。科波拉为了演员日后能在方法派的表演体系中完成角色，已经给马龙·白兰度找到了情绪记忆点。阿尔·帕西诺的情况也差不多，麦克·科莱昂在《教父》里一开始就是一个对家族事业没有自信担责的年轻人。整个《教父》的故事讲的就是一个渐渐走着下坡路的老教父要把家族事业交给最不被看好的一个儿子，而这个儿子也要在影片中完成从没有自信到充满自信的人生转变，这又将成为阿尔·帕西诺的情绪记忆点。你看，科波拉为人物做足了功课，他一遍又一遍跟派拉蒙高层申诉启用两位演员的理由，没想到大老板竟然点头同意。

定下了演员，科波拉又开始为场景作。当时好莱坞的惯例就是在摄影棚内或厂区置景，而且大厂的置景工艺非常成熟。可他非要去故事的发生地纽约实景拍摄，他觉得纽约的下东区就是他

《教父2》剧照

想要的理想电影场景,那里有着天然的美妙质感,如果表演在那种空间中展开,一定会加强电影的说服力。科波拉当年去纽约看景的时候住在了马丁·斯科塞斯的家里,马丁的母亲有意思,老太太一遍又一遍地告诫科波拉,要把《教父》拍好就得把摄制组拉到这里来拍。她还指着街上的那些邻居对科波拉说:你看,他多像你电影里的那个谁呀,她多像谁谁谁呀。说得科波拉简直想让马丁他妈做影片的副导演了。这可不是我瞎掰,是马丁·斯科塞斯自己说的。马丁还说:你知道科波拉对我妈依赖到什么程度?他居然问了老太太一个重要的制片问题——在这里拍需要多少天?后来科波拉不仅真的在纽约取景,还用了很多非职业演员,让他们本色出演,连马丁的母亲也出了镜。从纽约回来,科波拉不惜违反好莱坞制作常规,打定主意要把全组大队人马从美国西海岸拉到东海岸,可对于《教父》这样的低预算电影来讲,无疑是行不通的,于是他又和派拉蒙的人起了争执,再次闹到了大老板那里,没想到大老板又点了头。为什么?就是因为我们在开头提到的新好莱坞时期,一些大制片厂有意启用年轻导演,放手让他们拍一些原本觉得不太靠谱的题材,也满足年轻导演一些不太靠谱的要求,科波拉正好赶上了这趟车。

3

科波拉终于如愿以偿,带着摄制组来到了纽约下东区,在拍摄过程中又是一系列的磨难,其中最大的磨难就是科波拉和摄影师之间的矛盾。《教父》的摄影师是戈登·威利斯,后来在回忆录中,他屡次提到在拍片时跟科波拉发生的冲突。戈登说:科波拉根本就不懂电影的镜头,观众盛赞《教父》中那些美妙的光线处理,那可都是我的功劳。我相信确实有不少科班出身的导演,一开始对光、对镜头是没有经验的。但戈登也承认科波拉有两大本事。他说科波拉懂表演,你别看他是个长着络腮胡子的胖子,居然可以给女演员示范怎么演戏,对飙起来一点儿不落下风,虽然有时候看着有点恶心。还有就是他能现场改剧本,每当拍到某个场面觉得有些别扭或者不好处理,科波拉常常"唰"一下人就不见了,十来分钟后拿着已经改顺了的剧本又回到现场。戈登说我就佩服导演这两下子。后来科波拉在总结自己的创作经验时,也强调作为一个导演要有"两个绝对把握":一是把握剧本,导演一定要有把握剧本走向的绝对掌控权;二是把握表演,导演在现场最重要的工作就是能够掌控、指导、引导演员的表演方向。

　　戈登和科波拉的矛盾闹到什么程度?科波拉想要拍戏的时候,戈登居然带着一批工作人员去休息,惹得科波拉在现场大叫:"我是导演,我要拍一个镜头怎么就那么难?"摄制组分成了戈登派和科波拉派,科波拉派的形势是日渐危机。戈登一度放话让大家再坚持一周,让科波拉这小子再瞎指挥一周,一周之后导演就是我戈登啦。今天我们可以从很多史料中互证出《教父》拍摄期间,发生在派拉蒙高层的一场斗争,一派想要换掉科波拉,一派主张再等一等。所以戈登绝对没有夸海口,我相信当年在派拉蒙

弗朗西斯·福特·科波拉

高层中一定有人罩着他。结果我们之前说过的一个事件起了作用。1971年4月，在奥斯卡颁奖礼上，《巴顿将军》大获全胜，一共拿到了七个奖，科波拉荣膺最佳原创剧本奖。这个奥斯卡奖来得太是时候了，无疑在科波拉的托盘中加了一个重重的砝码。戈登没戏了，只能接着干他的摄影师。我非常欣赏戈登的才华，尤其是他为《教父》制定的奶油黄的色彩基调和许多绝妙的阴影设计。人还是得干自己最擅长的事，当然，人最难的就是有自知之明。幸亏戈登在这场人事斗争中落败，否则我们就会少了一个最好的摄影师，也少了一个最好的导演。后来《教父》成功之后，派拉蒙决定拍摄续集，很多人都猜测科波拉会弃用戈登，其实科波拉爱才，他比谁都清楚戈登的能力，所以力邀戈登继续担任他的摄影师，为此戈登也颇为感动。

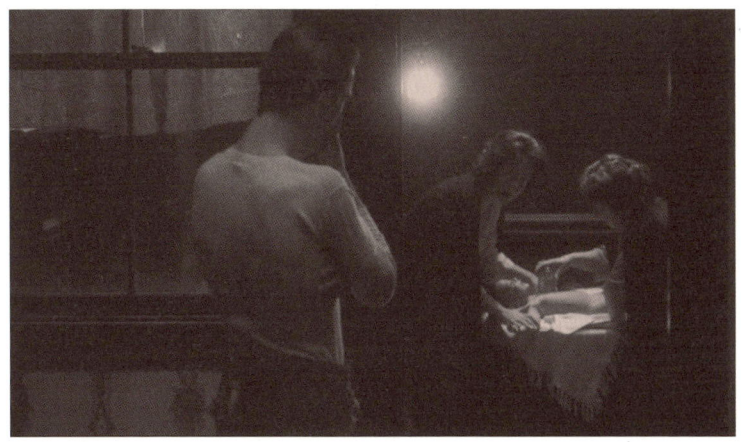

《教父2》剧照

4

好莱坞有一个传统，每部影片在最终完成之前都会进行试映，各种不同的观众被找来看电影，看完之后填问卷，这些反馈会成为影片最后一轮修改的依据。《教父》在试映期间也是一波三折，不少观众看完表示不喜欢这个电影。在专为派拉蒙高层举办的内部试映会上，那些公司头头们觉得片子拍得太暗了，当时流行的电影色调都是比较明亮的，他们觉得片子完蛋了，没有人会在电影院看这么暗的片子。又是科波拉扛住了压力，他坚持认为正是这种暗、阴影和大反差带出了《教父》独特的影片气质。

影片要首映了，科波拉终于撑不住了，早早逃到了法国。首映那天纽约下起了大雪，身在巴黎的科波拉的心情跌到了谷底，下那么大的雪，那么冷的天还会有人出来看电影吗？然而在纽约，首映的那几座电影院门口却令人意外地排起了长队，队伍一直延伸到了离电影院很远的街区。影片的首映可谓一炮而红，更多的电影院表示要加入放映。当朋友把电话打到巴黎，睡梦中的科波拉被惊醒，才知道他的《教父》成功了。

科波拉像英雄凯旋一般从巴黎飞回了美国，他要尽情享受《教父》为他带来的成功。当初在签导演合同时，派拉蒙给出的导演费用特别低，作为一种补偿，双方约定如果影片未来的票房超过 3500 万美元，导演可以分票房。不过那时候没有一个人觉得《教父》有可能超过 3500 万，所以分票房等于是开给科波拉一张空头支票。马龙·白兰度就老奸巨猾多了，他坚决拒绝派拉蒙提出的票房分红方案而选择了酬金制，他信奉落袋为安，其实他也并不看好《教父》。让几乎所有人跌破眼镜的是何止3500万，《教父》一伸腿就直奔一亿美元而去。

一天，科波拉收到了一张来自派拉蒙公司的支票，他立刻拉起小弟乔治·卢卡斯，开着一辆破旧的日本车来到了旧金山的一家汽车经销店。两人进店后就豪气地嚷嚷着要买奔驰-600加长型，据说当时梵蒂冈的教皇坐的就是那款车。店员怀疑这俩是不是骗子，结果科波拉让店员把账单寄给派拉蒙公司，提了车直接开车走人。随着票房越来越高，支票也一张张飞来，科波拉在旧金山买了一座豪宅，里面有20多间房间，他还专门辟出一间来摆放心爱的电动小火车，整个房间环绕着铁轨，他可以一整天窝在屋子里做他的列车长。

当然，他没有玩物丧志，没过多久《教父2》就启动了，这部续集电影获得了更大的成功。这在当时是一个奇观，因为之前还没有一部影片的续集会好过第一集，尤其是第一集拿到了奥斯卡极具分量的三个奖项，当时很多人觉得这是无法超越的高度。没想到《教父2》居然拿到了奥斯卡六个重要奖项，科波拉也因此获封奥斯卡最佳导演。《教父2》使科波拉得到了更多钱，于是他做了人生一次非常成功的投资，他拿着派拉蒙公司给他的奖金买了一座酒庄，正儿八经地开始酿造葡萄酒。爱喝葡萄酒的人都知道，弗朗西斯·科波拉牌葡萄酒很不错，获了很多国际金奖。今天在美国还有一个旅游项目，就是去科波拉的酒庄品酒、看电影，这电影当然看的是《教父》。

  科波拉的一生也是跌宕起伏，20世纪70年代末期，他的事业如日中天，艺术家极端膨胀的野心酿成了又一出悲剧，这种情况在电影史上是一而再再而三地出现。人到顶峰能不能管束好自己，不成为自我膨胀的牺牲品，看来是个人生难题，好在我们大多数人大概都没有机会面对这个难题。如今科波拉已经不拍电影了，他在自己的酒庄中品着葡萄酒，过着得意的晚年生活。他一直是个有大哥风范的人，早年拉扯着小兄弟乔治·卢卡斯，一步一步走向好莱坞的主流导演群，后来又长期为更多的年轻导演提供帮助，所以他在美国电影界有着教父一般的地位。"从拍摄《教父》到成为教父"，这或许是对科波拉一生最简短的评价。

弗朗西斯·福特·科波拉 Francis Ford Coppola

1939 年 4 月 7 日出生于美国密歇根州,家族为意大利移民。美国著名导演、编剧、制片人。

1971 年,因与埃德蒙·诺思联合编剧电影《巴顿将军》,获第 43 届奥斯卡金像奖最佳原创剧本奖。

1973 年,编剧并执导的电影《教父》,获第 45 届奥斯卡金像奖最佳影片奖。

1974 年,编剧并执导的电影《谈话》,获第 27 届戛纳国际电影节金棕榈奖。

1975 年,编剧并执导的电影《教父 2》,获第 47 届奥斯卡金像奖最佳影片、最佳导演、最佳改编剧本奖。

1979 年,编剧并执导的电影《现代启示录》,获第 32 届戛纳国际电影节金棕榈奖。

1992 年,科波拉获第 49 届威尼斯国际电影节终身成就金狮奖。

路易斯·布努埃尔

他就像黄梅天,让资产阶级发霉

Luis Bunuel

梅雨天就要来了,上海国际电影节还会远吗?哈哈,我戏仿一下雪莱的诗:"冬天来了,春天还会远吗?"其实就是为了感叹一下黄梅天和上海国际电影节的关系。

1

　　黄梅天是初夏时节长江中下游地区一种特殊的天象，一般在 6 月中旬入梅，出梅要到 7 月的上旬，说白了就是一个雨期较长、雨量集中的雨季。每年选择在这样的天气举办国际电影节，还真有点儿上海的味道，一点儿都不输给柏林的雪、戛纳的海风、威尼斯的艳阳。上海国际电影节期间，我每年都比较关注"向大师致敬"这个单元。2018 年第 21 届电影节主要致敬了四位大师：英格玛·伯格曼、路易斯·布努埃尔、詹姆斯·卡梅隆和咱们中国的谢晋。伯格曼和卡梅隆我们前面已经聊过了，谢晋，大家应该十分熟悉，所以本篇跟你来聊一聊布努埃尔。

　　说起布努埃尔，似乎绕不过《一条安达鲁狗》，这部仅有十来分钟的短片，被视为 20 世纪欧洲先锋派电影运动中超现实主义的代表作。布努埃尔读大学的时候认识了两个哥们儿，一个是加西亚·洛尔卡，后来成了西班牙伟大的诗人，另一个是萨尔瓦多·达利，后来成了享有世界声誉的大画家。1928年，布努埃尔和达利一块儿在巴黎混，他住在达利的家里。有一天布努埃尔告诉达利，说他做了一个奇怪的梦，梦见一片乌云遮住了月亮，那个过程就像是一把剃刀把眼球划开。达利一拍大腿说他也做了一个诡异的梦，梦见一只爬满了蚂蚁的手掌。达利提议把他们的梦拍成一部电影。那时候他们都年轻，身体中有用不完的精力要宣泄，不到一个礼拜，两人就完成了剧本。这剧本没故事、没情节，只有一幕接一幕的影像展现，那些用文字描述出来的视觉效果令人震撼。布努埃尔晚年在回忆录中提到，剧本完成之后，他们两

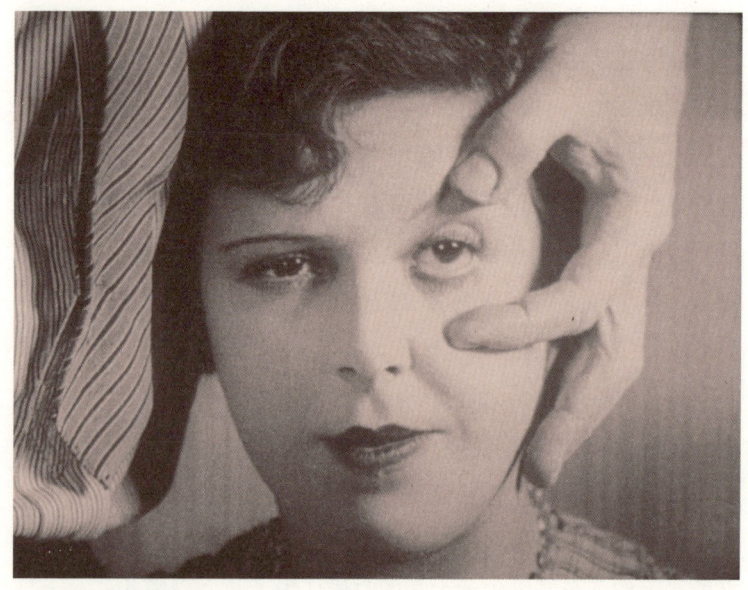

《一条安达鲁狗》剧照

路易斯·布努埃尔

人都非常满意,但都意识到如此创新前卫的剧本估计没有电影公司会接受,于是拍摄资金就成了问题。好在布努埃尔家里条件不错,他跑回西班牙,打算向母亲要钱。母亲起初不同意,认为拍电影没什么出息,据说后来是一位律师朋友出面才说服了母亲。

布努埃尔拿着钱回到巴黎,一半用来逛妓院,一半用在了拍摄影片上。他在巴黎的片场租了一个摄影棚,找了一男一女两个演员,摄影师是让·爱普斯坦的御用摄影师杜维杰。布努埃尔脑子特清楚,知道自己是新人,一个有经验的摄影师是能帮他确保影片质量的。布努埃尔曾经给爱普斯坦做过助理导演,因此早就认识杜维杰。2018 年上海国际电影节的展映影片中,有一部让·爱普斯坦的《厄舍古厦的倒塌》,助理导演就是布努埃尔。《一条安达鲁狗》整整拍了两个星期,所有工作人员加上两个演员也就五六个人。布努埃尔说,男演员自始至终都不知道自己在演什么,剧组的工作人员在绝大部分时间里也不清楚自己该干什么。你看,这样一部名震电影史的伟大之作,当初就是在一片混乱中跌跌撞撞拍出来的。我喜欢布努埃尔不光因为他有才情,还因为他不装、够坦诚。据布努埃尔回忆,达利直到拍摄快要结束的前两天,才来到现场。一到片场他就忙着往两头驴子标本的眼睛里灌蜡,这位仁兄还真是有驴子情结,凡是看过他那些超现实主义画作的人,一定不会忘记驴子是达利绘画当中一个重要的形象元素。人家本来就是搞造型的,对片场烦琐的摄制过程没什么兴趣,这样也好,两人分工明确。不过达利对出风头倒是挺有兴趣,反正剧组经费紧张,人员不够,布努埃尔说:我就一把将他拖过来,让服装师给他扮上，免费在片中跑龙套。

事情本来和洛尔卡没什么关系，可是随着《一条安达鲁狗》在超现实主义圈子中被追捧，名声越来越大，各种各样的质疑也纷纷出笼，很多人抱怨看不懂，影片晦涩的情调也引来纷纷猜测。就在这个时候，身在西班牙的洛尔卡忧伤地站了出来，说影片《一条安达鲁狗》那狗就是他！他抨击了这两个曾经的好哥们儿对他的亵渎。洛尔卡在当时被世人称为"安达鲁西亚之子"，安达鲁狗，好像是有那么点联系，可布努埃尔和达利始终没有出面来澄清这件事情。

后来布努埃尔和达利也掰了。一方面是因为加拉，达利的妻子，这个女人可不简单呢，她比达利年长十岁，之前是诗人艾吕雅的太太，她是当时超现实主义集团里唯一的女性，巴黎先锋文艺圈中有名的风流女子。关于她和达利的故事，至少能说上整整两期，咱们这里先按下不表。另一个重要原因，是在1943年的纽约发生了一件事情。当时正值西班牙内战，布努埃尔被西班牙驻法国大使派回西班牙，天天放气球、撒传单。他觉得很无聊，正巧大使换人，他就向新任驻法国大使请求换工作。那时候美国好莱坞常拍一些涉及西班牙内战的电影，胡编乱造、错误百出，大使知道布努埃尔曾经拍过电影，还去过好莱坞，于是就把他派往好莱坞，去做这类影片的西班牙顾问。布努埃尔当时有一点积蓄，加上一些朋友的资助，就这样带着太太和孩子，全家去了美国。刚到好莱坞，他就受聘于一部以西班牙内战为背景的美国电影，可是当他读完剧本准备工作的时候，华盛顿当局通过美国制片协会下达了一道命令，禁止好莱坞制作有关西班牙内战的电影，

路易斯·布努埃尔

布努埃尔突然就陷入了失业的状态。闲荡了几个月,带来的钱一天比一天少,工作却仍然没有着落,后来居然连回欧洲的旅费都用光了。布努埃尔试图找卓别林帮忙,因为他第一次来好莱坞的时候,卓别林曾经接待过他,给他留下了十分美好的印象。可是卓别林根本就没理他,估计早已经把他忘了。布努埃尔在好莱坞一筹莫展,最后只能去找一个西班牙老乡,此人是个黑道人物,这位黑道老乡认识厨师工会的会长,为布努埃尔写了一封介绍信,推荐他去一家旅馆的厨房工作。如果当年上帝真的开了这个玩笑,即便他成了米其林三星大厨,我都觉得是人世间莫大的荒唐。正在这个档口,布努埃尔遇到一个旧相识,她的丈夫在纽约现代美术馆任副馆长,经过一番运作,布努埃尔受聘现代美术馆,任影片部主任。可是好景不长,美术馆居然被华盛顿政府要求辞退布努埃尔。事情说来还真是蹊跷,达利当时也在纽约,他写了一本书叫《达利的神秘生涯》。在书中他写到了布努埃尔,把他描绘成了无神论者,我们知道布努埃尔是个疑似共产党员,但在当时无神论者比共产党还糟,几乎是人人喊打的对象。达利的书出版之后,华盛顿地区的天主教教会有一个人看到了书,就运用他和官员的关系,极力想把布努埃尔赶出纽约。一开始布努埃尔觉得这事太荒唐,根本没有在意,可是事情竟然一步一步恶化,最终逼迫他辞去了现代美术馆的职务。晚年的布努埃尔感叹说:"我又开始流浪街头,那阵子几乎是我一生中最暗淡的时期。"

辞去工作之后,有一天布努埃尔约达利在一家酒馆喝酒,他一边喝酒一边生着气,他对达利说:"你就是个混蛋,你的书毁了我的生涯。"达利一副若无其事的样子，辩解道："这本书跟你无关，他们太小题大做了，我写这本书是为了把我自己捧成明星，我是主角，你只是个配角。"布努埃尔说我尽量把两只手放在口袋里，以免脾气发作，当众暴揍他一顿。两人就此各走各路，虽然年轻时有过那么美好的记忆，布努埃尔也很欣赏达利的大多数作品，但是每当想到达利的自私自利、他的表现狂、他对友谊的不尊重，布努埃尔说我就觉得永远没有办法原谅他。在回忆录中，布努埃尔用了几千字来历数达利的各种怪癖和罪状，语气之尖酸刻薄，令人忍俊不禁。看得出时隔多年，他依然愤愤不平。虽然这只是布努埃尔的一面之词，不足以还原事件的真相，却使这俩原本高高在上的艺术大师有了人的气味。

2

走投无路的布努埃尔又回到了美国加州，可是好莱坞依然不接纳他，万般无奈之下只好去墨西哥混了。我很早就对布努埃尔有兴趣，在研究他的日子里，我一直不明白为什么他会去墨西哥，而且一待就是那么多年，还取得了墨西哥籍。一个西班牙的艺术青年去法国巴黎是非常自然的事情，人到中年由巴黎去美国也合情合理，可是去墨西哥就有点让人匪夷所思了。布努埃尔自己都曾经说过："拉丁美洲我不去。"直到后来读到他的回忆录，布努埃尔非常坦诚地告诉我们，他去墨西哥是因为走投无路。

布努埃尔去墨西哥原本打算也就是混口饭吃,墨西哥哪儿有好莱坞那么多的电影人才,像他这样的电影导演还是捞得到拍片的机会。当然墨西哥的拍片条件也无法跟好莱坞相提并论,从预算到技术都只能算是小打小闹,可这些偏偏符合布努埃尔的拍片习惯。他从来就没拍过高预算的影片,更关键的是他擅长表现角色的内心世界,用不着太大的场面。但凡有思想的电影作者,只要给点儿阳光就会长成参天大树。在墨西哥期间布努埃尔也拍过不少烂片,但《被遗忘的人》《纳萨林》《泯灭天使》《沙漠中的西蒙》都让国际影坛领略了他的才情。

否极泰来,欧洲重新向布努埃尔打开了拍片的大门,无数艺术名家都拜倒在他的脚下。我们都知道"拉美文学爆炸"大名鼎鼎的四员主将,其中墨西哥的卡洛斯·富恩特斯和阿根廷的胡里

《资产阶级审慎的魅力》剧照

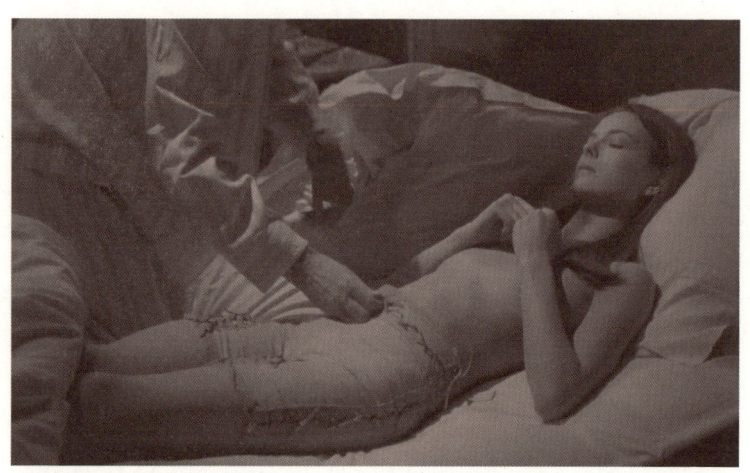

《欲望的隐晦的目的》剧照

奥·科塔萨尔是布努埃尔的绝对的影迷。曾经科塔萨尔得知布努埃尔要改编他的小说,内心无比雀跃地给友人写了一封信,在信中他说:"我太激动了,布努埃尔就是我心中的巨人!"

布努埃尔是直到晚年才赢得了世界级的盛名。1973年,影片《资产阶级审慎的魅力》入围奥斯卡最佳外语片,提名公布的那一天,布努埃尔正在墨西哥筹拍一部片子。有四个墨西哥的新闻记者跑来采访,他们问影片有没有可能得奖。布努埃尔一边吃着中饭一边回答:"当然会得奖,奥斯卡方面已经要求我支付25000美元,我已经如数照付。美国人虽然有一大堆的毛病,但他们还是讲信用的。"记者们惊得眼珠差点掉地上,以为挖到了头条新闻。几天之后,墨西哥几家最大的报纸都用头条刊载了布努埃尔收买奥斯卡的消息。美国人一头雾水,许多人打电话来探问真假,布努埃尔承认是跟记者开了个玩笑，还语带埋怨地说："谁会想到他们会当真呢，这智商也太低了。"这件事闹腾了好一阵子。几个星期之后，奥斯卡颁奖，你知道结果如何？奥斯卡最终把最佳外语片奖颁给了《资产阶级审慎的魅力》。

布努埃尔一生喜欢开玩笑，他最成功的玩笑就是通过一部又一部电影，嘲弄了资产阶级的伪善。布努埃尔就像上海的黄梅天，让资产阶级"发霉"。在最后一部影片《欲望的隐晦的目的》中，他又对一个老年资产阶级的性欲开起了玩笑，而且他敢于在片中用两个面貌完全不像的女演员来饰演同一个角色，没有任何的交代和说明，又像是跟观众开了一个玩笑。一个77岁的老人居然还能拍出如此离经叛道的电影，只能说明自青年时代燃起的超现实主义之火，在他的心中始终没有熄灭。超现实主义运动已经逝去多年，但超现实主义的精神和创造力依然贯穿在布努埃尔的作品中。

学生常常问我什么是超现实主义的精神，我说就是相信自己的直觉，蔑视理性的条规，永远有破坏的欲望。从这个角度来看，布努埃尔就像一个顽劣的孩子，始终不受成人世界的待见，却最终为我们扯下了这个世界的遮羞布。

路易斯·布努埃尔 Luis Bunuel

1900 年 2 月 22 日出生于西班牙。世界级电影大师。

1951 年，因编剧、导演影片《被遗忘的人》，获第 4 届戛纳国际电影节最佳导演奖。

1959 年，编剧、导演的影片《纳萨林》，获第 12 届戛纳国际电影节国际奖。

1961 年，编剧、导演的影片《维莉迪安娜》，获第 14 届戛纳国际电影节金棕榈奖。

1967 年，编剧、导演的影片《白日美人》，获第 32 届威尼斯国际电影节金狮奖。

1973 年，编剧、导演的影片《资产阶级审慎的魅力》，获得第 45 届奥斯卡金像奖最佳外语片奖。

1982 年，路易斯·布努埃尔获第 39 届威尼斯国际电影节终身成就金狮奖。

1983 年 7 月 29 日，路易斯·布努埃尔因病在墨西哥城去世，享年 83 岁。

李屏宾
他是铁汉,却有柔情

Pin Bing Lee

话说电影江湖中有一黑大汉,人称"宾哥",凡是跟过他的小弟没有一个不为大哥的风范所折服,跟他合作过的知名导演对他也是褒奖有加。

1

2007年这个黑大汉和姜文一块儿拍了《太阳照常升起》,姜文导演是这样评价他的:"能够使气氛和集体有一种稳定性和踏实性,这是一个人很重要的魅力。你别看他胡子拉碴的黑不溜秋的样子,其实心很细,会让跟他合作的人内心很舒服,这是个功夫,也是一种境界。"

年轻一辈导演,如徐静蕾跟他合作过《一个陌生女人的来信》。当年看了片子,我就在感叹,像徐静蕾这种小女子竟能操控这样一部影片,实为难得。多年之后想起这段合作,徐静蕾也感叹这个黑大汉给了她莫大的支持:"他不是放任你怎么样都无所谓,他也会小小提醒一下,但是他很克制,这会让演员很舒服。我觉得如果没有他的话,可能我操控那么大场面的一个戏,我觉得我会有问题,是他给了我很大的精神上的支持。"

跟他合作最多的就是侯孝贤，侯孝贤说："你给他什么东西，他都能给你做出来。我跟他合作是很过瘾的，会让我更大胆、没有旁骛地想角色。"王家卫也跟他合作了多部影片，王家卫的说法有意思："如果要做对比，杜可风是水手，李屏宾是军人，你要求他的，他就去做。"那么多人跟他有过合作，几乎没有什么负面的反应。

这个黑大汉就是中国台湾著名摄影师李屏宾，大家都爱叫他宾哥，里边透着一份亲切感。

我不知道你有没有和电影摄影师打过交道，我曾经在上影厂待过，对电影摄影师有非常直观的感受。老实说在剧组里，导演倒并不可怕，最令人生畏的是摄影师。因为很多摄影师在片场根本不和大家沟通，能跟他说上话的只有导演和摄影组的人，而且你会发现，即便导演跟摄影师说话都小心翼翼，带着商量的口吻。我见过不少摄影师都是不苟言笑，咱国内一些大名鼎鼎的摄影师全都喜欢穿着皮夹克、戴着墨镜，一副拒人千里的样子。

当年我在上影厂做小场记的时候，一进组摄影助理就来关照，让我别离摄影机太近，摄影机周围三米见方最好不要进入，就是怕我踩了镜头箱。我记得很清楚，第一次进组拍电影的时候，我老是找不到自己站的位置，有一次竟然站到了镜头的前面，被一顿臭骂。整个摄影组看上去就像一群黑社会，剧组条件再差，摄影组都有自己的包车。那些摄影助理，哪怕是推轨道车的都一副了不起的样子，像他们老大的简配版，说话从来不拿正眼瞧你，如果你有什么关于摄影上的问题想要请教他们，对不起，绝对没人会来搭理你。所以我一直觉得在组里，导演倒还是比较可亲的人，摄影师实在太可怕。宾哥看上去具备了那种厉害的摄影师所有的特质，而且似乎更加可怕，因为他那身胚往你面前一站，你立刻就会觉得自己是轻量级的。可但凡跟宾哥合作过的人，不光是那些摄影助理们，还有剧组中的其他人，包括导演、演员、普通工作人员，大家都有一致的反应，就是宾哥非常随和，只要你对摄影有问题，他都会耐心地对你解释。一个貌似粗糙的大汉其实温柔又细腻。

宾哥技术好是圈内的共识，我忍不住要向你列举几部由他掌镜的著名影片，像侯孝贤导演的《童年往事》《恋恋风尘》《戏梦人生》《南国再见，南国》《最好的时光》，还有我格外喜欢的《海上花》，王家卫导演的《花样年华》，许鞍华的《女人四十》《半生缘》，陈英雄的《夏天的滋味》《挪威的森林》，行定勋的《春之雪》，是枝裕和的《空气人偶》，田壮壮的《小城之春》，还有那部 2016

《最好的时光》剧照

年为他赢得柏林国际电影节最佳艺术贡献奖的杨超导演的《长江图》。宾哥是拿过七次金马奖最佳摄影奖的摄影师,还得过戛纳国际电影节的技术大奖,从影30多年拍了将近70部电影。

2

  这样一位在华人电影圈中名列第一的摄影师,当年竟然差一点儿就进不了电影圈。李屏宾毕业于中国基隆海军专科学校,当年想进中国台湾的"中影公司",可考试成绩不好被刷了。好在老天有眼,有一个被录取的学生居然放弃了,李屏宾就被递补进了电影公司。多年后,宾哥常常讲起这段经历,他说自己是个烂人,但是烂人够努力。自打进了电影公司,李屏宾拼命学习摄影技术,从一个摄影组里的小工变成了摄影助理,又从小助渐渐变成大助,直到爬上摄影师的位置。

  1984年,他掌镜了王童导演的一部武侠影片《策马入林》。这部影片为李屏宾带来了第一个重要奖项——第30届亚太电影节的最佳摄影奖。说起《策马入林》的摄影特点,其实这部片子很早就呈现出了李屏宾日后的那些风格。拍《策马入林》的时候,王童把制作费的大头儿砸在了服装和美术上,没有为摄影留下太多发挥的余地。我们都知道电影是靠画面来说事的,画面是靠光来呈现的,所以拍电影对灯光的要求非常高,可导演把钱都砸在了其他方面,致使摄影组得不到足够的灯具。年轻的宾哥没有撂挑子，而是设法用最少的灯做最好的效果，其实也是无奈，是被逼出来的。在拍内景或者是景别比较小的镜头时，照明不足的问题还不是太大，但影片中有不少大场面的全景镜头，该怎么办呢？为了应对这种捉襟见肘的局面，李屏宾就选用了高感光度的胶片，也就是行内讲的快片。快片感光效率特别高，但也有非常大的缺点，就是颗粒感明显，大银幕放映时，画面会显得不干净。当年李屏宾反复做实验想要找到解决的办法，但问题没有解决，却让他意外发现原来暗一点儿的画面，只要能够表现出层次，那也是非常美的一种摄影处理，有点中国水墨山水画的意境。宾哥说："我喜欢中国人画画的方式，当山岭用墨色来表现的时候，其实都是黑色的，可黑是一层又一层的，远近关系包括意境就这样被传达出来了。"

自此以后，李屏宾摄影就开始反复追求低照度场面的层次感。拍侯孝贤的片子的情况也差不多，经常是经费有限、设备不足，李屏宾就在"暗"上面做了很多文章。侯孝贤一直追求真实感，他喜欢去表现那些比较暗的场面，以此让我们感觉到影片和生活真实的贴合。在拍《恋恋风尘》的时候，为了表现泛着潮湿气息的台湾的质感，李屏宾故意把光圈压低，打灯也只是照亮画面的局部，很多场面你会发现受光面积只有1/3左右，身处其中的主人公的脸常常是黑的，但是隐藏在暗部的那些细节令人玩味，这种灯光设计渐渐就成了李屏宾的一个标签。

王家卫导演的《花样年华》里有很多低照度场面，尤其是张曼玉穿着旗袍拎着保温桶去买馄饨，她和梁朝伟在昏暗的街巷中

《恋恋风尘》剧照

擦肩而过,你一定记得那个移动摄影的著名镜头。那些在低照度中泛起的充满年代感的浓烈色彩,为演员的表演做足了气氛,再加上升格拍摄和精妙绝伦的配乐,那种男女之间无法言传、只可意会的吸引,就渐渐从银幕弥漫到了观众席上,将王家卫要的闷骚感演绎到了无以复加的境界。

《海上花》一开场就震撼了所有人,这是我最欣赏的宾哥作品。可是当年拍戏的时候,他和侯孝贤产生过冲突。由于故事表现的是一个还没有电灯的时代,所以侯导为影片定下的主光源是蜡烛和油灯。现场拍摄的时候,李屏宾发现那些灯的照度太低了,场面中的人显得黑乎乎的,精心采购而来的道具以及人物身上做工考究的服装统统失去了质感。于是他瞒着侯孝贤,千方百计寻找新的光源,最后干脆自己动手做了一些灯。那些灯发出的光线

《花样年华》剧照

柔和，在色温上跟蜡烛和油灯几乎是一致的，由于加强了总体的照度，提亮了场面，演员身上的服装、道具的细节全都显现出来了，演员表演的面部细节也呈现得非常清晰。一开始侯导不同意，他追求写实，李屏宾告诉他自己的方法也是写实，只是这叫华丽的写实。底片洗印出来后，侯孝贤一看十分满意，也就不再固执，据说从此之后侯导也常用华丽的写实来概括自己的风格。

高级的摄影师都在比拼看谁能够在低调场面中营造更多的层次和丰富的细节，2000 年之后，已经有了丰富的低调摄影经验的李屏宾，在一系列的作品中追求用更少的灯具来刻画有意味的场面。很多时候在现场他用的功率最大的灯只有 200 瓦，而在一般情况下，他通常只用 6 到 9 个非常小的点光源。有一种现在比较流行的灯具叫特图利（Dedolight），李屏宾就非常善于使用它在暗中挖掘影像的深度。很多跟他合作的导演一开始都会惊呼："阿宾啊，这光不够啊！"等看完样片，又都会说："这个光用得好！不错。"所以李屏宾常常在现场跟导演扭着干，不过他会用一种比较聪明的方式，就是对导演进行善意的欺骗。比如他会使用暗语告诉摄影助理需要怎样的设备，这个设备是导演一开始无法接受的。就像柔光镜，这是侯孝贤以前绝对不可能使用的设备，但是加了柔光镜之后，出来的效果却让侯导叹为观止。在拍《红气球》的时候，宾哥对朱丽叶·比诺什说："你到现场可能看不到灯哦。"朱丽叶拍了那么多国际大导演的名片，什么阵仗没见过，她还是第一次听说现场看不到灯，她无法想象这会是怎样一个摄影现场，心想总该有一些灯吧。结果到了《红气球》的拍片现场，她居然真的没看到灯，李屏宾凭借扎实的基本功和创新能力，最终用画面征服了朱丽叶·比诺什。

精妙的移动摄影也是宾哥的一手绝活，在他掌镜的很多作品中，观众常常察觉不到摄影机是在缓慢地移动。就像以前侯孝贤一直强调他的镜头一定是不动的，随着和李屏宾合作的次数越来越多，他也发现缓缓地移动其实是比不动的固定镜头更加具有观赏魅力，所以侯导影片的镜头也就渐渐开始动了。我有一个观影经验，碰到李屏宾掌镜的作品，需要关注银幕的四条边，因为只有时刻注意那四条边，你才会发现镜头其实是在缓慢地移动当中，这种拍摄手法成了宾哥特有的一套视觉语言。

3

一个摄影师的成长可能会经历两个阶段，在第一个阶段他会发现自己渐渐变得无所不能，随着掌握的摄影技巧越来越多，似乎没有什么拍摄目的是达不成的。而像李屏宾这样的摄影师已经进入了第二阶段，他深知要获得美妙的画面需要等待自然力的介入。上到了这个层次，摄影重又变回靠天吃饭的行当。所以宾哥常说：学摄影还得懂点气象。

当年在拍摄《童年往事》的时候，他们遭遇过一次台风天气，而剧本上规定的情境是没有台风的，按照一般的工作方法，全组只能停下来，等待台风过境。但侯孝贤却在现场说："来台风就让它来台风，现实是怎么样的，我们就保持它的原样，剧本是可以修改的。"李屏宾刹那间醍醐灌顶。所以影片中出现了飓风推动着一棵巨大的老树在摇曳，呈现出了原本剧本上没有的情绪状态。"哗哗"的暴雨打在窗棂上，角色站在窗前，望着窗外唱着歌，显然比大晴天对着窗外唱歌多了一份别样的魅力。这就是自然力的鬼斧神工。

后来李屏宾给姜文掌镜《太阳照常升起》，有一场戏是在新疆拍主人公骑着骆驼，在漂亮的山丘上行进，原来剧本上写的也是晴天，但拍摄时外景地突然下起了大雪。当时大家都慌了神，觉得只能停工了，连姜文都是这么想的。李屏宾却说大雪是上天送给剧组的礼物，人家要等都等不来。结果就是影片多了一场绝妙好戏，女主人公骑着骆驼行进在山丘上，一会儿阳光明媚，一会儿白雪皑皑,一点都没有给人不接戏的感觉,反倒有了一份异域的浪漫和诗意。

　　杨超导演的《长江图》是迄今把长江拍得最美的电影,我觉得完全应该归功于李屏宾摄影的两大特点:一是他常年探索在低照度场面中进行层次排布的摄影,所以我们能看到很多夜晚的江上镜头充满了灵动的色彩;二是他对于运动摄影的探索,船在江上行,相当于在一条超长的轨道上滑动。这两个李屏宾的标签一合璧,果然为他带来了柏林国际电影节的最佳艺术贡献奖。

　　早年李屏宾刚到香港拍片的时候,许鞍华曾对他说:"你什么片子都接,你是一个没有风格的摄影师。"听了这话,他心里"咯噔"一下,但宾哥到底是宾哥,他依然什么片子都接,在和各种各样题材的电影,各种各样性情的导演打交道的同时,在大量的摄影实践中,他开始慢慢感知自己的风格。而不是一上来就给自己定一个所谓风格,像一条戒律一样,用来排斥跟风格不合的片子。我觉得70部电影打底,才能够萃取出一个李屏宾。而且他一直在参与初出茅庐的导演的项目,在摄影大师中很少有他这样的,不是因为宾哥好说话,而是他愿意触碰新的东西,从不无端地排斥。风格是在大量实践中提炼出来的,不是自己事先规划的。

　　宾哥还年轻,身体依然健壮,我相信他至少还能再拍十年电影。中国电影界磨出一个李屏宾是不容易的,衷心希望他能够延长艺术寿命,为我们带来更多视觉杰作。

李屏宾 Pin Bing Lee

1954 年出生于中国台湾。著名电影摄影师。

1985 年,因掌镜影片《策马入林》,获第 30 届亚太电影节最佳摄影奖。

1993 年,因掌镜影片《戏梦人生》,获第 30 届中国台湾电影金马奖最佳摄影奖。

1995 年,因掌镜影片《女人四十》,获第 32 届中国台湾电影金马奖最佳摄影奖。

2000 年,因掌镜影片《花样年华》,获第 53 届戛纳国际电影节技术大奖、第 37 届电影金马奖最佳摄影奖。

2001 年,因掌镜影片《千禧曼波》,获第 38 届中国台湾电影金马奖最佳摄影奖。

2007 年,因掌镜影片《心中有鬼》,获第 44 届中国台湾电影金马奖最佳摄影奖。

2015 年,因掌镜影片《刺客聂隐娘》,获第 52 届中国台湾电影金马奖最佳摄影奖。

2016 年,因掌镜影片《长江图》,获第 66 届柏林国际电影节杰出艺术贡献奖、第 53 届中国台湾电影金马奖最佳摄影奖。

罗曼·波兰斯基
女人比李小龙对他更有效

Roman Polanski

我们前面曾经聊过德国著名演员克劳斯·金斯基的女儿娜塔莎·金斯基16岁的时候就和一个比她大近28岁的名导演同居了,你还记得那人是谁吗?没错,罗曼·波兰斯基。

1

2009年，波兰斯基正在拍摄《影子写手》，前期刚刚完毕，正待进入后期的时候，他得到一个好消息，瑞士苏黎世电影节要颁发给他终身成就奖。波兰斯基放下后期工作就飞去了瑞士，没想到一下飞机在机场就被瑞士警方逮捕了，原来这是远在大洋彼岸的美国警方精心策划的一次行动。一切都是因为30多年前波兰斯基在美国诱奸了一个未成年少女。

1977年，当时还在好莱坞发展的波兰斯基给一家时尚杂志拍照片，模特是一个只有13岁、名叫萨曼莎·盖里的小女孩，波兰斯基一共给她拍过两次。在拍第二次的时候，他把盖里带到了自己兄弟杰克·尼克尔森的家里，据说当时波兰斯基给盖里喝了加了药的香槟，让她脱光衣服到泳池里摆造型，拍着拍着他自己也脱光了衣服进了泳池，两人就发生了关系。事后的调查显示，双方各执一词，波兰斯基说盖里很老练，一点儿不像未成年人，而且没有反抗的意思。盖里却说自己完全不想那么做，想反抗却动不了，因为波兰斯基在酒里下了安眠酮。原本双方准备庭外和解，但主审法官在处理案子的时候有一些不当操作，引起了美国全国巨大的争议。波兰斯基当年就是一个花花公子的形象，很多美国人早就对他四处拈花惹草的样子看不惯，纷纷要求法庭严惩这个流氓。波兰斯基听说法官在舆论的压力下准备要关他100年，他吓坏了，在候审期间偷偷逃往了巴黎。

从1978年开始，美国警方把波兰斯基列为通缉犯，这就意味着只要波兰斯基敢去美国，一定会被逮捕，甚至在那些与美国有引渡条约的国家，他一旦被捕就有可能被送回美国受审。波兰斯基再也没有去过美国，也尽量避免去和美国有引渡条约的国家，比如英国。但这一次他利令智昏，恰恰去了瑞士。美国方面是积极地想把波兰斯基捉拿归案，以捍卫美国司法的神圣性。波兰斯基拥有法国和波兰的双重国籍，与美国政府相反，法国和波兰的外交部门立刻和瑞士进行磋商，开始了抢救波兰斯基的行动。法国的文化部部长声称，波兰斯基是法国的荣耀，绝不能坐视一位艺术大师因为一段陈年旧事而停止创作。全球一百多位著名的电影界人士联名发表对美国司法界的抗议信，马丁·斯科塞斯、大卫·林奇、伍迪·艾伦，还有王家卫都参与到了这场抢救行动中。有朋友说，诱奸未成年少女可是重罪呀，难道这些文化名人和法国、波兰的政府都吃错药了吗？事情到了这个地步，一定是有原因的。

2

  2003年的奥斯卡把最佳导演奖授予了波兰斯基，因为他拍了一部杰作——《钢琴师》，但波兰斯基不敢来美国领奖。他缺席奥斯卡颁奖礼，引起了一个名叫玛莲娜·泽诺维奇的女导演的注意，她翻出了波兰斯基的旧事，拍了一部纪录片，这部纪录片的片名叫《罗曼·波兰斯基：被通缉的与被渴望的》。泽诺维奇通过调查发现，当年双方的律师以及公诉人都已经达成了庭外和解的共识，觉得缓刑已是足够的惩罚，但法官却因为媒体舆论的影响，认为绝对不能表现出对一个名人犯罪的软弱，所以坚决要把波兰斯基投入监狱。这部纪录片获得了2008年圣丹斯电影节纪录片剪辑奖，美国HBO电视台买到了北美播放权，同年6月9日，影片

《钢琴师》剧照

在 HBO 播出。片子一经播出，美国公众似乎对波兰斯基又有了一份同情，再加上受害者本人撤销了起诉，美国司法的通缉好像成了对波兰斯基的个人迫害，很多不满美国政府的人士和国家就想通过抢救行动来丑化美国的司法制度。一方要抓，一方要放，各有目的。最终在 2010 年 7 月 12 日，瑞士当局宣布拒绝向美国引渡被控犯有诱奸少女罪的波兰裔法国导演罗曼·波兰斯基，并立即解除对他的软禁，波兰斯基当天就重获自由。

公众对波兰斯基可以说是又爱又恨，尤其是美国人。波兰斯基生于 1933 年，父亲是波兰裔的犹太人，是个塑胶品生产商。母亲出生在沙俄时代，在和波兰斯基的父亲结婚之前有过一段婚史，有一个女儿，波兰斯基从小就面临一个复杂的家庭环境。父亲身为犹太人却不信奉犹太教，反倒是把不可知论作为精神皈依。母亲来自东正教的国家，却笃信天主教。加上他们又移民生活在巴黎，所以在波兰斯基身上有着多种文化的作用。

波兰斯基出生没多久，纳粹就上台了，对犹太人的迫害很快就波及法国。别以为只有德国迫害犹太人，当时法国、苏联等国家的排犹行动一点儿都不比纳粹逊色。为了躲避越来越紧张的局势，父亲决定带领全家迁回波兰老家。但是 1939 年，纳粹德国和苏联一块儿瓜分了波兰，波兰斯基全家被迫迁往了犹太隔离区。波兰斯基第一段惨痛的人生经历由此开始。全家人被押送到了不同的集中营，父亲去了位于奥地利的毛特豪森集中营，侥幸活到了战后。怀有身孕的母亲去了臭名昭著的奥斯维辛集中营，从此便再也没有走出来。小波兰斯基在父亲的保护下总算是没有被送入毒气室,他在 1943 年逃出了犹太隔离区,开始了流亡生涯。小小年纪吃尽了人生之苦,这一段令他不堪回首的经历,日后都成了他创作的灵感来源。据说当初斯皮尔伯格拿到《辛德勒的名单》的剧本,第一反应就是想请波兰斯基来执导这部影片,当时的波兰斯基显然还没有做好直面那段惨痛经历的心理准备,他婉言谢绝了。2002 年,他终于凭借《钢琴师》重述了自己的这段经历,它足以唤起大众对他的同情。可以说,波兰斯基很早就洞悉了人性的阴暗与残忍,铸成了他在电影创作中不懈开掘人性幽微之处的癖好,同时也引发了他内心深处那些黑暗品性的生长。

3

波兰斯基读的是著名的波兰洛兹电影学校,当他于 1959 年毕业的时候,正逢波兰学派方兴未艾,这可是波兰电影创作最受关注的时期。乘着东风,波兰斯基连续拍摄了几部短片,引起了西方电影界的注意。当时是冷战时期,波兰在东欧,属于社会主义国家,波兰斯基引起西方的关注,对他未必是一件好事。所以当他的长片处女作《水中刀》在威尼斯国际电影节上得奖之后,他就开始暗暗筹划离开波兰。20 世纪 60 年代中期,他终于在英国得到了拍片的机会。

在西方拍摄的几部影片均告成功,波兰斯基不光搭建起了自己的核心创作班底,还遇见了一个美国女演员,两人一见钟情,于1968年正式结婚,这个性感又美丽的女人就是莎朗·塔特,波兰斯基收获了事业和情感的双丰收。这一年在万众瞩目中,他去了好莱坞,拍摄了《罗丝玛丽的婴儿》,这部影片把他一下子推上了舆论的风口浪尖,票房也是节节飙升。此时妻子莎朗·塔特已经怀孕,于是波兰斯基一掷千金,买下了位于好莱坞贝弗利山庄的豪宅。可是谁也没有想到,一场残忍的凶杀案会接踵而至。万幸的是,当时波兰斯基正在伦敦筹备新片,可还有两周就要临盆的莎朗·塔特却身中16刀,腹中的胎儿也被剖了出来。现场的五位死者总计身中102刀,还被枪击,死状极其可怕。后来真凶被擒,原来是美国的一个邪教组织——曼森家族,可能你听说过一个名叫玛丽莲·曼森的摇滚艺人,他名字中的"玛丽莲"来自于玛丽莲·梦露,"曼森"就来源于曼森家族的首领查尔斯·曼森。据说他们起意杀人,是因为《罗丝玛丽的婴儿》亵渎了他们的信仰。

爱妻和即将出世的孩子双双离去,使波兰斯基经历了人生第二个惨痛的时期。为了排遣心中的痛苦,波兰斯基想起了妻子给他介绍的李小龙,他要拜李小龙为师,想通过学习中国功夫来化解怨念。传说波兰斯基付给李小龙的学费是每小时250美元,是当时世界武术史上最昂贵的学费,但效果并不理想。波兰斯基后来承认,遭遇这样的人生劫难,很多人都沉溺于喝酒、毒品,而治愈他的或者说减轻他痛苦的,不是武术,是女人。

罗曼·波兰斯基

4

你别看波兰斯基身高不到 1.65 米，可他找的都是有着大长腿的美女，基本都比他高出一个头。看来身高跟男人的异性缘没什么关系。自妻子离去之后，波兰斯基就开始四处猎艳，好多都是跟他合作的女演员，年龄差距之大令人咋舌。美国杂志《名利场》还爆料说，莎朗·塔特遇害后没几天，波兰斯基就与新欢调情。波兰斯基随即把《名利场》告上了法庭，还通过视频连线出庭作证，为什么视频？人不敢回美国啊。结果《名利场》败诉，但在作证的过程中，波兰斯基也不得不承认和很多女人有过关系。他和娜塔莎·金斯基在一起时，人家只有 16 岁，当然娜塔莎没有控告过他，还一直在说波兰斯基的好话，毕竟《苔丝》成就了她。说起《苔丝》，波兰斯基每每潸然泪下。1969 年，他与塔特一起生活在伦敦，后来塔特先回了美国，在她离开住处的时候，她在波兰斯

《苔丝》剧照

基的床头柜上留了一本书,并且附了一张纸条,纸条上写着:"此书可被改编成一部好电影"。这本书就是哈代的长篇小说《德伯家的苔丝》。

《苔丝》赢得了三项奥斯卡奖,可见波兰斯基在创作时有多用心。虽然妻子已经离世十年,但他是将《苔丝》的创作作为一种深深的纪念。由此可见,在这样一个花花公子的心中也未必没有真情,或者从另一个角度来看,波兰斯基在性关系上的随意可能是一种病症,我想他自己应该是清楚的。

已经80多岁的波兰斯基不知会不会在有生之年等来美国司法机构取消对他的通缉。身为世界文化名人,他的才华是毋庸置疑的,但品性上的瑕疵也毋庸讳言。作为"二战"的受害者,他和娜塔莎·金斯基的父亲——克劳斯·金斯基一样,都过早洞见了人性的丑陋。很多人选择用遗忘来跨过这些伤痕,而这两个小个子男人都比较敏感、脆弱,这些伤痛成了他们内心永远迈不过的坎儿。他们各自用荒唐的行为与心魔共舞,也就渐渐变成了魔鬼本身。

在我的眼前,老是晃动着一个小男孩的影子,他侥幸逃脱了纳粹的死神,却永远没有逃出心魔的囚禁。也许波兰斯基的眼前也会晃动着这个小男孩的身影,如今已到耄耋之年,波兰斯基已经知晓了小男孩以后所有的人生经历。假如时间之轴能够拨回到当初,不知道波兰斯基会不会重新选择小男孩的命运,让他随母亲一同死去。

罗曼·波兰斯基 Roman Polanski

1933 年 8 月 18 日出生于法国巴黎,波兰裔。世界级电影大师。

1962 年,长片处女作《水中刀》获第 27 届威尼斯国际电影节费比西奖。

1965 年,影片《冷血惊魂》获第 15 届柏林国际电影节评审团特别奖、费比西奖。

1966 年,影片《死胡同》获第 16 届柏林国际电影节金熊奖。

1975 年,因执导影片《唐人街》,获第 28 届英国电影学院奖最佳导演奖。

1980 年,影片《苔丝》获第 5 届法国电影凯撒奖最佳影片奖、最佳导演奖。

1993 年,波兰斯基获第 50 届威尼斯国际电影节终身成就金狮奖。

2002 年,影片《钢琴师》获第 55 届戛纳国际电影节金棕榈奖;波兰斯基于次年凭借该片获第 75 届奥斯卡金像奖最佳导演奖。

2010 年,因编剧、执导影片《影子写手》,获第 23 届欧洲电影奖最佳编剧奖、最佳导演奖、最佳影片奖。

2014 年,因执导影片《穿裘皮的维纳斯》,获第 39 届法国电影凯撒奖最佳导演奖。

皮埃尔·保罗·帕索里尼

他是意大利最离经叛道的导演

Pier Paolo Pasolini

1975年11月2日,一具尸体在罗马郊外的海滩被发现,这是一个50多岁的男性。在被发现的时候,他面朝下,四肢伸展,一只胳膊脱臼,面部因为瘀伤而发黑、肿胀,身体和手上青一块紫一块,左手的几根手指断裂,下颚破碎,鼻子被车轮压扁,死状极其可怕。

皮埃尔·
保罗·
帕索里尼

1

经法医鉴定，这个人十根肋骨断了一根，心脏爆裂。警方很快就逮捕了一个17岁的男妓，对杀人他供认不讳，并称是因为不堪忍受死者对他提出的无礼的性要求，愤而用棍棒将其击杀。

可是2005年，当死者遇害30年后，当年的凶手却突然翻供，称杀害死者的另有其人，他并没有参与谋杀，只是因为当时受到了惊吓，所以在仓皇离开现场的时候没有注意到躺在地上的死者，才使汽车从他的尸体上碾过。当时的罗马检察署表示，由于缺乏具体证据，无法重新展开调查。可是自死者遇害那年起，他的很多朋友一直坚信死者是死于政治迫害。

2010年，前罗马市长维尔特罗尼向意大利司法部部长递呈了公开信，要求相关部门重审这个案件。他在信中写道："如今的科技进步使我们有了进一步调查、找到真相的可能，您如果对此案件的调查进程施加压力,将发挥极大的作用。"死者生前的好友也宣称凶手其实有五个人,这个17岁的男妓只是这五个人放出的诱饵,后来又成了案件的代罪羔羊。死者应该是在其他地方被谋杀的,事后尸体才被转移到了海滩上。这名死者到底是谁?为什么死去多年,依然牵动着各方的神经?他就是意大利最离经叛道的导演——皮埃尔·保罗·帕索里尼。

这个名字估计你听着陌生,可是说起电影《萨罗或索多玛的120天》,即便你没有看过,也一定知道吧。这部影片被世界各国都列为禁片,直到今天还是如此。有朋友说,既然是这样,你又是怎么看到的呢?在如今这样一个影像泛滥的时代,什么东西看不到,只要你真想看。而且越是禁片越有商业价值,因为它撩起了大众的猎奇心理。这部极富争议的影片被认为是导致帕索里尼死亡的直接原因。它改编自法国萨德侯爵的《索多玛的120天或放纵学校》这部未完成的小说,原小说是萨德在监狱中写的,他描写了120天暴乱的性生活,包括各种被绑架或被奴役的青年男女的性行为。帕索里尼在改编这部情色小说的时候,蓄意将故事发生的时间改成了第二次世界大战末期,把故事发生的地点置换成了墨索里尼建立的社会共和国的首都——萨罗城。

我们知道1943年墨索里尼被意大利国王所任命的新政府罢免并且关押,希特勒听说自己的哥们儿在意大利出事,立即命令德军进入意大利北部,用滑翔机把墨索里尼救了出来。于是墨索里尼就在意大利北部小城萨罗宣布成立了意大利社会共和国,自任领袖兼外长,同南部的意大利王国分庭抗礼。在所谓的社会共

皮埃尔·保罗·帕索里尼

和国存在的 18 个月里，墨索里尼政权在北意大利大肆屠掠，据战后统计，有超过 7.2 万人遭到屠杀，4 万人被截肢，一大批妇女和男孩被强奸或者鸡奸，此等暴行堪称意大利的噩梦。在战后不是没有文艺作品对之进行过表现，可就数帕索里尼这部影片最为惊世骇俗。萨德的小说叫《索多玛的 120 天或放纵学校》，帕索里尼直接借用了这个句式，为影片取名为《萨罗或索多玛的 120 天》。

在一次访谈中帕索里尼曾经提到，这个项目原本不是他的，是跟他常年合作的伙伴赛吉奥·西提的，西提想把萨德的《索多玛的 120 天》改编成一部电影，就请帕索里尼来写剧本。没想到写着写着，西提对项目失去了兴趣，转而去做了另外一个项目，而帕索里尼的兴趣却越来越大，尤其是突然想到如果把时代背景换成 1945 年，也就是臭名昭著的萨罗共和国最后的时光，那该是一部多猛的片子啊。

如果帕索里尼当年没有改变原著的时代背景，即便影片依然赤裸裸地呈现了那些性的暴行和令人恶心的场面，我们最多将之视为对人性黑暗面的揭露和批判，可是现在时代一变，人物的身份再一变，影片的矛头便即刻转向了现代意大利的社会制度，从揭露人性变成了揭露制度。帕索里尼说："《萨罗》中的性只不过是一种权力对身体商品化的预言，我认为消费主义就像纳粹主义一样，操纵和侵犯了我们的身体。"

2

我们都知道马克思的著名预言，无产阶级终将成为资产阶级的掘墓人。可是等了那么久，那一场无产阶级起来推翻资产阶级的革命似乎并没有到来。很多信奉马克思学说的人便开始对伟大导师的预言产生了疑问，于是西方一群号称"后马克思主义"的社会学者们便解释说是因为资产阶级要了一个巨大的阴谋，将原来无产阶级和资产阶级两相对立的社会格局，成功置换成了消费和消费者对立的社会形态。也就是说，原来无产阶级要起来革命的欲望，最后耗散在了消费者对消费的冲动之中。你原来无房无车、一无所有，现在有房有车，变成了有产阶级，可问题是你得还贷款，所以你的注意力全部集中在如何保住工作、提高收入，你变成了社会体制的维护者，哪儿还有什么革命的欲望啊。我们普通人可能最大的心愿就是不断提高生活质量，可是生活质量有限的提高，却让我们付出了被控制、不自由的巨大代价，这就是为什么西方的知识分子起来批判消费主义的根本原因。自"二战"之后直到今天，批判消费主义一直是文化界的时髦话题，其实很多人并没有切肤之痛，反而是消费社会的既得利益者，他们积极参与这个话题，是想为自己的形象加上良知和独立的标签。

帕索里尼也不是一个天生的反叛者，他出生在一个军人家庭，由于父亲救过墨索里尼的命，所以在法西斯党派中颇受赏识，因而家境不错。帕索里尼17岁就上了大学，19岁那一年自费出版

皮埃尔·
保罗·
帕索里尼

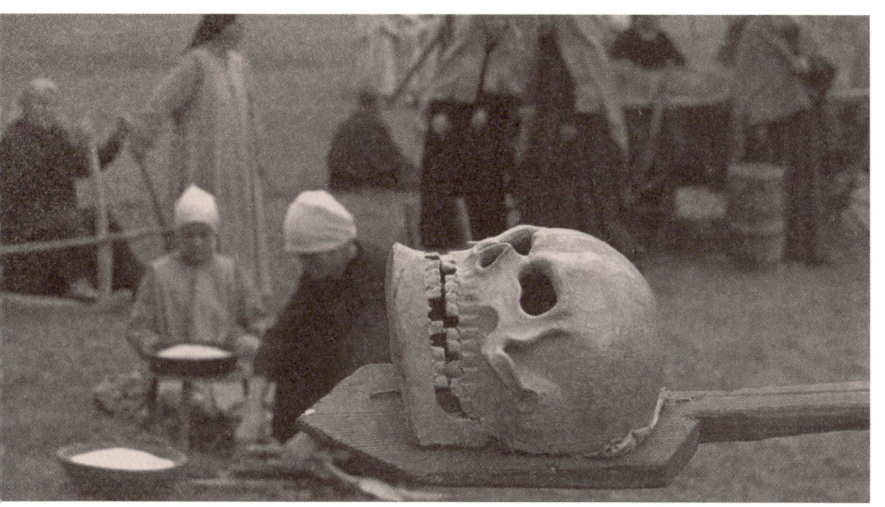

《十日谈》剧照

了第一本诗集,从此走上了文学之路。在大学期间他接触到了马克思的学说,同时也发现自己其实是一个同性恋者。意大利是一个天主教国家,对个人品性的要求十分严苛,同性恋在当时实属大逆不道,这个身体之痛渐渐将帕索里尼引向了原本生活轨迹的反面。

"二战"结束,法西斯父亲也死了。1945年,帕索里尼加入了意大利共产党,可是四年之后由于和未成年少年发生性关系,他被意共开除党籍。帕索里尼一生信奉马克思的学说,因为同性恋而被开除党籍,我们可以想象他有多么痛苦。20世纪50年代初,帕索里尼在罗马的一所贫民窟学校任教,这段经历让他见识了意大利底层人民真实的生活状态,他据此创作了小说和诗歌。在这些作品中,他抛弃了官方的意大利语,用罗马方言和俚语进行创作,在当时引起了轰动,也成为他日后拍摄电影的标志性风格之一。可无论是意大利的主流评论,还是共产党内部,都对他的作品不屑一顾,原因还是出于对他同性恋身份的打压。但帕索里尼的小说却引起了一个人的赏识,他邀请帕索里尼参与他电影的剧本创作,这个人就是当时风头正劲的费里尼。帕索里尼和费里尼一起创作了著名的《卡比利亚之夜》和《甜蜜的生活》,费里尼对他十分满意,还投资了帕索里尼的第一部电影。这部叫《寄生虫》的影片讲了一群青年无业者、皮条客和妓女的故事,就是他当年在学校教书时看到的底层生活。片子拍完,帕索里尼兴冲冲地邀请费里尼来看样片,没有想到费里尼看完把帕索里尼臭骂一顿,两人就此一刀两断,从此再无交集。这让帕索里尼伤心欲绝,他始终不明白为什么费里尼要跟他决裂。

无论是意共,还是主流的评论界,甚至费里尼,都没有让帕索里尼产生归属感。非但如此,随着新作不断问世,对帕索里尼的非议和指控也越来越多,很少有一个创作者会在一生当中因为自己的作品而面临30多次的诉讼。帕索里尼也不躲,每一次上庭,他都积极地为自己的作品辩护,还向庭上的人们阐释自己对于文学艺术沟通功能的理解。可是民众更愿意看到的是一个名人的丑闻,所以每次诉讼总有小报添油加醋、蓄意误导,在一个普遍恐同的时代,专拿他的同性恋身份做文章,更别说帕索里尼的那些敌人们,他们往往倾巢而出,在右翼的报纸和杂志上极尽诽谤和攻击。一个优雅温和的知识分子,就这样被渐渐塑造成了一个道

皮埃尔·保罗·帕索里尼

《一千零一夜》剧照

《一千零一夜》剧照

德沦丧、变态危险的疯子，资产阶级也就此多了一个绝不矫揉造作的真正对手。

同性恋就像是一颗蛀牙，让帕索里尼寝食难安，由此在灵魂上时时提醒他阶级压迫的存在。在他死后，《萨罗》的公映又一次毫无悬念地触怒了意大利当局，影片的制片人被送上了法庭。那个原本属于帕索里尼的审判席，使我突然想起有人曾经这样说过：不管是帕索里尼的朋友，还是他的敌人，都无法在他的时代理解他。

40多年过去了，他的敌人和朋友很多都不在了，可《萨罗》依然被禁，这个曾经让他深恶痛绝的消费时代延续着对他的判决。可是在网上，帕索里尼所有的片子都触手可及，连当年专为《萨罗》制作的纪录片都能找到，这为想要了解他的年轻人提供了巨大的便利，这一定是帕索里尼想不到的。这是不是也意味着消费时代产生了悖论，只要以消费为名，那些曾经被扼杀的异端思想便可以转世归来。

皮埃尔·保罗·帕索里尼 Pier Paolo Pasolini

1922 年 3 月 5 日出生于意大利。意大利著名电影导演。

1964 年,影片《马太福音》获第 29 届威尼斯国际电影节评审团特别奖。

1971 年,影片《十日谈》获第 21 届柏林国际电影节评审团特别奖。

1972 年,影片《坎特伯雷故事》获第 22 届柏林国际电影节金熊奖。

1974 年,影片《一千零一夜》获第 27 届戛纳国际电影节评审团特别大奖。

1975 年 11 月 2 日,逝于罗马郊外一个荒凉的海滩上。

加斯帕·诺
你怎么能把他看成是个 A 片导演

Gaspar Noé

如今工作和生活的压力越来越大,看电影成了很多人调节心情、缓解压力的一种低成本手段。我身边的朋友不太关心我的吃喝拉撒,他们隔三岔五联系我,是为了知道我最近正在关注哪一部电影。

1

  这些朋友不太去电影院看电影，倒也不是因为票价贵（这票价也真是贵），他们主要是觉得院线上放映的片子质量不行，希望我能够推荐一些更加精彩的电影，好让他们的注意力从生活和工作的烦恼中快速转移到另一个世界。我常常觉得我应该加收服务费，我都快赶上他们的心理辅导师了。他们之所以信任我，可能是因为我是他们身边看电影看得最多的人，关于这一点，我没什么好谦虚的。你在上班，我在看电影；你下班了，我还在看电影。看电影既是我的个人爱好，又是我的工作内容。而且我不仅花了大量的时间看电影，我还花了大量的时间搜索有关电影的信息。好了，废话不多说，我告诉你，我最近最期待的是一部法国电影，名叫《高潮》。

  我最初听说这部影片，是因为它拿了2018年戛纳国际电影节导演双周单元的艺术电影大奖。"导演双周"是我最关注的戛纳单元之一,一点儿不亚于对主竞赛单元的关注。戛纳国际电影节参赛影片的质量之所以那么高,跟内部单元存在竞争有很大关系。我们知道"主竞赛"和"一种关注"的选片权归电影节的艺术总监,现在的负责人是蒂耶里·福茂,但是他管不了"导演双周"的选片,因为"导演双周"的主办方是法国导演协会。所以从机制上讲,它们不分伯仲,属于平行单元。常常是一部影片没有得到"主竞赛"或者"一种关注"的青睐,很有可能就会被"导演双周"揽入怀中。而一旦那部影片事后被证明是一部好片,蒂耶里·福茂就要承受媒体舆论对他的各种冷嘲热讽。从本质上来说,这种平行单元的设计就是为了避免个人趣味独霸戛纳,也让选片负责人和他的团队不敢随意处置任何一部影片,尤其是一些重要作者的作品,他们常常是顶着巨大的压力进行抉择。但话又说回来,即便没有"导演双周"大奖的加冕,《高潮》仍会是我最期待的影片。这一份期待完全是因为一个名字——加斯帕·诺。

跟很多影迷一样,加斯帕·诺这个名字引起我的注意,是因为 2002 年那部《不可撤销》。我记得当时令我颇为震撼的是,这样一个关于寻仇的简单故事,并没有按照类型片进行设计,反而被涂抹上了属于导演的极其鲜明的个人色彩,带着强烈的实验性,致使影片取得了一种出人意料的深度。那时候我特别迷文森特·卡索和莫妮卡·贝鲁奇的表演,课堂上我给学生读解的《非常公寓》正是由他们主演的。2000 年前后,这对小夫妻正处于演艺事业快速上升的时期,而我明显感觉到《不可撤销》的导演聪明地利用了他们在表演上的自负和野心。一方面他调度出空间，让表演尽可能地连贯，由连贯而带出情绪。另一方面他又将人物频频涉入黑暗的时刻，让演员无法回避银幕禁忌的到来。

《不可撤销》剧照

　　说得简单一点，影片当中那场长达九分钟的强暴戏，是这个片子最独特的一个标签。很多人都觉得导演是为了搏出位才分毫不漏地全程记录了这令人不堪的一幕，事实上这种细腻的跟拍在影片中是一以贯之的，它构成了一种整体性的视听风格。所以我并不觉得那场强暴戏是哗众取宠，而是和影片中其他场面的戏一样，是我们进入人物心灵幽微之处的通道。如果单单就是强暴的场面被拍得如此细腻，那倒真是变成了一部经过伪装的A片了。我更愿意把影片视为是对主流观众的挑衅，不光挑衅了我们的道德，还挑衅了我们对电影的认识。而且这种挑衅不是胡来，其中有着很多前辈大师的影子，可以说是颇具章法。《不可撤销》让我记住了"加斯帕·诺"这个名字。

于是我上网去查了加斯帕·诺,原来他毕业于法国国立高等路易·卢米埃尔学院,那可是法国最好的电影学院之一,完全是精英式的教育。学院就三个专业——电影、摄影、录音,每个专业每年只招十来个学生,全校一直维持着 1:1 的师生比,也就是老师和学生的人数一样多。难怪这位仁兄看着不像是个玩票的,人家可是正经科班出身。

另一个信息也让我感兴趣,原来加斯帕·诺不是个正牌法国人,他出生在阿根廷,直到 12 岁时才随全家移民法国。据说当年离开阿根廷是因为他老爹受到了迫害。他老爹在阿根廷是个非常有名的超现实主义画家。最初全家搬到了美国,可是没待多久就搬去了法国,这让我对加斯帕·诺在影片中表现出的对主流社会的攻击性多少有了一份理解。

2

我对他充满了兴趣,等待着他的新作,可是他居然就没了动静。虽然我从网上获知他拍了一部短片,一部多人执导的长片,甚至还拍了一串儿 MV,但对一个电影导演来讲,出品独立执导的剧情长片才是正经活儿。我数度觉得他可能和那些流星般闪过的导演一样,一两部作品就把自己的才华耗尽了。随着等待的时间越来越长,我对他的失望就越来越大。在漫长的等待中,我找来了他的第一部长片《独自站立》,甚至还看了他拍摄的 MV,越看越觉得可惜,因为加斯帕·诺实在太有创意了,那些 MV 都能让我反反复复地看。每次看到精彩之处,我都忍不住摇头,为这样一个在视听语言上天赋异禀的人扼腕叹息。所以你可以想象,当 2009 年第 62 届戛纳国际电影节的主竞赛单元的片单中出现了加斯帕·诺的新片《遁入虚无》,我是多么地兴奋啊。

《遁入虚无》剧照

　　《遁入虚无》又是一个简单的故事:一个毒品贩子在交易的时候被警察击毙,镜头便跟随他的亡灵展开了一段中阴之旅。什么是中阴?根据佛教的观念,中阴就是人死后到投胎之前的阶段,人们通常会说七七四十九天,其实每个亡灵的情况都不一样,而且时间又是一个相对概念,反正中阴指的就是此生已了、来生未至的中间阶段。影片中提到了一本书,名叫《西藏度亡经》。不瞒你说，这本书躺在我的床头柜上已经差不多有十年了，我几乎夜夜都要翻看，我对生死问题充满了兴趣，而这本《西藏度亡经》就是佛教密宗对人死后进入中阴阶段的种种描述。我本来对这部电影就充满了期待，又猛然在片中发现了自己最感兴趣的东西，记得当时看完我就把它视为"神作"，激动地到处向人推荐。后来冷静下来多看了几遍，我才觉得说它是"神作"是有点过头了。不过，影片确实充满了创意，尤其是用一个别致的角度，切入了嗑药一代的感官世界。

《爱恋》剧照

2015年，加斯帕·诺完成了剧情长片《爱恋》的拍摄，影片当年便入围了戛纳国际电影节的午夜展映单元。所谓午夜展映，可真的是在半夜12点开始放电影。有朋友会说，那么晚了，还有谁来看？那你是有所不知，早在该影片开映前的两三个小时，

加斯帕·诺

《爱恋》剧照

影院外面就排起了长队,许多媒体记者都放弃了观看竞赛片而专程跑来排队。据说那场放映因为入场人数太多,导致放映的时间被延迟了30分钟,影院2300多个座位,几乎爆满,这种盛况在戛纳也并不多见。我是直到网上有了资源,才看到这部影片,这次我敢拍着胸脯说,这真的是一部"神作"!我们都看过太多有关爱情的电影,爱情可能是电影中最烂俗的话题,可是加斯帕·诺居然找到了新意。他准确地避开了我们坚硬的外表,重重地撞到了我们内心最柔软的地方。我已经记不清有多久了,《爱恋》又一次让我为爱情潸然泪下。请允许我就此打住,卖个关子。因为有可能你还没看过这部影片,而且我正在录制《爱恋》的同声评论,我会随着影片的播放,同步解说它好在哪里。欢迎您上网搜索"关灯拆电影",听我来详聊这位仁兄的天赋异禀。

加斯帕·诺 Gaspar Noé

1963 年 **12** 月 **27** 日出生于阿根廷布宜诺斯艾利斯。法国导演、编剧、演员。

1991 年,剧情短片《肉》获第 44 届戛纳国际电影节法国作家及作曲家工会奖最佳短片奖。

1998 年,影片《独自站立》获第 51 届戛纳国际电影节梅赛德斯 – 奔驰奖。

2018 年,影片《高潮》获第 71 届戛纳国际电影节导演双周单元艺术电影大奖。

拉夫·迪亚兹

看他的电影,你要准备面包、水和靠枕

Lav Diaz

2016年,第66届柏林国际电影节进行到第八天,也就是2月18日。那一天一大早,九点钟,就有一个剧组开始走红毯了。我们知道A类国际电影节为了显示对竞赛片的礼遇,一般都会在影片放映之前让剧组走一下红毯。

拉夫·迪亚兹

1

可是按照惯例，走红毯都会安排在下午或者是晚上，这一大早的，你总得让人睡个懒觉吧。国际电影节的活动特别多，晚上参加派对玩到深夜都很正常，所以谁会在早上走红毯呢，可是偏偏这个剧组就是被安排在了早上九点钟。

说起来实属无奈，因为这部影片的时长居然有八个多小时、485分钟，如果连续从头看到结束，相当于上了一天的班，一个白天差不多过去了。而且电影节组委会为了照顾观众的心理和生理需求，还特地安排了一小时的中场休息。据说导演对此安排老大不高兴，觉得自己的片子应该被连续观看。可是观众受不了啊，你想想，九点开始走红毯，九点半放映电影，影片结束要到晚上的六点半。我敢说，我们绝大多数的观众都没有过这样的观影体验。这部名为《悲伤秘密的摇篮曲》的影片打破了欧洲三大电影节放映电影的时长纪录。难怪当天有观众带着面包,拎着一升装的大瓶矿泉水,还有拿着靠枕的,反正大家比平时看电影多做了一些准备。

影片开映前,千人放映厅内上座率基本有九成,一小时之后就开始有人离场了,前四小时放映结束,当影厅的灯光亮起,很多观众的脸上都露出了如释重负的表情。中场休息之后有一批观众再也没有回来,下半场开映时,上座率就只有不到五成了,后四个小时也不断有人离场。等到影片终于结束,观众席响起一片掌声,还有人高呼"Bravo!"不知这喝彩到底给的是电影,还是给的坚持到底的观众。

其实八小时的片子还不是这位导演最长的作品,他还拍过十一个小时的电影,他最短的片子也将近四小时,这位当今世界影坛的马拉松选手就是菲律宾导演拉夫·迪亚兹。

2

我们已经聊了那么多电影人,他还是第一个被谈论的东南亚导演。不是我轻视东南亚电影,早在20多年前,越南陈英雄的《青木瓜的滋味》,我可能算得上是中国第一个完整拉片的老师。还有越南的刘煌、泰国的阿彼察邦·韦拉斯哈古、朗斯·尼美毕达,以及这几年冒尖的印度尼西亚的莫莉·苏亚,菲律宾的布里兰特·曼多萨,都是我关注的东南亚导演。

拉夫·迪亚兹

咱前面说到《悲伤秘密的摇篮曲》在柏林竞赛，其实早在一个多月前，戛纳电影节选片委员会的主席蒂耶里·福茂也看了这个片子，看完之后估计觉得挑战太大，建议片方还是去柏林吧，当然他也礼节性地对导演表示了敬意。片子一长，连戛纳都觉得压力大。柏林电影节有意思，最后授予《悲伤秘密的摇篮曲》阿尔弗雷德·鲍尔银熊奖，这个奖也被称为"敢斗奖"。拉夫·迪亚兹真是敢跟观众的观影习惯作斗争，敢跟商业放映的规律作斗争。

更有意思的事还在后头。拿完银熊奖，一回到菲律宾，拉夫·迪亚兹马上开始了下一部影片的拍摄。仅仅几个月之后，片长将近

《悲伤秘密的摇篮曲》剧照

四小时的《离开的女人》即宣告制作完毕,立马报名参加9月的威尼斯国际电影节,该片成功入围主竞赛单元,最后一举夺得金狮奖。左手银熊,右手金狮,一个导演一年能有两部影片入围三大电影节的主竞赛单元,已是罕有。两度入围、两度得奖,而且还拿了最高奖,这简直是神话。更何况这两部影片的时长如果加在一块儿,那可有十二个小时啊,相当于六部正常长度的电影。这个拉夫·迪亚兹,手太快了。

我记得很清楚,第73届威尼斯电影节颁奖之后,我就接到一个采访的电话,记者是我以前的学生,曾经听我聊过菲律宾电影。他苦于要连夜赶写报道,可当初在看《离开的女人》的时候数度瞌睡,用他的话说是"睡的时间比看的时间更长",可能看到的影片加起来总共也就一个多小时。他说:"谁会想到一部菲律宾电影会拿金狮奖?"而且记者在电影节期间连续赶场,晚上又要赶稿,一旦片子的节奏缓慢,又没什么提神的音乐,情节再平淡无奇,就不免叫人昏昏欲睡。他说:"幸好片子有四小时,让我美美地在影厅里补了个回笼觉。"

我说:"你也不看看这届评委会的构成,九名评委中五名是女性,你怎么能对一部表现女性挣扎的影片不给予充分的重视呢?再加上四名男性评委中有一个是约书亚·奥本海默,这位仁兄是个纪录片导演,让他扬名国际影坛的两部纪录片都是表现印尼大屠杀的。他对东南亚的社会结构以及一个创作者在那种环境中可能遭遇的创作困境,一定会有更深的同情。评委会主席萨姆·门德斯虽然已经被好莱坞的商业大制作收买,可他原本也是专事反叛题材起的家,正好可以利用彰显个人口味来平衡这两年过于商业的形象。"当然,我这一番说辞都属于事后诸葛亮,可我又没看过《离开的女人》,我能跟他聊什么呢。

我是直到网上有了资源才终于看到了这个片子,我被影片的道德高度深深地打动。一个人因为错判而坐牢30年,当她被无罪释放,重新回归社会,她该如何安放自己的愤怒?拉夫·迪亚兹透过对一个女性极其耐心的凝视,为我们呈现了传统的善良与菲律宾不断恶化的社会、人心的一次碰撞。换句话说,如果不是被囚禁了30年,让主人公跳脱了大墙之外社会的巨变,那种由东南亚历史文化所定义的传统善良,可能根本就无处可寻,即便依稀尚存于人物,也会瞬间被复仇的怒火烧焦。与其说影片是想表现一个女性的寻仇,还不如说是作者试图探寻传统与现实的和解,用传统美德疗治现实的苦痛。在经济全球化的今天,这种不

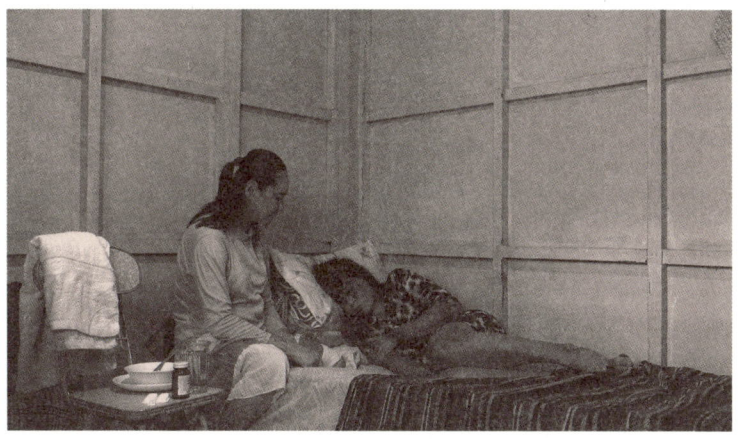

《离开的女人》剧照

《离开的女人》剧照

停留于控诉,更着眼于建设性的命题,无疑会为我们应对周遭紧绷的人际关系提供一个菲律宾的策略。

  我喜欢导演为女主人公设定的那种安详淡然的气质,虽然在片中也有因为惨痛的回忆和不堪的现实导致内心撕裂的时刻,但那种随遇而安的坚韧让我们足以相信她可以渡尽劫波,像这样的角色是必须要用足够的时间来铺排她内在的魅力的。我是越看到后面越迷恋主人公的动作,就像在生活中一个原本并不起眼的人渐渐让我们着迷。上一个能让我如此迷恋的中老年妇女形象,就是鲍起静在《天水围的日与夜》中所饰演的贵姐。在这两个角色的身上,都有劳动妇女忍辱负重、随遇而安的传统美德。我不知道拉夫·迪亚兹是不是有这样一位母亲,这种妇女形象往往是男性导演记忆中的母亲的化身。

3

拉夫·迪亚兹是在菲律宾南部长大的,父母都是公立学校的老师,他没有谈论过母亲,倒是提到过父亲,说父亲是个电影爱好者。那时候他们家在南部山区的一片树林里,离树林两公里之外有个镇子,镇上有电影院,每个周末他父亲都会带着孩子去镇上看电影。他说那时候常常一个周末看八部电影,既有好莱坞的片子,也有中国香港和印度的,这些片子全都是黑白的,由此也奠定了他日后对黑白片的迷恋。

拉夫·迪亚兹对媒体一直比较低调,不太愿意过多谈论自己的往事。威尼斯电影节期间,有记者看到他混在一群追星族中,坐在一个台阶上吃冰激凌,那群影迷谁都没有想到,眼前这个邋遢的大叔将会是几天后金狮奖的得主。哪怕是在颁奖之后的记者会上,他都略显落寞,连现场两个普通拉美洲导演都比他人气更高。正是这一点让我对拉夫·迪亚兹更生敬意,显然他并不想通过自己的影片摇身变成一个媒体追逐的明星,这让我对他以后的创作充满了期待,因为一旦创作和生活的境遇发生巨大的改变,一定会让一个导演迷失方向。

拉夫·迪亚兹自己都承认他在菲律宾没有观众,他目前的观众大多来自电影节和受过良好教育的知识分子,他也不愿意为了迎合大众而改变现在的拍片方式。我想这个时代不缺迎合大众的电影,我们反倒应该鼓励更多独特的自我表达。如果为电影节拍片，可以让一个电影人活着，让他坚持自我，不向商业妥协，那凭什么他就不可以这样存在呢？虽然他的影片目前得不到菲律宾民众的认同，但他却把菲律宾的形象、菲律宾艺术家对现实困境的思考传播到了世界更多的角落，让我们不会遗忘这个岛国，紧紧地将它关联在我们对世界的思考之中。从这一点上说，菲律宾的历史终有一天会承认这个艺术家的贡献。

在2018年的柏林国际电影节上，面对记者的采访，拉夫·迪亚兹声称将在2019年完成一部时长40个小时的黑帮片。好！厉害！只要你敢拍出来，我一定来捧场。我会带着面包、水、清凉油，还有一袋尿不湿。

拉夫·迪亚兹 Lav Diaz

1958 年 12 月 30 日出生于菲律宾。菲律宾导演、编剧、演员、剪辑、制片人。

2008 年,影片《忧郁症》获第 65 届威尼斯国际电影节地平线单元最佳影片大奖。

2014 年,影片《今来古往》获第 67 届洛迦诺国际电影节金豹奖。

2016 年,影片《悲伤秘密的摇篮曲》获第 66 届柏林国际电影节阿尔弗雷德·鲍尔银熊奖。同年,影片《离开的女人》获第 73 届威尼斯国际电影节金狮奖。

斯坦利·库布里克
他是电影大师，也是猫和狗的勤务兵

Stanley Kubrick

记得1999年2月下旬，我去了趟美国，先到波士顿，3月初又飞到了纽约。在纽约，我们一行人特地去拜访了时代华纳公司，在和公司高层的座谈中，我询问了库布里克的近况。

1

第二天早晨,我在酒店的房间中醒来,习惯性地打开电视,没有想到电视新闻居然在播报库布里克逝世的消息,我一下惊呆了,衣服穿了一半就愣在那儿,久久回不过神来。那一整天望着纽约城,我一直在心中感叹:库布里克啊,我来到了你的纽约,可你却死在了英国,咱俩注定是无缘相见了。我上拉片课20多年,作品讲得最多的导演,东方是王家卫,西方就是库布里克。这里我不聊他的作品,来说说他的趣事。

库布里克一生喜爱宠物,尤其对猫和狗感情很深。有一阵子,家里有两只猫接连在家门口的小路上被汽车轧死了,库布里克那个心疼啊,立马调来《巴里·林登》剧组中的木工,在房子周围筑起了栅栏。这些栅栏都是在地上打了很大的木桩,然后在上面钉上木板,顶部的木板还向内倾斜,从用料到做工都十分考究。

剧组的木工都是一批能化腐朽为神奇的师傅，更别说他们可是为库布里克的电影干活儿的。可是猫还是想出了逃脱的方法，它们的爪子抠进了木头，爬到了顶部，然后跳了出去。库布里克为此专门召开了会议，商讨应对的办法，最后用有机玻璃代替了那些顶部的木板。猫的爪子抓不住玻璃，所以也就跳不出去了。看着自己的爱猫终于被安安稳稳圈在了院子里，库布里克才安安心心去拍他的电影了。

有一次，家里的一只母猫也不知道为什么，就是看中了库布里克一个助手的车子，在车轮旁生了一窝小猫。库布里克愣就不许助手开车，非要人家坐出租车上下班。可那助手也有意思，说不喜欢坐出租车。库布里克回头就命令自己的司机每天上下班接送他，怎么着都不能让他动那辆车。库布里克还在树上绑了两台摄影机，拉线连到屋内的监视器上，他安排了专人每天值班，确保任何人，还有狗不得接近那窝小猫。

猫多了，难免会碰上生老病死的事情。在剪辑《全金属外壳》的时候，库布里克的一只叫杰西卡的宠物猫健康状况每况愈下，吃不下东西，体重急剧下降，几乎已经不能走动了。为了照顾这只猫，库布里克身边的工作人员几乎都改变了日常的起居，甚至有工作人员连续十来天都没有离开过库布里克的庄园，只能用电话与家人保持联系。库布里克要求把所有的电话铃声都调低，因为他担心一旦电话铃突然响起，会导致杰西卡心脏病发。他安排了剑桥大学的兽医专家每天下班后到家来给这只猫喂药，他一直在盘算，最好让这位兽医住进他家里。工作人员轮班看护着杰西

《巴里·林登》剧照

卡,库布里克每天剪辑到深夜,走出工作室的第一件事情就是去看那只猫。

库布里克最宠爱的是一只叫波利的猫,在他工作的时候喜欢让波利陪在他身边,每当他坐下的时候,波利就跳到他的大腿上,以表示跟他的亲热。库布里克的书房是庄园的禁区,任何人都不得随意入内,只有猫可以自由地进出。由于得到了无微不至的照顾,库布里克的猫大多长寿,那只波利居然活到了22岁的高龄。在它去世那天,库布里克站在廊柱尽头的房子里,独自默哀了好几个小时。那一天,庄园上上下下显得安静肃穆,没有电话、传真,没有人来访,三扇大门一直紧闭。

说完了猫的事儿,咱再来说说狗。我们知道影片《发条橙》的主演是马尔科姆·麦克道威尔,库布里克为了表示自己对他的喜爱,就把家里刚出生的一只小金毛送给了他,并为这只小狗取名艾力克斯,也就是马尔科姆所扮演的角色的名字。可有意思的是,随着这只狗附赠的,居然还有一份详细的养狗说明,上面写着该怎么照顾它以及去哪儿买狗粮,库布里克一直觉得超市里卖的狗粮不靠谱。当时马尔科姆住在诺丁山的贝斯沃特街,距离库布里克信任的狗粮店足足有40英里。所以每个月当库布里克让工作人员给他的小狗们买狗粮的时候,也顺便让他们给马尔科姆的小狗买一些,并且让司机亲自把狗粮送去。每次他都关照司机,说你去的时候务必把狗粮亲手交给马尔科姆本人,这样你就可以顺便进屋,看看那只小狗的状况,看它胃口怎么样,渴了是否有

《发条橙》中的马尔科姆·麦克道威尔

水喝，每天是否按时锻炼，马尔科姆有没有每天带它去草坪上遛遛。你看，库布里克根本上还是不放心，他担心马尔科姆不能按照说明书上的复杂指令照顾小狗。

马尔科姆所住街区的公寓都是不带花园的，只有钢筋混凝土的院子，根本就没有让小狗打滚的草坪，除非把狗带到马路另一端的海德公园。根据库布里克的要求，每天至少要有一次带着狗狗去草坪，可是马尔科姆哪有这个时间，关键是他哪有库布里克对宠物的那一份耐心。所以他只能讨好司机，每次都让司机捎话给库布里克，说他一定会把艾力克斯带去公园。不知他做到没有，可就冲库布里克跟他再无合作这一点，我觉得这事儿，悬！

2

一个男人对猫对狗充满了爱心，我想他对人也坏不到哪儿去。库布里克在世的时候常常被媒体描述成一个独来独往、愤世嫉俗、活在自我世界的人。很多第一次前去见他的人都有很大的心理负担，生怕跟这个"怪物"合不来。他们常常会向前去接他们的司机打听库布里克到底是一个什么样的人。最有意思的一次，法国著名歌唱家查尔·阿兹纳弗直接就问司机："你给我说实话，库布里克是不是一个坏人？"司机被他的直率惊出一头汗。那天车里还有尼诺·罗塔，就是写出《教父》主题音乐的著名配乐大师，他比库布里克整整年长 17 岁，可是他却紧张得像是要去见自己的教父。在驶向库布里克庄园的路上，尼诺·罗塔一直在后座喋喋不休："我该怎么跟他相处？帮帮我啊，帮帮我。"司机试图安抚他，但无济于事，他不停地唉声叹气。你看，舆论有多可怕，这全都是因为库布里克活着的时候刻意保持对媒体的沉默、低调和谨慎，媒体反而对他更加好奇，各种道听途说甚嚣尘上。有朋友会说，既然这样，为什么还有那么多人要去见他。这就是大师的魅力啊，大师一召唤，哪怕冒死，很多人都想去见一见，即便是怀着巨大的心理负担。几小时之后，就像所有见过库布里克的人一样，阿兹纳弗和尼诺·罗塔掩饰不住兴奋和惊喜，与库布里克握手道别，其实他们根本就没有想离开的意思。

另一个由媒体误导的形象可能更加深入人心，那就是库布里克是一个孤绝的天才，只有上帝会给他启示，他不可能观看同时代其他导演的影片，更谈不上向同行求教。然而事实是，库布里克一直保持着对新上映影片的兴趣，只要一有空他就会去影院观看其他导演的作品。如果哪一部影片打动了他，他也会像一个普通影迷那样激动，可他表达的方式跟我们不同，他总有办法弄到那个导演的电话，在电话里表达祝贺。这种电话通常会打几个小时，双方会讨论影片中的一些技术问题、难题和解决的方案。

库布里克最常联系的导演就是乔治·卢卡斯，他对卢卡斯十分敬佩，尤其是对卢卡斯在应用特效方面的高超技艺。当年拍《闪灵》的时候，特效团队正在制作暴风雪肆虐酒店的画面，库布里克非常担心最终的效果。因为他觉得技术人员们都太过年轻，缺乏经验，包括他自己都没有这方面的经验。他打电话问了卢卡斯很多问题,像什么"风力发电机有多强?""如果拍这样的画面,你们会准备几台?""是否还需要两台备用机器?"直到卢卡斯告诉他,您这么操作没问题,库布里克的心才算落了地。

《闪灵》剧照

　　詹姆斯·卡梅隆比库布里克整整小了 26 岁,绝对属于晚辈,可是你知道吗,库布里克经常请他吃饭,趁机向他求教各种问题。如果不告诉你,估计你很难把他俩联系在一起吧。还有斯皮尔伯格,也是所谓"斯坦利·库布里克技术顾问团"的一员。

　　说起库布里克最喜欢的同时代导演,那非费里尼莫属,只要费里尼有新片上映,那它一定是库布里克周末看片的首选。而且库布里克还会随身带上一本笔记本,一边看片一边记录。他会把费里尼影片中每一段背景音乐的起始时间码都记下来,因为他很想知道费里尼是怎么把这些音轨混合起来的。库布里克有一名助手会说意大利语，做完功课之后，他就央求助手做翻译，给费里尼打电话。据那名助手日后回忆，他说费里尼一点儿都没有因为翻译引起的片刻沉默而感到无聊，相反他耐心地等着，放慢了说话的节奏，以便他有足够的时间写下费里尼说的话。电话的一头是真诚地问，电话的另一头是真诚地答，堪称一段影史佳话。

库布里克只活了71岁，去世之前没有任何征兆，正在为影片《大开眼戒》尽心尽力，绝对属于过劳而死。在他的电影计划中，至少还有四部作品尚待完成，它们是《拿破仑》，探讨人类未来、人与机器关系的《人工智能》，以及两部"二战"题材的影片《亚利安人档案》和《卡西诺山战役》。如果他能躲开死神的刀锋，或许我们现在就能看到哪怕其中的一部。可是我们谁都不知道那一天究竟发生了什么，库布里克和死神到底是怎么谈的。

我突然想起了一首歌的歌名叫《昨日依旧》，那是一首著名的法国歌曲，就是由我们前面聊到的查尔·阿兹纳弗演唱的。我想带着它去库布里克的墓地，在英伦的天光云影中静静地待一个下午，这大概不会是我此生来不及完成的一个心愿吧。

斯坦利·库布里克 Stanley Kubrick

1928 年 7 月 26 日出生于美国纽约。世界级电影大师。

1961 年,影片《斯巴达克斯》获第 18 届美国金球奖电影剧情类最佳影片奖。

1976 年,凭借影片《巴里·林登》,库布里克获第 29 届英国电影学院奖最佳导演奖。

1997 年,获第 54 届威尼斯国际电影节终身成就金狮奖。

1999 年 3 月 7 日,库布里克在英国逝世。

2000 年,获第 53 届英国电影学院奖终身成就奖。

库布里克对电影的贡献和影响力远非奖项所能体现。

安德烈·巴赞

他没有拍过一部电影,却影响了世界电影的发展

André Bazin

咱们已经聊了不少导演、编剧、摄影师、演员、配乐大师,甚至电影事业家,可就是没说过影评人。2018年国际上都在纪念一个重要的影评人,在他不长的一生中,虽然没有拍过一部电影,却深刻地影响了世界电影发展的方向。他生于1918年,2018年正好是他诞辰100周年,他就是法国最著名的影评人安德烈·巴赞。

1

巴赞这个名字对现如今十七八岁的孩子来讲应该是陌生的，可他偏偏在中国的孩子们中知名度很高，原因是每年的"艺考"总会出现有关巴赞电影理论的考题，从是非题、多项选择题到问答题，少则三分，多则十分，孩子们是又恨又怕。我敢说没几个孩子真能搞懂巴赞的理论究竟说了什么，可为了分数不得不死记硬背，于是巴赞那鲜活而生动的理论就变成了条条框框。我真是服气咱国内那些出考题的老师们，好好的巴赞成了孩子们的噩梦。我想巴赞活着的时候一定料不到，自己死后会在遥远的中国以这样的一种方式阴魂不散。

我记得十多年前，也就是2008年的6月，我所在的上海大学影视学院举办了"纪念安德烈·巴赞诞辰90周年暨去世50周年国际学术研讨会"。我在会上有一个发言，我一上来就提出，希望大家不要因为自己的目的而无端打扰已经长眠的巴赞，我的意思是，我们对他理论的误读实在太多了。巴赞不是一个经院式的电影理论家，而是一个对电影怀抱神圣感的真正的影迷。如果我们连他谈论的影片都没有看过，又怎么谈得上能理解他对那些影片的评价呢。让整日忙于高考、无暇细看影片的孩子们死记硬背巴赞的某些结论，简直就是对巴赞精神的亵渎。

看电影是巴赞一生中最关心的事情，为了看电影，他投注了巨大的精力。早在20世纪40年代初期，巴赞就在法国巴黎组建了电影俱乐部，也就是我们现在的影迷沙龙。一群人围在一块儿看电影、聊电影，对我们而言是再容易不过的事情。可是当年没有网络，没有电视机，搞电影俱乐部，首先要拿到拷贝和放映机。巴赞经常骑个自行车，从一家商店到另一家商店，求爷爷告奶奶向人借设备。听说巴黎北郊一个跳蚤市场里有很多流失的电影拷贝，他又无数次坐地铁

《电影手册》杂志

去那儿寻觅他要的片子。当时是德国占领时期，占领法国的德军当局对文化的管控十分严厉，纳粹进入巴黎的当天就没收了柯达电影资料馆的整个片库，在巴黎的许多私人电影收藏家和销售电影放映机的店主都上了德军的黑名单。所以你想，在这样的档口组建电影俱乐部，巴赞要冒多大的风险。刚开始的时候，每场放映平均能够吸引30个人左右，其中还有四五个人会在放映结束后留下来参加讨论。可能有朋友会感叹：那么大的付出，怎么才来那么点儿人？巴赞究竟图什么？巴赞可是乐在其中，因为他终于可以和一群跟他一样热爱电影的人一块儿看片子了，而且最快乐的就是可以进行一番映后的讨论。你知道当年电影不像现在那么有地位，很多有身份的人都不屑于谈论电影，能在茫茫人海中找到四五个志同道合的人可是不容易。虽然水平参差不齐，可是大家都视电影为神圣之物，坚信电影是应该被尊重的真正的艺术。

据说，当年有一个年轻人参加了几次映后讨论后，失望地离开了。因为他觉得参加讨论的人水平不咋地，即便是巴赞，他也觉得其对电影的认识不如自己。可是没过多久他又回来了，还用自行车驮来了自己9毫米的放映机和珍藏的电影拷贝，这个年轻人就是阿仑·雷乃，日后名震世界影坛的法国"左岸派"代表人物。雷乃比巴赞小四岁，由于长得帅，当时已经开始从事一些电影的表演，而且无论就电影的历史知识还是观片的视野，都远远超越当时的巴赞。年轻的雷乃骄傲自负，可是最终被巴赞身上散发出的对电影的热情和活跃的思维所打动，甘愿协助巴赞来维护幼小的电影俱乐部。围在一起讨论电影的氛围实在是太迷人了，就像是一团篝火。巴赞的电影俱乐部,把那些曾经孤独地窝在屋子里,偷偷爱着电影的年轻人一个一个吸引了过来。

到了 1943 年,电影俱乐部的影响力已经越来越大,每一次活动总能吸引很多人,当然这也引起了德国占领当局的注意。位于乌苏林街的放映厅里,那些拥挤的人群被一次又一次驱散,电影拷贝也被没收。据说萨特和波伏娃就曾经不止一次地随着人群从后门逃走,可见巴赞选择的影片和从影片中提炼出的话题,已经能给知识精英提供思想的养分。

2

战后的 1948 年,法国的迷影文化逐渐成熟,创建电影俱乐部便成了很多人群起而效仿的一种文化时髦。11 月末的一天,巴赞的办公室来了一个 16 岁的少年,他声称巴赞的电影俱乐部跟他的电影俱乐部在排片上屡有重合,要求巴赞为他的活动让路。这个自以为了不起的小屁孩名叫弗朗索瓦·特吕弗。没错,就是日后新浪潮"电影手册派"的代表导演。当然,他此时并不知道,眼前这位中年人将变成他一生的精神导师。16 岁的特吕弗真的创办了自己的电影俱乐部,并自封为"艺术总监"。他固然喜欢电影,但小小年纪创办电影俱乐部,很大程度上也是因为一个少年的虚荣心、爱出风头。据说就在前两天,他的电影俱乐部组织放映了美国电影《宾虚》,结果观者寥寥。巧的是,就在同一天的同一个时间,巴赞的电影俱乐部也正在放映《宾虚》,以巴赞的资历和才华,我们完全可以想象会有多少人来参加。不知天高地厚的小屁孩,于是就把自己的失败归罪于巴赞,还声称这样的情况已经不是第一次了。面对这样可笑的挑衅,巴赞完全可以把特吕弗轰出去,可是他并没有这样做,反而对他颇有好感、印象深刻。

《电影手册》杂志

由于俱乐部的活动屡屡失败,特吕弗欠下了一屁股的债,被继父送到了派出所,几天之后又被转到巴黎少年管教中心。幸运的是,他在那里得到了心理医生里克尔小姐的帮助,她联系到了巴赞,请求他帮助这个年轻人。与特吕弗只有一面之交的巴赞居然表示愿意做特吕弗的担保人,还许诺会给他找一份工作。后来特吕弗当兵服役,不久又成了逃兵,流落街头,巴赞让特吕弗住到了自己家里。特吕弗被关进军队监狱,又是巴赞想方设法把他救出。两人的关系可谓如父如子。成名后的特吕弗一再向人提起,如果没有巴赞,他很有可能堕落成一个罪犯,是巴赞教会了他看电影,将他引向了电影创作的道路，他说巴赞是一个大好人。我们知道，不仅是特吕弗受惠于巴赞的才学和善良，自新现实主义电影运动开始，可以说整个世界电影的发展都受惠于巴赞的慧眼和杰出的论断。

我记得2008年在纪念巴赞的那次研讨会上，我发言的主旨是强调巴赞理论的人道主义色彩。在巴赞的一生中，无论研究还是生活，他都时刻维护着人的尊严，揭示着人的价值。我们今天谈论巴赞，如果看不到他著述、做人的人道主义底色，就可能再次误读巴赞的精神。

巴赞离世已经60多年了，事实上他一点儿都没有过时。虽然电影的技术进入了虚拟影像的时代，可世间的人道主义危机依然此起彼伏。只要我们的银幕对这样的危机还有可能装聋作哑、别过脸去，巴赞的价值就永远存在。他应该成为今天影评人职业素养的楷模，成为知识分子良知的楷模，而不是每年用来为难孩子们的偏题。

安德烈·巴赞 André Bazin

1918 年出生，法国人。电影理论大师、电影教育家。自 1945 年起，正式发表影评，一生观影、笔耕不断，留下了三千多篇文章。

20 世纪 50 年代，他创办了《电影手册》杂志，担任主编，为战后西方电影的革新运动——法国新浪潮，酝酿了观念、储备了人才，被称为"新浪潮之父"。

1958 年 11 月 11 日，安德烈·巴赞因病逝世于巴黎。

代跋
《世界影史 50 名人传奇》诞生记

来到最后一个篇章,这回咱聊谁?还真是谁都不能聊了。你还记得吗?有一回咱聊了一对兄弟导演乔尔·科恩和伊桑·科恩,也就是说,自打做完第49篇,我们就已经讲满世界影史50个名人了。

我是一个对数字特别在意的人,说好50就不能是51,否则我会浑身难受。有朋友会说,你这是一种心理病。好吧,你说是病,我就有病,我把它称为"数字洁癖"。

不知你注意没有,聊完科恩兄弟后,我就再也没敢碰什么兄弟导演、姐妹导演或者是联合署名的创作者。事实上我对不少创作组合很有兴趣,我身边的朋友都知道,我非常欣赏沃卓斯基兄弟。当然,现在两人已经不是兄弟了,而是姐妹了。从兄弟到姐弟,又变成姐妹,这俩该有多曲折啊,有多少精彩的故事啊。还有我喜欢的达内兄弟。苏联有一对儿联合署名的创作者,阿洛夫和纳乌莫夫,他们拍了大名鼎鼎的《德黑兰43年》和一部我超级迷恋的电影《岸》。这些人原本都在我的选题之列,可是有一天夜里我突然惊醒,在梦中我意识到如果由着性子把他们都做成节目，很有可能在 30 多篇的时候，就讲满 50 个名人了，那剩下的 10 来篇该怎么办？好在及时发现，立马打住，否则真的要改标题了。

　　大概一两个月前，公司负责《葛颖点电影》这个节目的小朋友给我拿来了一叠打印好的文件，告诉我这是节目开播以来听众们给我的留言。说来惭愧，节目做到现在，我还真没上平台听过。因为每次制作完毕，他们总会给我一个小样。虽然有时候小朋友也会跑来问我，说听众想知道这一期节目你用的音乐是哪儿的，我也就随口告诉了她一下。回复听众是她们的工作，我的工作就是生产内容。所以当我看到这厚厚的一叠文件，心里确实有些震惊，没想到有那么多留言。

　　我抬头冲着小朋友问了一句："你怎么到今天才给我送来？"小朋友明显愣了一下，然后甩下一句："怕影响你的情绪。"转身就走了。现在的小朋友都很酷啊。我心里"咯噔"一下，我猜想坏了，里边肯定都是骂我的话。我把它放到了一边，准备找一个没人的时候好好看一下。可那叠留言就像是一块磁铁，一直在角落里散发着吸引力，让我无法全神贯注于手头的工作。纠结了不到一小时，我就坦然了。我对自己说，找什么没人的时候，现在这办公室里是只有你不知道别人是怎么骂你的，而且你不是常常教育小朋友要坚定自我，不管东西南北风吗？于是我就抓过了那叠材料，这一看就是一个下午。

　　我是从头到尾反反复复读了好几遍，打心里感叹，真应该早一点儿看。许多听众朋友都给我提了非常好的建议，哪怕是骂也骂得在理，我完全能够理解他们当时的心情。我是看一会儿出去抽根烟，抽完烟回来再看，看着看着又站起来出去抽烟，一个下午至少多抽了十来根烟。这一叠留言搅动了我的心情，让我浮想联翩。

我记起2016年年末的时候，喜马拉雅平台的两名编辑找到我，他们都听过我的同声评论，希望能够开设一个专辑，用听的形式带领大家重温那些经典电影。当时喜马拉雅平台上几乎没有什么电影类节目，我听了这个建议非常有兴趣，可是转念一想，发现操作上有很大的难度。你想，同声评论是结合电影的播放，一边看着电影，一边跟大家聊电影。不管是在电影院中，还是在网络上，我们一起看到画面是聊电影的基础，如果切断了视觉信息的传播，仅仅依靠听觉，我真的无法想象如何来同评一部电影。我上了20多年的拉片课，还从来没有尝试过没有画面上课。我说出了我的担忧，他们提议说能不能先把画面描述一下，然后再评论它。可问题是，不要说有的听众可能没有看过我要说的这个片子，即便是看过，也不可能对我正在评论的这个场面有如此精准的记忆吧。而且一个电影场面包含了驳杂的信息，即使我能够口吐莲花，用言语把画面中的所有元素一一描述出来，我想听众也不太可能如亲眼所见那样体会到场面的美妙吧。我这么一说，饭桌上的气氛顿时凝固，原本大家七嘴八舌憧憬着这档节目的未来，经我一番解释，大家都觉得可能这真的是一条走不通的绝路。

这顿饭算是白吃了，喜马拉雅多了一笔坏账。两位编辑悻悻地走出饭店，告别的时候，他们还嘱咐我说："葛老师，您再想想，到底还有没有什么办法?"我虽然口头上应承着,心里其实已经把这事给"毙"了。可奇怪的是,往后的日子里,心里总是不由自主地泛起这件事。我反省了一下,意识到同评这条道路走不通,并不意味着我想通过广播节目说电影的念头也跟着死了。我看好广播节目,在快节奏的生活中,广播节目最大的优势就在于它可以见缝插针,为你按部就班的无聊时光增加一重意义的维度。比如每天女同胞们在出门之前对着镜子化妆的时候,比如我们在开车或乘车的时候……诸如此类的时刻都是我所谓按部就班的无聊时光。现在很多朋友都会利用这样的时间来获取资讯,或者用来满足自己的兴趣爱好。我自己就喜欢在开车的时候收听广播节目,听电影的原声大碟,这让我觉得在不得不付出的时间成本中获得了最大的效益。所以从内心深处来讲,我一直想让讲电影这件事能够更加紧贴当代生活的节奏。只是跟喜马拉雅的这次"恋爱"是缘分未到。

我这个人平时就喜欢在聚会上跟朋友、学生飞段子讲故事。我记得几个月之后,在一次聚会上,我们一群人聊到现在电影界的那些小明星们。我忍不住又讲了个故事,说的是当年我刚进上海电影制片厂的时候,机缘巧合为白杨老师送了几次信。当我走进华山路上那幢神秘小楼的大门,白杨老师亲自迎了出来,嘴里居然还叫着我的名字。你能想象我当时那副受宠若惊、手足无措的样子吗,而且直到今天我都还记得,我那脖子到脸整个是火辣辣的,涨得通红。我想这不光是因为一个小屁孩终于得见心中"女神"的激动,其中还有着一份隐秘的倾慕之情。后来我看到托纳多雷那部《西西里的美丽传说》，在影片的尾声处，小男孩终于鼓足勇气，上前为玛琳娜捡东西。玛琳娜对他说了声"谢谢"，这是小男孩单恋的对象对他说过的唯一一句话，我很能理解小男孩听了之后朝反方向逃走的心理。那天一听到白杨老师叫了我的名字，我就差点扔了自行车，大喊着逃到大街上，小心脏受不了啊。那段送信的经历使我有机会得见晚年的白杨老师在生活中的形象，它非但没有破坏那个心中"女神"的风采，她晚年的气质和魅力反而在偶像中萃取出了神性。就像《西西里的美丽传说》中的小男孩，一定要在见识了饱经沧桑的玛琳娜后才得以完成内心对"女神"的建设。"女神"可不是随便封的，没有时间的洗礼，不可能酿出崇拜者对"女神"倾慕之情中的崇高感。所以如今那些所谓的"女神们"，其实顶多也就是个偶像，是不具神性光芒的。我刚说完就有朋友反驳："嗨，你那么较真干嘛？就像现在喊'美女'，能有几个真的是美的？"大家七嘴八舌，各抒己见。那天席中有一位电台的哥们儿，他正在策划一档影视类的谈话节目。他说你讲一个故事再说点道理很有意思，他邀请我去做嘉宾，还告诉我那节目是说上海话的。我一听就来了劲儿，因为上海话是我的母语，我一直觉得自己用上海话来表述要比普通话更逗。说到这里我想你一定猜到了，这个来自电台的邀请让我悟到了怎么跟喜马拉雅"牵手"。

　　说这些是为了向大家坦陈我设计这档节目的初衷。我的目的有两个：一是想通过一些奇闻轶事，破除这些名人的神秘感，争取还原他们的人性，让大家换一个角度，走近那些原本高高在上的电影人；另一个目的是想以奇闻轶事做载体，解析一些原本相对枯燥的专业知识。不知道在您看来这俩目的有没有实现？当初我是真的想用上海话来做这档节目，可是喜马拉雅的编辑觉得这可能会对节目在全国的传播不利。思前想后，我收敛了这个冲动，可是这个念头没死，但愿我能在以后的节目中实现这个梦想。

在这一叠留言中，最集中的一个恶评是指责这档节目更新速度太慢。在这里我要向所有的听众真诚地说一声："对不起！"其实我跟您一样着急，每次录完一档节目，我就开始了下一期的准备。有朋友一定会说："你还有脸狡辩？50期节目，你居然说了一年多。"这里有一个情况，您可能有所不知。我是一个口吃患者，就是结巴，我一直想改掉这个毛病。当年选择从上影厂出来做老师，动机之一就是想在讲台上克服这个毛病。可是这个打小就有的毛病的顽固性超出了我的预期，吃开口饭20多年，这毛病还在，只是症状有所减缓。现在我的状况是一个月中有将近一个多星期，症状特别严重；也有一星期是一点儿问题没有；其余日子里，症状间或出现。我已经摸出了规律：月圆前后的一星期，是说话特别溜的一星期。所以每当要录节目，我总是挑这一星期。可是不瞒您说，有的时候会有许多突发情况，万一错过这个星期，虽然我已经准备好，但我得等到下个月月圆前后才能录节目。这份痛苦是我的制作团队之外的人不太知道的，我希望您能对一位残疾人士有所宽容。

以前我对这个毛病深以为耻，说话不溜时，别人笑我，我会在心里很介意。自从知道巴赞也是个结巴，我一下就坦然了，偶

代跋

像的力量是巨大的,所以我敢在节目中承认这一点。这是真的,我一点儿都没有跟您开玩笑,听过我课的学生是无人不知。可能这辈子我都无法彻底战胜这个毛病,可我绝不会因此而畏惧开口,因为我深深地感受到用语言跟大家交流的快乐。感谢您对我的支持,我会继续努力,勇攀高峰。

葛 颖

2018年12月22日